职业教育系列教材·铁道运输类

高速铁路行车组织

主　编：任　萍　张进奎　李森林
副主编：王　威　郃贵新
参　编：党鸿雷　边国兴

中国建材工业出版社

图书在版编目（CIP）数据

高速铁路行车组织/任萍，张进奎，李森林主编
. --北京：中国建材工业出版社，2022.1（2025.8重印）
ISBN 978-7-5160-3345-6

Ⅰ.①高… Ⅱ.①任… ②张… ③李… Ⅲ.①高速铁路一行车组织一高等职业教育一教材 Ⅳ.①U238

中国版本图书馆 CIP 数据核字（2021）第 232038 号

高速铁路行车组织
Gaosu Tielu Xingche Zuzhi
任　萍　张进奎　李森林　主编
王　威　邰贵新　副主编
党鸿雷　边国兴　参编

出版发行：中国建材工业出版社
地　　址：北京市西城区白纸坊东街 2 号院 6 号楼
邮　　编：100054
经　　销：全国各地新华书店
印　　刷：北京雁林吉兆印刷有限公司
开　　本：787mm×1092mm　1/16
印　　张：14
字　　数：350 千字
版　　次：2022 年 1 月第 1 版
印　　次：2025 年 8 月第 2 次
定　　价：58.00 元

本社网址：www.jskjcbs.com，微信公众号：zgjskjcbs

城市轨道交通类系列教材编委会

前　言

高速铁路在我国发展迅猛，建设里程逐年增加，客运量逐年上升，技术水平已进入世界先进行列。同时，专门从事高速铁路技术工作的专业人才需求增大，适应高速铁路生产一线的教材亟待编写，《高速铁路行车组织》正是基于此背景应运而生的。

铁路的行车组织是依靠技术设备实现的，不同的技术设备导致了不同的行车组织方式。高速铁路的技术设备远比普速铁路先进，高速铁路的行车组织也与普速铁路有着极大的不同。高速铁路的高度自动化大大解放了生产力，原先集中于车站的很多工作转变为设备自动完成，原先车站值班员的工作任务转变为列车调度员直接负责。高速铁路充分发挥了技术设备的自动化特性，弱化了车站的行车组织功能，由列车调度员直接指挥行车。同时，高速铁路仅运行以动车组列车为主的旅客列车，目前并没有货物列车运行，列车种类单一，行车速度相近，车站调车作业极少。因此，高速铁路行车组织远没有普速铁路复杂。

本教材立足于高速铁路的行车岗位，主要面向高等职业院校的学生，大体遵循由技术设备到行车组织、由正常情况到非正常情况、由总体计划到具体作业的思路，系统全面地阐述了高速铁路的行车组织办法，并有针对性地向学生灌输安全责任、团结协作、遵章守纪等意识。全书分为六个项目，分别为：高速铁路行车设备概述、高速铁路列车开行、高速铁路调度指挥、高速铁路正常行车组织、高速铁路非正常行车组织、高速铁路施工行车组织。

本教材由河北轨道运输职业技术学院任萍、张进奎，成都工业职业技术学院李森林担任主编；湖南铁道职业技术学院王威南昌汽车机电学校郃新贵担任副主编；河北轨道运输职业技术学院党鸿雷、边国兴担任参编。具体分工为：郃新贵负责编写项目一；张进奎负责编写项目二；李森林和王威共同编写项目三；任萍编写项目四、项目五；党鸿雷和边国兴共同编写项目六。

本教材力争面向全国的高速铁路，以减少局限性。因此，主要参考资料选择国家铁路局、中国国家铁路集团有限公司的铁路规章及文件，个别铁路局集团公司的规章仅作为参考。随着铁路新的规章与文件的不断颁布，实际使用时不应局限于本书所用规章与文件，而应以当时现行的规章与文件为准。

本书主要适用于高职铁道交通运营管理专业，中职铁道运输服务专业也可使用，并供高速铁路行车岗位有关人员参考。由于编者水平有限，书中难免有疏漏和不足，敬请广大读者批评指正。

编　者

2021 年 8 月

目　录

项目一　高速铁路行车设备概述

高速铁路为新建设计开行 250km/h（含预留）及以上动车组列车，且初期运营速度不小于 200km/h 的客运专线铁路。与普速铁路相比，高速铁路列车呈高速度、高密度运行，对技术设备提出了更高的要求。高速铁路的行车设备涉及电子、信息、控制、机械、建筑、材料、能源、环保等多个领域，集中反映了我国在新型牵引动力、高性能车辆设计、线路结构、列车运行控制等方面的先进技术。

任务一　高速铁路线路与车站

高速铁路的钢轨、轨枕、道床、道岔、平纵断面等均有特定的要求，建筑标准与养护标准较普速铁路更高，目标是在保证铁路线路的坚固性和稳定性的基础上，为高速列车创造安全、高速、平稳运行的轨面条件。高速铁路车站的设计应满足客流要求，并结合城市整体规划，并预留一定的发展空间。

高速铁路应按双线设计，宜经由县级及以上城市，站间距离宜为 30～60km。

一、高速铁路线路

（一）线路种类

1. 高速铁路线路分类

高速铁路线路分为正线、站线、段管线、岔线及安全线等。正线是指连接车站并贯穿或直股伸入车站的线路；站线是指到发线，及站内指定用途的其他线路，如部分高速铁路车站还有存车线；段管线是指机务、车辆、工务、电务、供电等段专用并由其管理的线路；岔线是指在区间或站内接轨，通向路内外单位的专用线路；安全线是为防止列车或机车车辆从一进路进入另一列车或机车车辆占用的进路而发生冲突的一种安全隔开设备。

高速铁路的车站，进站信号机外、制动距离内进站方向为超过 6‰的下坡道时，在正线和到发线的接车方向末端不再设置安全线。

高速铁路通常不设置避难线。

2. 高速铁路安全线设置

（1）联络线、动车组走行线与正线接轨时应设置安全线，与到发线接轨时可不设安全线。

（2）维修工区（车间）等线路与到发线或其他站线接轨时，应在接轨处设置安全线。

（3）有折返列车作业的中间站，有动车组长时间停留的到发线两端应设置安全线。

（4）接车线末端、接轨处能利用其他站线及道岔作为隔开设备并有联锁装置时，可不另设安全线。

安全线的有效长度不应小于50m，纵坡应设计为平道或面向车挡的上坡道，尾部不宜设置在桥梁上、隧道内，应设置双侧护轮轨，尾部应设置车挡和缓冲装置，路基地段尾部还应设置止轮土基。

（二）线路平面及纵断面

线路平面和纵断面直接影响铁路运输能力，是决定行车速度和牵引定数的重要因素之一。因此，线路平面和纵断面应经常保持原有的标准状态。

1. 区间平面及纵断面

（1）区间曲线半径。

铁路区间线路最大曲线半径为12000m。最小曲线半径见表1-1。

表1-1　铁路区间线路最小曲线半径

路段设计行车速度（km/h）		200	250		300		350	
		客运专线	有砟轨道	无砟轨道	有砟轨道	无砟轨道	有砟轨道	无砟轨道
最小曲线半径（m）	一般	2200	3500	3200	5000	5000	7000	7000
	困难	2000	3000	2800	4500	4000	6000	5500

（2）区间最大坡度。

区间正线的最大坡度不宜大于20‰，困难条件下经技术经济比较后不应大于30‰。动车组走行线的最大坡度不宜大于30‰，困难条件下不应大于35‰。当动车组走行线的最大坡度大于30‰时，宜铺设无砟轨道。

2. 车站平面及纵断面

中间站、越行站应设在直线上。始发站宜设在直线上。当困难条件下设在曲线上时，曲线半径不应小于相应路段设计速度的最小曲线半径。

到发线有效长度范围内应设在平道上，当设在坡道上时不大于1‰，越行站可设在不大于6‰的坡道上。车站咽喉区的正线坡度宜与到发线有效长度范围内坡度一致；困难条件下，始发终到站不宜大于2.5‰，中间站不宜大于6‰。到发线有效长度范围内应采用一个坡段。

（三）轨道

1. 有砟轨道与无砟轨道

铁路轨道结构包括有砟轨道和无砟轨道两种基本形式。有砟轨道弹性好，在一定维修质量条件下具有较好的轮轨接触关系，减振、降噪效果较好，维修较方便，造价相对较低；但有砟轨道的线路状态保持能力差，养护维修工作量较大。无砟轨道具有稳定性好、平顺性高、维修工作量显著减小等优点；但无砟轨道结构自身调整能力有限，维修不便，一旦受损，将严重影响运营。因此，活动断裂带、地面严重沉降区、冻结深度较大且地下水位较高的季节冻土区以及深厚层软土等区域变形不易控制的特殊地质条件地段，不应采用无砟轨道。

目前国内外高速铁路主要采用无砟轨道，根据我国的国情、路情及已开通高速铁路的运营经验，结合无砟轨道结构特点及其对线下基础的设计要求，在确保高速铁路路基、桥梁、隧道等线下基础稳定的条件下，新建300km以上线路可采用无砟轨道。

在隧道区段，由于受隧道净空条件限制，采用有砟轨道时，部分大型养路机械工作受限，从减轻隧道内轨道维修工作量，提高线路平顺性等方面综合考虑，在长度超过1km的隧道及隧道群地段，可采用无砟轨道。

铁路道砟分为特级、一级两个等级，特级道砟的抗磨耗、抗冲击性能、抗压碎性能明显高于一级道砟。高速铁路采用特级道砟时须水洗，以提高道砟的清洁度。高速铁路采用水洗处理的特级道砟，可减缓道床脏污的速率，同时可降低高速列车通过时的扬尘污染。高速铁路有砟轨道正线应采用特级碎石道砟。

2. 无缝线路

我国高速铁路正线及到发线轨道应采用一次铺设跨区间无缝线路，以保证轨道结构的高平顺性和高稳定性。

我国60kg/m钢轨标准轨定尺长度为12.5m、25m、100m。长定尺钢轨平直度好，焊接接头数量少，为提高线路平顺性，我国高速铁路正线采用100m长定尺的60kg/m钢轨。

3. 胶接绝缘接头

胶接绝缘接头是指用胶粘剂将胶接绝缘夹板（或夹板与绝缘布）与钢轨粘接，并采用高强度螺栓紧固的钢轨接头。与普通绝缘接头相比，胶接绝缘接头整体稳定性强，并能承受无缝线路较大的温度力，能满足跨区间无缝线路的使用要求。高速铁路均采用跨区间无缝线路，因而绝缘接头应采用胶接绝缘接头。

4. 道岔辙叉号数

高速铁路正线与到发线道岔号数的选择，主要考虑到发线长度为650m的条件下，列车能够以较高的速度侧向通过道岔进站停车和发车，以提高正线和到发线能力，同时满足旅客乘坐舒适度的要求。根据目前国内道岔型号系列，以及既有高速铁路站场布置情况，我国目前高速铁路正线道岔主要采用侧向通过速度为80km/h的18号道岔，有利于提高线路通过能力和满足旅客舒适度的要求。正线与跨线列车联络线连接的单开道岔，应选用侧向允许通过速度为160km/h或侧向通过速度为220km的道岔；跨线列车联络线接轨于车站且列车均停站时，可采用侧向通过速度为80km/h的18号道岔。线路允许速度120km/h以上区段的道岔尖轨为分动结构，采用外锁闭装置。高速铁路道岔辙叉号数的选择应符合如下规定。

（1）正线道岔的直向通过速度不应小于路段设计行车速度。

（2）正线与到发线连接应采用18号道岔。两正线间的渡线应按功能需要选用18号及以上道岔。

（3）始发或终到车站以及改、扩建车站，在特别困难条件下，可采用12号道岔。

（4）正线与联络线连接的道岔辙叉号数应按联络线设计行车速度选用，并宜选用大号码道岔。

（四）线路管理

1. 高速铁路线路应全封闭、全立交

高速铁路的线路两侧按标准采用防护栅栏封闭，防护栅栏设置应符合铁路线路防护栅栏有关标准的规定。因施工作业需要临时拆除防护栅栏时，施工单位必须与防护栅栏设备管理单位签订安全协议，并经铁路局防护栅栏设备管理部门批准，报属地铁路公安部门备案，在开口处悬挂警示标志，设置临时防护设施，并派专人昼夜看守。施工作业后，设备管理单位应督促施工单位按原标准恢复防护栅栏，并办理验收交接手续。

高速铁路列车运行速度高、行车密度大，站内不得设置平过道。高速铁路与其他铁路、公路、道路等设施立体交叉时，宜采用高速铁路上跨的方式；困难条件下，经技术经济比选采用下穿方式时，须采取防止异物侵入等安全可靠的防护措施。高速铁路之间的立体交叉，应根据工程条件、线路安全性要求，施工对运营干扰等因素，宜选择较高等级线路上跨通过。

2. 作业门

高速铁路应设置防护栅栏门和桥梁救援疏散通道门（统称为作业门），以满足施工作业和故障应急处理需要。对各类通道须设门加锁，由使用单位落实管理责任。铁路工作人员专用通道、作业门应有警示标识。作业门应根据需要合理设置，有治安岗亭时作业门宜邻近治安岗亭。作业门应加锁并由铁路局统一编号，在外侧设置“非铁路作业人员禁止进入”的警示标志及信息牌。

铁路工务、电务、车务、供电等部门因作业需要设置作业门时，按照“谁使用，谁申请，谁管理”的原则，由使用单位提出申请报铁路局栅栏设备管理部门批准，站区内还需经车务部门批准，经与栅栏设备管理单位和属地铁路公安部门办理书面手续后方可设置。

作业门以关闭加锁为定位。作业过程中，作业门应保持锁闭状态，否则必须安排专人看守。各行车设备管理单位施工作业或遇设备故障、救援抢修等需进入作业门时，作业负责人必须与驻调度所（驻站）联络员联系确认（有看守人员的还应办理相关手续）后，作业人员方准进入作业门。作业人员进入作业门前应由作业负责人（或经作业负责人指定的人员）在作业门外登记上道人数、工机具和材料数量。作业结束后，作业负责人（或经作业负责人指定的人员）应核对人员，工、机、具和材料，确认完全撤出作业门并销记。作业门有看守人员时还应经看守人员确认。非行车设备管理单位需进入作业门作业的，应与相关专业的行车设备管理单位签订安全协议，明确各自的职责，由行车设备管理单位办理相关手续，并在其带领下进出作业门。

3. 警务区用房及执勤岗亭

高速铁路应设置警务区用房和执勤岗亭。

警务区用房应设置在车站、通信基站、中继站旁，每 15～20km 可设置一处警务区用房（设有派出所的车站不设警务区用房）。设置在车站时，应与站房合建。

值勤岗亭应设在长大桥梁、隧道两端、救援疏散通道、跨线桥和距村庄较近的路基、道路等人烟稠密处的铁路防护栅栏外侧，每 2km 可设置一处值勤岗亭。值勤岗亭应结合维修通道和桥梁救援疏散通道统筹设置。

二、高速铁路车站

高速铁路车站按业务性质可分为客运站和越行站。客运站按技术作业性质可分为始发站和中间站，按客运量大小可分为特大型、大型、中型和小型站。

（一）站场设备

1. 技术设备

为了安全、迅速、准确、及时地完成运输任务，不间断地进行接发列车、调车等项作业，车站根据业务性质、运量大小及技术作业的需要，设置有关设备。车站的业务性质，是指办理的客货运业务；高速铁路车站运量是指旅客到发及中转人数、行李包裹到发及中转量等；车站技术作业性质，主要是指列车的编组、列车到发作业，以及机车整备、车辆检修、客车上水、更换机车或乘务组换班作业等。

（1）到发线。

高速铁路车站到发线应按双方向进路设计，到发线有效长度范围内不应设置道岔。

贯通式车站的到发线有效长度，高速铁路应采用650m，采用CTCS-2级列控系统且停靠8辆编组动车组的城际铁路不应小于400m；尽端式车站和单方向接发列车的到发线有效长度，应按列车编组长度和列控系统要求计算确定。

（2）折返线。

折返线是指在有大量列车折返作业的车站，接车方向末端设置的供机车车辆从一股道转到另一股道的线路。

（3）救援列车停留线、自轮运转特种设备停留线等。

停留线是指固定停留救援列车的线路，设在国铁集团指定的车站上。救援列车停留线应与正线或到发线贯通，并不得停放其他机车车辆，使用时无须转线即可出动。自轮运转特种设备停留线指用于停放轨道车等车辆的线路。

（4）与动车组运用所（简称动车所）、动车段相连接的车站，应设动车组走行线（当设有专用的机车走行线并具有相同进路时，可以合设）。

（5）动车组长期停放的车站应设动车组存车线。

动车组长期停放，是指动车在中间站过夜停放。车站设动车组存车线，应具备为动车供电、防溜、安全防护等条件。

（6）作业车辆停放线。

作业车辆停放线是指维修工区内固定停放工务、电务、接触网等维修专用车辆的线路。

（7）通信、信号、联锁、闭塞设备。

（8）根据接发列车、调车作业的需要设置隔开设备等安全设施。

（9）机车乘务组、动车组司机及随车机械师、客运乘务组进行中途换乘作业的车站，应配备值班室、休息室和必要的配套设施。

2. 列车上水设施和节水装置

旅客列车始发终到站、客运枢纽站和上水站，应在到发线间设置列车上水设施和节水装置。旅客列车上水主要用于旅客饮水、餐车服务、卫生清洗、厕所用水等，保证列车供水是铁路客运服务内容之一。旅客列车停站少，只有在始发终到站、客运枢纽站和上水站具有上水作业条件。通常一位作业人员承担多辆车厢上水任务，由于列车停站时间短，往往采用几个上水管同时送水的方式，上满后如果不能及时关闭水管则产生溢水现象，特别在北方地区，冬季寒冷季节地面积水容易结冰，影响作业和安全。采用节水装置防止溢漏，节约水资源，符合建设绿色铁路的目标。

3. 排污和卸污设备

根据需要在始发终到站及客运枢纽站设置动车组、客车地面排污设施和移动卸污设备。地面排污设施应防止泄漏或污染，排污能力满足动车组、客车停留时间的要求。

动车组列车、旅客列车需要及时进行排污，随着列车采用封闭式集便厕所的比例越来越高，站台排污成为大型客运站必要的技术设施和作业项目。考虑到排污作业特点及动车组运用方式，排污作业主要在动车运用所、客车整备所（站）进行，站台排污为辅助方式。随着快速客运网规模不断扩大，动车组列车的运行距离越来越长，列车白天处于运用状态，夜晚天窗时间入库整备，如果白天安排入库排污将严重影响动车组运用。因此，有必要在旅客列车始发终到站及客运枢纽站建设站台排污设施。通常排污设施设置在站台下方，由排污管道、吸污管和附属装置组成，考虑到建设费用，车站只有部分站台设有排污管道，列车需要进入设有排污管道的线路才能进行排污作业，为了提高排污作业的灵活性，可根据需要设移动式排污车辆。

站台排污和移动式排污均采用真空吸污方式。车站是大量旅客乘降的场合，应采取必要的措施防止排污时泄漏及污染。

旅客列车技术作业时间短，排污设施的作业能力应满足日常运输需要。

（二）客运设备

1. 客运设备的种类

（1）客运站房。

客运站房，应根据客运量设有便于购买车票、办理行李包裹、候车、问询、引导、广播、时钟、携带品寄存以及为旅客服务的文化、卫生及生活上的必要设备。根据规定还应设置实名制验证和制证设备、安全检查设备、客运信息查询设备、视频监控设备、行李包裹到达查询设备、垃圾存放设备、消防设备等，根据需要设置电梯、自动扶梯、无障碍通道和相应的助残设施、污物处理、自动售检票和取票设备等。

（2）旅客站台。

高站台有利于旅客乘降，提高旅客上下车的舒适性，缩短列车停站时间。因此，高速铁路旅客站台应为高站台，站台高度距轨面1250mm。旅客站台不宜邻靠正线，应布置在车场居中位置。

高速铁路站台长度应按450m设置。城际铁路的站台长度应根据列车编组长度和停车误差计算确定，8辆列车编组时站台长度可按220m设置。

旅客站台应设置雨棚，雨棚长度宜与站台长度一致。

（3）旅客服务系统。

设立旅客服务系统，支持铁路局集中、中心代管小站和车站独立运行等模式，配置相应旅服集成管理平台和车站应急处理平台，可以实现对车站广播、引导、时钟、查询、视频监控等客运业务的集中管理和控制。

（4）其他。

办理客运业务的车站应有照明、引导、广播、时钟和视频监控等设备。车站应设置围墙或栅栏。客运站站前应有广场，跨越线路应采用天桥或地道。大型客运站根据需要设置用于行包、行邮、垃圾清运作业等的通道。

2. 保证列车及旅客安全的措施

为确保旅客列车通过安全和旅客安全，保证列车停车位置与站台车门标志一致，旅客站台应设置安全标线和停车位置标。为防止旅客掉下站台端部或防止旅客误入线路咽喉区，在站台两端应设置防护栅栏，防护栅栏不得侵限，并悬挂禁行标志。

根据空气动力学原理，列车运行时将带动周围空气以相同速度运动，在一个空间内，高速流动的空气比低速流动的空气具有更小的压力。在列车通过时，站台上候车的旅客身体前后具有不同的压力，人的身体将产生向列车一侧倾倒的趋势，列车通过速度越高，与列车距离越近，列车通过时产生的压力差越大，通过列车速度越高防护安全距离越大。站台安全标线距站台边缘的距离，主要根据试验结论确定。无列车通过或列车通过速度在不大于 80km/h 时，列车运行较为平稳，站台边缘距线路中心线的距离为 1750mm，安全标线距站台边缘的距离为 1000mm；列车通过速度大于 80km/h 时，由于列车运行会产生较大的摆动，并且通过列车对站台上的人员产生较大作用力。站台边缘距线路中心线的距离为 1800mm，安全标线距站台边缘的距离为 1500mm，考虑旅客或工作人员上下车的对向走动情况，必要时在距站台边缘 1200mm 处设置安全防护设施，例如站台防护栅栏等；有时速在 200km/h 及以上列车通过时，必须设置屏蔽门、安全门等防护设施。

列车通过设有高站台的线路时，由于列车运行的气流与站台之间会产生空气压缩波，空气压缩波对运行列车产生较大的振动力。因此，为了保证列车运行安全，根据我国高速铁路以往高速列车通过正线站台最高运行速度的实践经验，高站台相邻线路的列车通过最高速度不得超过 250km/h。

应加强站台限界的日常管理，与站台限界有关的侧线线路几何尺寸偏差管理值应按正线管理。

任务二　高速铁路信号

铁路信号设备是指挥列车运行、保证行车安全、提高运输效率、改善行车组织方式、实现行车指挥现代化的关键设施之一。铁路通信网是铁路的重要基础设施，是保证铁路运输正常、安全运行的重要工具，是支撑铁路信息化的重要载体。为保证信号、通信设备的质量，应设电务段、通信段等电务维修机构。电务维修机构必须坚持以运输生产为中心，做好维护管理工作，保证信号、通信设备和系统处于良好运用状态。电务维修机构是信号、通信设备维护管理的主体，电务段、通信段的管辖范围应根据信号、通信设备等条件确定，应建立健全维修组织，强化职能科室和车间管理，加强工区建设，适应维修生产需要。

对设有加锁加封的信号设备，应加锁加封，必要时可设置计数器，使用人员应负责其完整。对加封设备启封使用或对设有计数器的设备每计数一次时，使用人员均须在“行车设备检查登记簿”内登记，写明启封或计数原因。加封设备启封使用后，应及时通知信号部门加封。使用计算机技术控制的信号设备实现加锁加封功能时，应使用密码方式进行操作。

一、地面固定信号

信号是指示列车运行及调车作业的命令，有关行车人员必须严格执行。

信号机按用途分为进站、出站、通过、进路、复示、调车信号机等。高速铁路车站（含无配线站）应设进站信号机、出站信号机，根据需要可设进路信号机、调车信号机和复示信号机，中间站、越行站列车进路上不宜设调车信号机。动车段（所）宜设进站信号机、出站信号机，根据需要设置调车信号机。

（一）信号机设置

1. 信号机设置位置

（1）信号机、区间信号标志牌应设在列车运行方向的左侧。反方向运行进站信号机可设在列车运行方向的右侧；其他特殊地段因条件限制，需设于右侧时，须经铁路局批准。

（2）满足信号显示距离。

信号的显示距离，是指司机能够连续确认的显示距离。在装设信号机时，应选择适当地点，尽可能使其满足信号机显示距离的要求。

各种信号机、表示器，在正常情况下的显示距离满足如下规定：

①高柱进站、高柱通过信号机，显示距离不得小于1000m。

②高柱出站、高柱进路信号机，显示距离不得小于800m。

③调车、矮型进站、矮型出站、矮型进路、矮型通过、复示信号机，引导信号及各种表示器，显示距离不得小于200m。

④在地形、地物影响视线的地方，进站、通过信号机的显示距离，在最坏的条件下，显示距离不得小于200m。

（3）在确定设置信号机地点时，还应考虑到该信号机不致被误认为邻线的信号机。

2. 信号机的高柱或矮型机构设置

铁路信号机应采用色灯信号机。高速铁路线路区间信号机设置有两种情况：区间不设通过信号机，设区间信号标志牌，站内信号机常态灭灯；区间设通过信号机，区间及站内信号机常态点亮。信号机采用高柱或矮型机构的型式，与该线上以地面信号还是以列控车载信号为行车凭证有关。

（1）区间不设通过信号机的线路。

区间不设通过信号机的线路，车站信号机宜采用矮型信号机。区间不设通过信号机的线路，通常车站信号机为灭灯状态，动车组列车正常状态下依据列控车载设备显示的允许列车运行速度控制列车运行。车站信号机采用矮型信号机，主要是综合考虑了限界及维护等因素。

（2）区间设通过信号机的线路。

区间设通过信号机的线路，信号机应采用高柱信号机。

当列车运行速度低容易确认信号或者受地形地物等场所限制时，可采用矮型信号机。可采用矮型信号机的处所有：不办理通过列车的到发线上的出站、发车进路信号机；道岔区内的调车信号机；桥梁、隧道内的通过信号机。

特殊情况需设矮型信号机时，须经铁路局批准。

（二）信号显示要求

1. 铁路信号的种类及使用

铁路信号分为视觉信号和听觉信号。

（1）视觉信号。

视觉信号的基本颜色为：红色表示停车，黄色表示注意或减低速度，绿色表示按规定速度运行。

视觉信号分为昼间、夜间及昼夜通用信号。

在昼间遇降雾、暴风雨雪或其他情况时，致使停车信号显示距离不足1000m，注意或减速信号显示距离不足400m，调车信号及调车手信号显示距离不足200m时，应使用夜间信号。隧道内只采用夜间或昼夜通用信号。

铁路沿线及站内，禁止设置妨碍确认信号的红、黄、绿色的装饰彩布、标语或灯光。如果已装有妨碍确认信号灯光的设备时，应拆除或采取遮光措施。

在规定的信号显示距离内，不得种植影响信号显示的树木。对影响信号显示的树木，其处理办法由铁路局规定。

（2）听觉信号。

听觉信号包括：号角、口笛等发出的音响和机车、动车组、自轮运转特种设备等的鸣笛声。

2. 非列控车载设备控车的列车的特殊限速规定

非列控车载设备控车的列车在高速铁路运行时，遇地面信号机显示一个黄色闪光和一个黄色灯光时，表示要求列车按限速要求（最高不超过45km/h）越过该信号机；遇机车信号机显示一个双半黄色闪光时，表示要求列车按限速要求（最高不超过45km/h）越过接近的地面信号机。

3. 常态灭灯的信号机点灯规定

区间不设通过信号机、在闭塞分区分界处设置区间信号标志牌的CTCS-2/CTCS-3级区段车站的进站、出站、进路信号机以及线路所的通过信号机常态灭灯，仅起停车位置作用。遇下列情况上述信号机应转为点亮状态：

（1）接发未装设列控车载设备的列车时；

（2）接发列控车载设备故障的动车组列车时；

（3）需越出站界调车时。

4. 信号定位规定

常态灭灯的信号机转为点亮状态时，以及其他常态点灯的信号机的定位显示规定如下：

（1）进站、出站、进路、调车信号机均以显示停车信号为定位。

（2）线路所的通过信号机以显示停车信号为定位，其他通过信号机以显示进行信号为定位。

5. 信号机的关闭时机

（1）常态点灯的信号机。

进站、进路、出站、通过信号机，当列车或动车组第一轮对越过该信号机后自动关闭。

调车信号机在调车车列全部越过调车信号机后自动关闭；当调车信号机外方不设轨

道占用检查装置或虽设轨道占用检查装置而被占用时，应在调车车列全部出清调车信号机内方第一轨道区段后自动关闭，根据需要也可在调车车列第一轮对进入调车信号机内方第一轨道区段后自动关闭。

引导信号应在列车头部越过信号机后及时关闭。

特殊站（场）执行上述规定有困难时，由铁路局规定。

（2）常态灭灯的信号机。

常态灭灯的进站、进路、出站、通过信号机转为点亮状态且开放允许信号或显示引导信号时，当列车或动车组第一轮对越过该信号机后自动关闭（点亮红灯），当其防护的进路解锁后红灯自动熄灭。

6. 视为停车信号的情形

常态点灯的进站、进路、出站、通过信号机，以及常态灭灯的进站、出站、进路信号机以及线路所的通过信号机需转为点亮状态时，遇灯光熄灭、显示不明或显示不正确时，均视为停车信号。

7. 降级或重复显示

特殊地段因条件限制，同方向相邻两架指示列车运行的信号机间的距离小于列车规定速度的制动距离时，应采取必要的降级或重复显示措施。

当两架指示列车运行的信号机之间的距离小于列车规定的制动距离时，要求前架信号机必须降级或完全重复后架信号机的显示，从而延长了后架信号机的防护距离。

正线上同方向相邻两架指示列车运行的信号机（复示信号机除外）间的距离小于规定速度级差制动距离时，应采取必要的降级或重复显示措施。速度级差制动距离是指速度分级后，从一级速度降至低一级速度所需的制动距离。

（三）色灯信号机

1. 进站信号机

进站信号机的作用是防护车站，指示进站列车的运行条件，保证进站进路的正确和安全可靠，从而完成有关的联锁任务。

（1）设置要求。

车站必须设进站信号机。

进站信号机应和轨道绝缘设在同一坐标上。如因轨缝移动或因线路改建等原因，不能设在同一坐标上时，允许轨道绝缘设在信号机前方或后方各1m的范围内。

进站信号机应设在距进站最外方道岔尖轨尖端（顺向为警冲标）不小于50m的地点，根据需要可适当延长此距离，但不必遵守普速铁路“因调车作业或制动距离需要延长时，一般不超过400m”的规定。这是因为高速铁路区段车站以运行动车组列车为主，如果需要越出站界调车时一般以办理列车进路的形式进行。

（2）显示方式。

进站信号机的机构及灯光配置如图1-1所示。

① 常态点灯的进站色灯信号机。

一个绿色灯光：准许列车按规定速度经道岔直向位置进入或通过车站，表示运行前方至少有三个闭塞分区空闲。

一个绿色灯光和一个黄色灯光：准许列车按规定速度经道

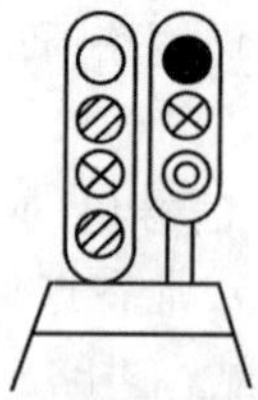

图1-1 进站信号机

岔直向位置进入站内，表示次一架信号机经道岔直向位置开放一个黄灯。

一个黄色灯光：准许列车按限速要求经道岔直向位置进入站内正线准备停车。

一个黄色闪光和一个黄色灯光：准许列车经 18 号及以上道岔侧向位置进入站内准备停车，且进路允许速度不低于 80km/h。

两个黄色灯光：准许列车按限速要求越过该信号机，经道岔侧向位置（但不满足上述一个黄色闪光和一个黄色灯光的条件）进入站内准备停车。

一个红色灯光：不准列车越过该信号机。

② 常态灭灯的进站色灯信号机转为点亮状态时。

一个绿色灯光：准许列车按规定速度经道岔直向位置通过车站，表示运行前方区间空闲；或准许列车按规定速度经道岔直向位置进入车站，表示运行前方至少有三个闭塞分区空闲。

一个绿色灯光和一个黄色灯光：准许列车按规定速度经道岔直向位置进入站内，表示次一架信号机经道岔直向位置开放一个黄灯。

一个黄色灯光：准许列车按限速要求经道岔直向位置进入站内正线准备停车。

一个黄色闪光和一个黄色灯光：准许列车经 18 号及以上道岔侧向位置进入站内准备停车，且进路允许速度不低于 80km/h。

两个黄色灯光：准许列车按限速要求越过该信号机，经道岔侧向位置（但不满足上述一个黄色闪光和一个黄色灯光的条件）进入站内准备停车。

一个红色灯光：不准列车越过该信号机。

2. 出站信号机

出站信号机的作用是作为列车占用区间的凭证，指示列车可否进入区间；与车站其他发车进路和敌对进路相联锁，信号开放后保证进路安全可靠；指示列车在站内停车的位置。

(1) 设置要求。

在车站的正线和到发线上，应设出站信号机。出站信号机应设在每一发车线的警冲标内方（对向道岔为尖轨尖端外方）适当地点。

设置出站信号机应考虑到少占用股道有效长。发车线均应设轨道电路，出站信号机宜与轨道绝缘设在同一坐标处，为了避免和减少在安装信号机时造成串轨、换轨和锯轨等情况，轨道绝缘设置在出站信号机前方 1m 或后方 6.5m 的范围内。

(2) 显示方式。

各种出站信号机的机构及灯光配置如图 1-2 所示。

图 1-2　出站信号机

① 常态点灯的出站色灯信号机。

一个绿色灯光：准许列车由车站出发，表示运行前方至少有三个闭塞分区空闲。

一个绿色灯光和一个黄色灯光：准许列车由车站出发，表示运行前方有两个闭塞分区空闲。

一个黄色灯光：准许列车由车站出发，表示运行前方有一个闭塞分区空闲。

两个绿色灯光：准许列车由车站出发，开往半自动闭塞或自动站间闭塞区间。

一个红色灯光：不准列车越过该信号机。

在兼作调车信号机时，一个月白色灯光：准许越过该信号机调车。

② 常态灭灯的出站色灯信号机转为点亮状态时。

一个绿色灯光：准许列车由车站以站间闭塞方式出发，表示运行前方区间空闲。

一个红色灯光：不准列车越过该信号机。

在兼作调车信号机时，一个月白色灯光：准许越过该信号机调车。

③ 动车段（所）的出站色灯信号机。

一个黄色灯光：准许列车由动车段（所）出发，表示发车进路建立且出站第一离去区段空闲。

一个红色灯光：不准列车越过该信号机。

在兼作调车信号机时，一个月白色灯光：准许越过该信号机调车。

（3）进路表示器。

常态点灯的高速铁路区段出站信号机有两个及以上的运行方向，而信号显示不能分别表示进路方向时，应在信号机上装设进路表示器。

常态灭灯的高速铁路区段，只有正向和反向两个出站方向的车站，出站信号机及发车进路信号机可不装设进路表示器。

发车进路兼出站信号机，根据需要可装设进路表示器来区分进路方向。

3. 通过信号机

（1）设置要求。

通过信号机或区间信号标志牌应设在闭塞分区或所间区间的分界处，不应设在牵引供电分相的处所。在高速铁路区段以动车组列车运行为主，在交流电力牵引区段的牵引供电分相处有无电区，列车一旦在此停车，有可能造成列车无牵引动力。

高速铁路闭塞分区的划分，应满足动车组列控车载设备按照目标距离模式控车和未装备列控车载设备的列车按四显示自动闭塞行车的要求。在自动闭塞区段，通过信号机原则上应和轨道绝缘设在同一坐标上。如果因钢轨移动或线路改建等原因，轨道绝缘与信号机不能设在同一坐标上时，允许设在通过信号机前 1m、后 6.5m 的范围内。

进站信号机前方第一、第二架通过信号机的机柱上，应分别涂三条黑斜线和一条黑斜线。与其他通过信号机相区别，起到预告作用。

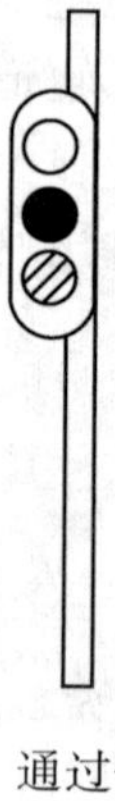

图 1-3　通过信号机

（2）显示方式。

通过信号机的机构及灯光配置如图 1-3 所示。

一个绿色灯光：准许列车按规定速度运行，表示运行前方至少有三个闭塞分区空闲。

一个绿色灯光和一个黄色灯光：准许列车按规定速度运行，

要求注意准备减速，表示运行前方有两个闭塞分区空闲。

一个黄色灯光：要求列车减速运行，按规定限速要求越过该信号机，表示运行前方有一个闭塞分区空闲。

一个红色灯光：列车应在该信号机前停车。

4. 调车信号机

（1）设置要求。

为满足调车作业的需要，应设调车色灯信号机。高速铁路车站尤其是中间站和越行站，调车作业业务很少，主要的调车作业为天窗点维修作业车的转线作业，高速铁路车站可少设或不设调车信号机。

高速铁路的正线、到发线的主要作用是满足接发或通过高速动车组，正线、到发线不宜设置调车信号机。

岔线、段管线、动车段（所）根据需要设置调车信号机。

（2）显示方式。

调车信号机的机构及灯光配置如图 1-4 所示。

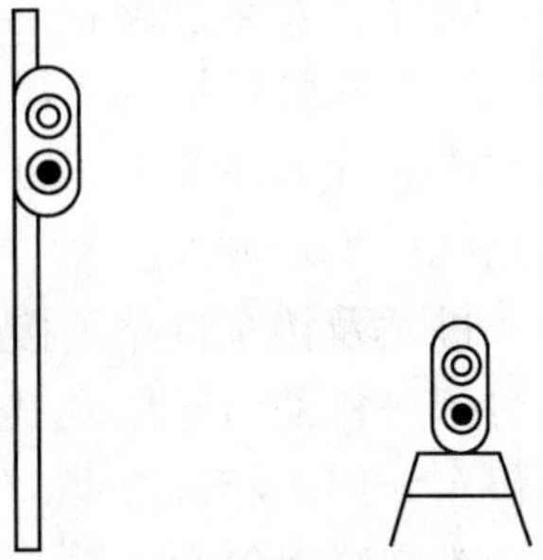

图 1-4　调车信号机

一个月白色灯光：准许越过该信号机调车。

一个蓝色灯光：不准越过该信号机调车。

不办理闭塞的站内岔线，在岔线入口处设置的调车信号机，可用红色灯光代替蓝色灯光。

起阻挡列车运行作用的调车信号机，应采用矮型三显示机构，用红色灯光代替蓝色灯光或增加红色灯光。当该信号机的红色灯光熄灭、显示不明或显示不正确时，应视为列车的停车信号。

5. 进路信号机

（1）设置要求。

进路色灯信号机的作用是指示列车由一个车场开往另一个车场。进路信号机按其用途分为：接车进路信号机，发车进路信号机，接发车进路信号机。

设有两个及以上车场的车站，转场进路应设进路色灯信号机。

（2）显示方式。

① 接车进路及接发车进路色灯信号机的显示与进站色灯信号机相同。

② 常态点灯的发车进路色灯信号机显示下列信号：

一个绿色灯光：表示该信号机列车运行前方至少有两架信号机经道岔直向位置在开放状态。

一个绿色灯光和一个黄色灯光：表示该信号机列车运行前方次一架信号机经道岔直向位置在开放状态。

一个黄色灯光：准许列车运行到次一架信号机之前准备停车。

一个红色灯光：不准列车越过该信号机。

③ 常态灭灯的发车进路色灯信号机转为点亮状态时显示下列信号：

一个绿色灯光：表示该信号机列车运行前方的发车进路或出站信号机显示一个绿色灯光。

一个红色灯光：不准列车越过该信号机。

④ 接车进路、发车进路及接发车进路色灯信号机兼作调车信号机时，一个月白色灯光：准许越过该信号机调车。

6. 引导信号

引导信号是准许列车在信号关闭条件下，按照规定的速度越过该信号机的信号。

(1) 设置要求。

进站、接车进路及线路所通过信号机，均应设引导信号。当信号机发生故障、轨道电路故障时，色灯信号机不能正常开放，可利用引导信号引导接车。在进行引导接车时，当列车头部越过引导信号后，即可关闭引导信号。

出站、发车进路信号机可设引导信号。部分高速铁路区段出站信号机采用“红、绿、白”三灯位机构，增加了引导信号显示，在发车进路轨道电路故障或出站信号机允许灯光断丝等情况下，以引导方式将列车发至区间。

(2) 显示方式。

进站及接车进路、接发车进路色灯信号机以及自动闭塞区段防护分歧道岔的线路所通过信号机的引导信号显示一个红色灯光及一个月白色灯光：准许列车在该信号机前方不停车，以不超过 20km/h（动车组列车不超过 40km/h）的速度进站或通过接车进路，并须准备随时停车。

出站信号机的引导信号显示一个红色灯光及一个月白色灯光：准许列车由车站或动车段（所）以站间闭塞方式出发，发车进路列车速度不超过 20km/h（动车组列车不超过 40km/h），并须准备随时停车，表示前方区间空闲。

发车进路信号机的引导信号显示一个红色灯光及一个月白色灯光：准许列车越过该信号机，发车进路列车速度不超过 20km/h（动车组列车不超过 40km/h），并须准备随时停车。

7. 复示信号机

(1) 设置要求。

进站、出站、进路信号机及线路所通过信号机，因受地形、地物影响，达不到规定的显示距离时，应设复示信号机。设置位置为主体信号机显示能达到的最远处，以保证信号的连续显示。

设在车站岔线入口处的调车色灯信号机，达不到规定的显示距离时，根据需要可设调车复示信号机。调车复示信号机要保证和调车信号机的连续显示。

进站、出站、进路及调车色灯复示信号机均采用方形背板，以区别于一般信号机。

(2) 显示方式。

各种复示信号机的机构及灯光配置如图 1-5 所示。

① 进站、接车进路、接发车进路信号机的色灯复示信号机采用灯列式机构，显示下列信号。

两个月白色灯光与水平线构成 60°角显示：表示主体信号机显示经道岔直向位置向正线接车的信号。

两个月白色灯光水平位置显示：表示主体信号机显示列车经道岔侧向位置接车的信号。

无显示：表示主体信号机在关闭状态。

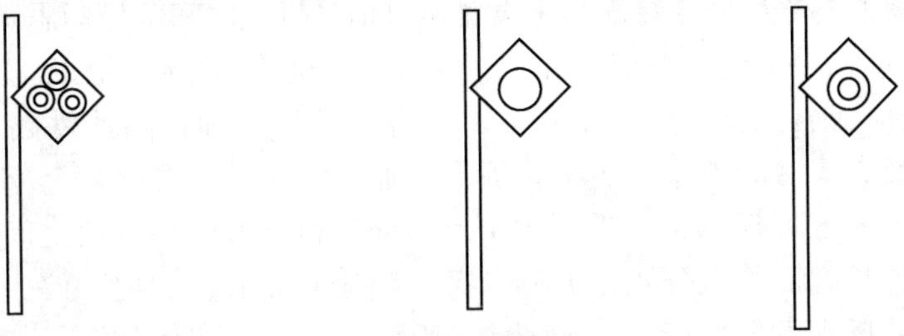

进站（接车进路、接发车进路）信号机的复示信号机　　出站（发车进路）信号机的复示信号机　　调车复示信号机

图 1-5　复示信号机

② 出站及发车进路信号机的色灯复示信号机显示下列信号。

一个绿色灯光：表示主体信号机在开放状态。

无显示：表示主体信号机在关闭状态。

③ 调车色灯复示信号机显示下列信号。

一个月白色灯光：表示调车信号机在开放状态。

无显示：表示调车信号机在关闭状态。

（四）信号标志

1. 预告标

进站信号机及防护分歧道岔的通过信号机外方，无同方向的通过信号机时，应设置预告标。区间没有设置通过信号机的线路、双线自动闭塞区间反方向运行，因进站信号机（包括防护分歧道岔的通过信号机）前方未设有预告作用的信号机，因此在进站信号机外方设预告标。预告标应设在进站信号机外方 900m、1000m 及 1100m 处，可设置于接触网支柱、桥梁防护墙或隧道壁。预告标应成组设置，如图 1-6 所示。对于距离较短无法成组设置预告标的区间，可不设置预告标。

2. 区间信号标志牌

以列控车载信号为列车运行凭证的自动闭塞区间，当区间未通过信号机时，在区间闭塞分区分界处设置区间信号标志牌。

该标志标面采用蓝色反光膜、黄色三角图案，蓝底色与黄色三角形图案间填充白色图样，其对应的号码牌标面采用黑色反光膜、黄色边框、黄色字样，如图 1-7 所示。

图 1-6　预告标

图 1-7　区间信号标志牌

3. 轨道电路调谐区标志

无绝缘轨道电路调谐区端部当未设置通过信号机或区间信号标志牌时，应在调谐区边界外方 1m 处设置轨道电路调谐区标志。双线区段轨道电路调谐区标志应设置于线路外侧。

轨道电路调谐区标志主要有Ⅰ型、Ⅱ型、Ⅲ型三种，高速铁路一般采用Ⅰ型、Ⅲ型。Ⅰ型为反方向区间停车位置标，涂有白底色、黑框、黑“停”字、斜红道，标明调谐区长度的反光方形板标志。Ⅲ型用于反方向运行合并轨道区段之间的调谐区或因轨道电路超过允许长度而设立分隔点的调谐区，为涂有蓝底色、白“停”字、斜红道，标明调谐区长度的反光方形板标志，如图 1-8 所示。

图 1-8　轨道电路调谐区标志

4. 动车组列车停车位置标

在有动车组列车客运作业的车站应设置动车组列车停车位置标，设置位置由铁路局规定。该标志为表面采用反光材料的蓝底白字牌，写有“动车组停车位置”。对于 8 辆编组及 16 辆编组的动车组停车位置不同，应分别写“8 辆动车组停车位置”“16 辆动车组停车位置”，如图 1-9 所示。

5. 中继站标

在上下行线路靠近区间中继站控制的第一个有源应答器位置处设置中继站标志牌。该标志采用白底色、写有黑“××号中继站”标记的反光长方形板，装设于邻近的接触网支柱上，如图 1-10 所示。

图 1-9　动车组列车停车位置标

图 1-10　中继站标

6. 级间转换标

在 CTCS-0～CTCS-2 级、CTCS-2～CTCS-3 级区段转换边界一定距离前方的级间转换应答器组对应的线路左侧设级间转换标志。该标志采用涂有白底色、黑框、写有黑“C0”、“C2”或“C3”标记的反光菱形板，装设于邻近的接触网支柱上，如图 1-11 所示。

图 1-11　级间转换标

7. 通信模式转换标

在始发站列车停车标内方或需要转换通信模式的相应地点设机车综合无线通信设备通信模式转换提示标志，标志牌顶边距轨面 2.5m。该标志标面采用涂有白底色、黑框、写有黑“通信转换”字样的方形板，如图 1-12 所示。

图 1-12　通信模式转换标

二、调度集中系统

调度集中系统（CTC）是调度中心（调度员）对某一区段内的信号设备进行集中控制、对列车运行直接指挥和管理的技术装备。分散自律调度集中系统是综合了计算机技术、网络通信技术和现代控制技术，采用智能化分散自律设计原则，以列车运行调整计划控制为中心，兼顾列车与调车作业的高度自动化的调度指挥系统。

调度集中系统（CTC）的分散自律是一种智能分布式的体系结构，由网络连接的、分布在各个站点的智能子系统协同完成处理任务。我国调度集中系统采用分散自律结构，由各车站配置的自律机独立处理本站逻辑，同时和邻站、调度中心进行数据交换，以列车运行调整计划和安全约束条件为核心实现自动控制功能。分散自律可以解决列车进路和调车进路相互干扰的问题，实现在不影响列车运行的原则下，允许中心和车站通过调度集中自主进行调车的功能。车站自律机完成正常接发列车以及协调列车、调车作业冲突的功能，实现列车和调车作业的统一控制。

（一）系统功能

1. CTC 的约束条件

调度集中区段，车站应设集中联锁，区间应设自动闭塞或自动站间闭塞。高速铁路的车站、线路所、动车段（所）应采用计算机联锁设备。调度员、车站值班员、司机应具备语音通话设备。

调度集中系统（CTC）控制区段的划分，应根据行车调度区域确定。系统宜将同一调度区段内、同一联锁控制范围内车站（车场、线路所）的信号、联锁、闭塞设备纳入控制范围。不改变联锁照查条件，在排列进路时受这些条件的约束。

2. CTC 的功能

调度集中系统（CTC）应能实时自动采集列车运行及现场信号设备状态信息，并传送到国铁集团调度指挥中心和铁路局调度所，完成列车运行实时追踪、无线车次号校核、自动报点、正晚点统计分析、交接车自动统计、列车实际运行图自动绘制、阶段计划人工和自动调整、调度命令及列车计划下达、站间透明、行车日志自动生成等功能，还应实现列车编组信息管理、调车作业管理、综合维修管理、列车/调车进路人工和计划自动选排、分散自律控制和临时限速设置等功能。

调度集中区段的两端站、区段站以及调车作业较多的中间站，因车站作业较忙，如仍由列车调度员远距离操纵，需要和车站值班员电话联系，既浪费时间，又影响运输效率；有去往区间岔线的列车或中途返回补机的中间站，作业组织较为复杂，这些车站可根据实际情况不列入调度所中心控制。但为了使列车调度员能掌握本区段的行车工作，确保行车安全，这些车站应能通过调度集中车站终端进行自动或人工控制。

3. CTC 与 GSM-R 结合传输的信息

在高速铁路区段，GSM-R 数字移动通信系统是分散自律调度集中正常运用的重要基础，应满足分散自律调度集中对语音、数据通信的功能要求。无线通信车载设备应具有车次号校核、列车停稳、调车请求、签收回执等信息发送功能。

调度集中系统（CTC）与铁路数字移动通信系统（GSM-R）结合，通过由 GSM-R 网络、机车综合无线通信设备（CIR）、车次号校核机车数据采集编码器（可选配）、GPRS 接口服务器（GRIS）等组成的调度命令信息无线传送系统，实现调度命令、接车进路预告信息、调车作业通知单等向司机可靠传送，接收无线通信系统传送的车次号校核、调车请求及签收回执等信息。

（二）系统结构

1. 系统构成

调度集中系统（CTC）由调度中心系统、车站系统和网络系统组成，根据需要还可以设置查询子系统、运维子系统、仿真测试子系统以及应急备用系统等配套系统。

（1）调度中心系统。

调度中心系统主要包括数据库服务器、应用服务器、通信前置服务器、接口服务器、大屏幕投影系统（或表示墙系统）、网络设备、网络安全设备、电源设备、防雷设备、网管工作站、系统维护工作站、调度员工作站、助理调度员工作站、值班主任工作站、控制工作站、计划员工作站、综合维修工作站等，根据需要也可为其他调度台设置相应显示终端。

（2）车站系统。

车站系统主要设备包括车站自律机、车务终端、综合维修终端、电务维护终端、网络设备、网络安全设备、电源设备、防雷设备，以及 CTC 与联锁、列控、信号集中监测系统的接口设备和无线系统接口设备等。

（3）网络系统。

网络系统由调度中心局域网、车站局域网以及中心与车站间的广域网组成，以实现数据的可靠传输。CTC配置独立的处理平台，设备采用冗余配置，通信协议与列车调度指挥系统（TDCS）一致。CTC采用独立的业务专网，各级采用双局域网并通过专用数字通道组成双环形广域网。调度中心局域网应采用独立双网结构。车站局域网应采用双冗余独立双网结构。调度集中广域网包括相邻调度中心之间、中心与车站之间、车站与车站之间的广域网络，采用双通道连接，双通道应接入互冗余的不同的两套网络设备。关键设备应为双机热备。

2. 接口能力

高速铁路区段的CTC除具备计算机联锁、相邻调度区段的CTC/TDCS、信号集中监测系统、运输调度管理系统（TDMS）的接口能力外，在CTCS-2级区段还应具备与临时限速服务器（TSRS）和列控中心的接口能力，满足CTCS-2级列车运行控制系统的临时限速和闭塞分区状态等信息可靠传输的运用要求；在CTCS-3级区段还应具备与无线闭塞中心（RBC）、GSM-R接口设备、TSRS、列控中心的接口能力，满足CTCS-3级列车运行控制系统的行车许可、临时限速和闭塞分区状态等信息可靠传输的运用要求。

（三）控制模式

调度集中系统（CTC）应具备分散自律控制和非常站控两种模式。

1. 分散自律控制模式

分散自律控制模式是通过调度集中设备，实现进路自动和人工办理的模式。调度集中分散自律控制模式分为中心操作方式、车站调车操作方式和车站操作方式。车站调度集中基本操作方式由铁路局统一公布。

（1）中心操作方式。

在中心操作方式下，调度终端具有信号设备的全部控制权，列车调度员对列车及调车进路均有操作权，车站对列车及调车进路均无操作权。

（2）车站调车操作方式。

在车站调车操作方式下，列车调度员对列车进路有操作权，对调车进路无操作权。而车站对调车进路有操作权，对列车进路无操作权。

（3）车站操作方式。

在车站操作方式下，车务终端具有信号设备的全部控制权，车站对列车及调车进路均有操作权，列车调度员对列车及调车进路均无操作权。

2. 非常站控模式

非常站控模式是遇行车设备故障、施工、维修需要时，脱离调度集中系统控制转为车站联锁控制台人工办理的模式。

3. 车站控制

车站控制是指调度集中区段车站在车站操作方式或非常站控模式下，由车站值班员负责办理列车及调车进路的状态。

4. 控制模式转换

调度集中系统（CTC）的控制模式状态应有明确的表示，在车站联锁控制台的非常站控按钮处以及调度集中系统终端上应设置状态表示灯。红灯表示非常站控模式，绿灯表示分散自律控制模式，黄灯表示允许转回分散自律控制模式。

控制模式的转换在车站联锁系统控制台进行操作，调度集中系统（CTC）对控制模式转换操作应有明确记录并产生语音提示。非常站控按钮采用带计数器的非自复式铅封按钮，正常状态为分散自律控制模式，破封按下为非常站控模式。

分散自律控制模式转换非常站控模式时，调度集中系统（CTC）和联锁系统不检查任何条件，但应在调度所、车站终端报警提示。

非常站控模式转回分散自律控制模式时，应满足的条件为：调度集中系统（CTC）设备正常、非常站控模式下车站联锁控制台没有正在执行的按钮操作，并给出“允许转回分散自律控制模式”的表示。

（四）列车进路控制

高速铁路采用调度集中系统（CTC），包括自动控制和人工控制两种列车进路控制方式。

列车进路自动控制是指按照列车运行调整计划自动排列列车进路的功能，即车站自律机依据列车调度员下达的列车运行调整计划自动生成列车进路序列，适时转换为命令后发送给本站联锁设备执行。调度集中系统在自动排列列车进路时，能够检查车次号、列车类型、是否超限、牵引类型、线路接触网供电状态、区段分路不良状态、线路设备封锁状态、股道属性、道岔辙叉号等因素，确认满足分散自律约束条件。

列车进路人工控制包括进路序列控制和按钮控制。进路序列控制包括进路序列的人工触发、变更自动触发标志、变更股道、删除进路等操作，由操作者确认办理时机和条件，系统按照分散自律约束条件进行检查和提示。人工按钮办理列车进路时，由操作者确认办理时机和条件，办理前输入正确列车车次号。

三、列车运行控制系统

目前，我国使用的列车运行控制系统主要有 CTCS-0 级、CTCS-2 级、CTCS-3 级。CTCS-0 级列控系统是由通用机车信号和列车运行监控装置组成的中国列车运行控制系统，CTCS-2 级列控系统是基于轨道电路和点式应答器传输信息的中国列车运行控制系统，CTCS-3 级列控系统是基于无线传输信息并采用轨道电路等方式检查列车占用情况的中国列车运行控制系统。

列车运行控制系统装备等级根据线路允许速度选用。运行速度 250km/h 以下铁路采用 CTCS-2 级列控系统，250km/h 铁路宜采用 CTCS-3 级列控系统，300km/h 及以上铁路采用 CTCS-3 级列控系统。高速铁路任意 7 个连续闭塞分区长度之和不应小于动车组以 CTCS-2 级控车模式运行的要求。

运行速度 250km/h 及以下时，完全监控模式下 CTCS-2、CTCS-3 级列控车载设备应按高于线路允许速度 2km/h 报警、5km/h 常用制动、10km/h 紧急制动设置模式曲线。运行速度 250km/h 以上时，完全监控模式下 CTCS-3 级列控车载设备（含 CTCS-2 级后备功能）应按高于线路允许速度 2km/h 报警、5km/h 常用制动、15km/h 紧急制动设置模式曲线。

（一）CTCS-2 级列控系统

CTCS-2 级列控系统是基于轨道电路和点式应答器传输列车运行许可信息的列车运行控制系统。轨道电路实现列车占用检查，并连续向车载设备传送空闲闭塞分区数量等信息。应答器向车载设备传输定位信息、线路参数、临时限速等信息。列控中心具有轨道电路编码、有源应答器报文实时编码和发送、区间信号机点灯控制、站间安全信息（区间轨道电路状态、中继站临时限速信息、区间闭塞和方向条件等信息）传输等功能。列控中心（TCC）根据轨道电路、进路状态及临时限速等信息产生行车许可，通过轨道电路及有源应答器将行车许可传送给列控车载设备。列控车载设备根据地面设备提供的信号动态信息、线路参数、临时限速等信息和动车组参数，按照目标距离连续速度控制模式生成控制速度，监控列车运行。

装备 CTCS-2 级列控车载设备的动车组应装设 LKJ 设备，以满足装备 CTCS-2 级列控车载设备的动车组在 CTCS-0 级线路运行以及动车组列车特定运行的需要。

1. 系统组成

CTCS-2 级列控系统由列控车载设备和地面设备组成。

列控车载设备主要由车载安全计算机、轨道电路信息读取器、应答器信息接收单元、列车接口单元、记录单元、人机界面等部件组成。

列控地面设备由列控中心（TCC）、临时限速服务器（TSRS）、ZPW-2000 系列轨道电路、应答器等设备组成。

（1）列控车载设备。

车载安全计算机是列控车载设备的核心处理单元，实现列控车载设备的核心安全控制功能。轨道电路信息读取器（TCR）通过 TCR 天线接收轨道电路信息，并传送给车载安全计算机。应答器信息接收单元接收、解调地面应答器信号，并将解调后的信息传送给车载安全计算机。列车接口单元提供安全计算机与列车相关设备之间的接口。记录单元用于记录列控车载设备的数据和控制信息。人机界面（DMI）实现司机与车载安全计算机之间的信息交互。

（2）列控地面设备。

① 列控中心（TCC）。

列控中心（TCC）用于 CTCS-2 级列控系统的列车控制，实现轨道电路编码，根据列控限速命令、线路数据、轨道电路及进路状态等产生进路命令、速度信息等控车信息，通过有源应答器传送临时限速和进路信息给列控车载设备。

有岔站、区间信号中继站应设置 TCC，线路所、动车段、动车运用所宜设置 TCC，与 CTCS-2 级线路衔接的 CTCS-0 级车站可设置 TCC，车站包含多个相对独立的车场时宜分场设置 TCC，不兼作中继站的无配线车站可与相邻车站合设 TCC。

② 临时限速服务器（TSRS）。

列控系统临时限速调度命令由命令拟定调度台进行下达、取消和撤销（删除）。跨调度台界的临时限速命令由两侧调度台按管辖分界人工拆分后分别下达。

临时限速服务器（TSRS）集中管理列控限速调度命令。TSRS 接收调度台对临时限速的下达、取消和撤销（删除）等操作命令，将临时限速命令转发给 TCC，并将 TCC 的执行结果反馈给调度集中系统（CTC）。

TSRS 具备列控限速调度命令的存储、校验、撤销、拆分、设置、取消的管理功能，具备列控限速设置时机的辅助提示功能。临时限速取消命令须与要取消的临时限速设置命令参数一致。TSRS 应具备根据临时限速删除命令对未执行的临时限速进行删除操作的功能。

TSRS 应能根据临时限速命令的计划开始时间提前一定时间向调度集中系统（CTC）发送激活提示，并间隔一定时间重复提示直至确认或超出该限速命令计划结束时间。对超出限速计划结束时间仍未执行的临时限速命令应向调度集中系统（CTC）发送“超时未设置”的提示。TSRS 仅对本调度台下达的限速设置命令提供激活时机和设置时机的辅助提示，仅对由 TCC 验证通过的正线（不包括侧线道岔区）限速设置命令给出设置时机提示。

③ 轨道电路。

高速铁路应采用 ZPW-2000 系列轨道电路，用于列车占用检查，并向列控车载设备提供前方空闲闭塞分区数量信息。区间采用电气绝缘，站内宜采用机械绝缘。

④ 应答器。

CTCS-2 级区段应答器提供线路数据、临时限速、级间转换等信息，分为有源应答器和无源应答器两种。应答器组设置、报文定义及组间距离等应满足列控车载设备控车要求。应答器组报文和设置应满足列控车载设备控车的要求，当应答器容量不能满足要求时可增加组内应答器数量，但组内应答器数量不宜超过 3 个。应答器组应由两个及以上应答器构成，仅用于定位的应答器组可为单个应答器。应答器组内相邻应答器间的距离应为 5±0.5m。应答器组间距不宜小于 200m，困难情况下不宜小于 100m。

CTCS-2 级列控地面区段应设置的应答器组包括：区间应答器组，正向进站应答器组与反向进站应答器组，正向出站应答器组与反向出站应答器组，中继站应答器组，进路应答器组，定位应答器组，大号码道岔应答器组，CTCS 等级转换应答器组，反向区间应答器组。

2. CTCS-2 级列控车载设备的控车模式

CTCS-2 级列控车载设备的控车模式有完全监控、部分监控、引导、目视行车、调车、隔离和待机等模式。七种控车模式之间的转换见表 1-2。

表 1-2　CTCS-2 级列控车载设备七种模式之间的转换

转换模式 / 当前模式	待机模式	部分监控模式	完全监控模式	引导模式	目视行车模式	调车模式	隔离模式
待机模式	—	人工/停车	—	—	人工/停车	人工/停车	人工/停车
部分监控模式	人工/停车	—	自动	自动	人工/停车	人工/停车	人工/停车
完全监控模式	人工/停车	自动	—	人工	人工/停车	人工/停车	人工/停车
引导模式	人工/停车	自动	自动	—	人工/停车	人工/停车	人工/停车
目视行车模式	人工/停车	自动	自动	自动	—	人工/停车	人工/停车
调车模式	人工/停车	—	—	—	—	—	人工/停车
隔离模式	人工/停车	—	—	—	—	—	—

（1）完全监控模式。

完全监控模式是列车的正常运行模式。列控车载设备根据控车数据自动生成目标距离模式曲线，司机依据人机界面显示的列车运行速度、允许速度、目标速度和目标距离等信息控制列车运行。

（2）部分监控模式。

部分监控模式是列控车载设备接收到轨道电路允许行车信息，而缺少应答器提供的线路数据或限速数据时使用的模式。在部分监控模式下，限速值为 45km/h。

（3）引导模式。

引导模式是在进站或出站建立引导进路后，列控车载设备按照最高限速 40km/h 控车的模式。

（4）目视行车模式。

目视行车模式是司机控车的固定限速模式，限速值为 40km/h。列控车载设备显示停车信号停车后，司机按规定操作转入目视行车模式。

（5）调车模式。

调车模式是动车组进行调车作业的固定限速模式，限速值为 40km/h。司机按压专用按钮使列控车载设备转入调车模式。只有在列车停车时，司机才可以选择进入或退出调车模式。

（6）隔离模式。

隔离模式是列控车载设备控制功能停用的模式。列车停车后，根据规定，司机操作隔离装置使列控车载设备转入隔离模式。

（7）待机模式。

待机模式是列控车载设备上电后的默认模式。列控车载设备自检后，自动处于待机模式。在待机模式下，列控车载设备正常接收轨道电路及应答器信息。

（二）CTCS-3 级列控系统

CTCS-3 级列控系统基于 GSM-R 无线通信实现车地信息双向传输，无线闭塞中心（RBC）生成行车许可，轨道电路实现列车占用检查，应答器实现列车定位，并具备 CTCS-2 级功能。

无线闭塞中心（RBC）将行车许可、临时限速及线路描述信息等通过连续的无线通信传送给车载设备。列控车载设备根据地面设备提供的信息和动车组参数，按照目标距离连续速度控制模式生成控制速度，监控列车运行。

CTCS-3 级列控车载设备，在完全监控模式下根据列控地面设备提供的信息，结合动车组运行速度，向动车组提供自动过电分相信息。

1. 系统组成

CTCS-3 级列控系统由列控车载设备和地面设备组成。

列控车载设备主要由车载安全计算机、轨道电路信息读取器、应答器信息接收单元、列车接口单元、记录单元、人机界面、GSM-R 无线通信单元等部件组成。

列控地面设备由列控中心（TCC）、临时限速服务器（TSRS）、ZPW-2000 系列轨道电路、应答器、无线闭塞中心（RBC）、GSM-R 接口设备等组成。

（1）列控车载设备。

车载安全计算机是列控车载设备的核心处理单元，实现列控车载设备的核心安全控制功能。轨道电路信息读取器（TCR）通过 TCR 天线接收轨道电路信息，并传送给车载安全计算机。应答器信息接收单元接收、解调地面应答器信号，并将解调后的信息传送给车载安全计算机。列车接口单元提供安全计算机与列车相关设备之间的接口。记录单元用于记录列控车载设备的数据和控制信息。人机界面（DMI）实现司机与车载安全计算机之间的信息交互。测速测距单元接收速度传感器等设备的信号，计算列车运行速度和运行距离。GSM-R 无线通信单元通过 GSM-R 无线通信系统与地面 RBC 进行消息双向传输。

（2）列控地面设备。

① 列控中心（TCC）。

列控中心（TCC）实现轨道电路编码，通过有源应答器向列控车载设备传送 CTCS-2 级临时限速和进路信息。

② 临时限速服务器（TSRS）。

临时限速服务器（TSRS）集中管理临时限速命令，分别向 RBC、TCC 传递临时限速信息。

③ 轨道电路。

ZPW-2000 系列轨道电路实现列车占用检查，并向列控车载设备提供前方空闲闭塞分区数量信息。

④ 应答器。

应答器向列控车载设备传送线路数据等信息。CTCS-3 级区段应答器提供线路数据、临时限速、过分相、定位、级间转换、公里标、车站名、无线闭塞中心切换等信息。应答器组设置、报文定义及组间距离等应满足列控车载设备控车要求。

CTCS-3 级区段除设置 CTCS-2 级区段的应答器组外，还包括 RBC 连接应答器组、RBC 切换应答器组。区间相邻两个应答器组之间的距离大于 1500m 时，在两个应答器组之间的适当处所增设定位应答器组。站内股道相邻两个应答器组之间的距离大于 400m 时，在两个应答器组之间的适当处所增设定位应答器组。

⑤ 无线闭塞中心（RBC）。

无线闭塞中心（RBC）是采用无线通信方式实现列车间隔控制的地面设备。系统接收所辖全部列车的位置信息，并根据外部地面设备提供的信息以及与车载设备交互的信息生成发送给列车的消息，并通过 GSM-R 无线通信系统向其管辖范围内列车的车载设备传送行车许可及线路描述等信息并提供列车间隔控制功能。RBC 宜设置于本线车站，数量应结合运输组织方案确定。

2. 列控车载设备的控车模式

CTCS-3 级列控车载设备按 CTCS-3 级控车时的模式有完全监控、引导、目视行车、调车、休眠、隔离和待机等模式；CTCS-3 级列控车载设备按 CTCS-2 级控车时的模式有完全监控、部分监控、引导、目视行车、调车、休眠、隔离、待机和机车信号等模式。

（1）CTCS-3 级列控车载设备的控车模式。

① 完全监控模式。

完全监控模式是列车的正常运行模式。列控车载设备根据控车数据自动生成目标距离模式曲线，司机依据人机界面显示的列车运行速度、允许速度、目标速度和目标距离等信息控制列车运行。

② 引导模式。

引导模式是在进站或出站建立引导进路后，列控车载设备按照最高限速 40km/h 控车的模式。

③ 目视行车模式。

目视行车模式是司机控车的固定限速模式，限速值为 40km/h。列控车载设备显示停车信号或位置不确定时，在停车状态下司机按规定操作转入目视行车模式。

④ 调车模式。

调车模式是动车组进行调车作业的固定限速模式，限速值为 40km/h。司机按压专用按钮使列控车载设备转入调车模式。只有在列车停车时，司机才可以选择进入或退出调车模式。CTCS-3 级控车时，只能在车站内转入调车模式。

⑤ 休眠模式。

休眠模式是非本务端车载设备不监控列车运行，但仍执行列车定位、记录等级转换等功能的模式。

⑥ 隔离模式。

隔离模式是列控车载设备控制功能停用的模式。列车停车后，根据规定，司机操作隔离装置使列控车载设备转入隔离模式。

⑦ 待机模式。

待机模式是列控车载设备上电后的默认模式。列控车载设备自检和外部设备测试后，自动处于待机模式。在待机模式下，列控车载设备正常接收轨道电路及应答器信息。

⑧ 部分监控模。

CTCS-3 级列控车载设备按 CTCS-2 级控车时的部分监控模式，是列控车载设备接收到轨道电路允许行车信息，而缺少应答器提供的线路数据或限速数据时使用的模式。在部分监控模式下，限速值为 45km/h。

⑨ 机车信号模式。

机车信号模式是装备 CTCS-3 级列控车载设备的动车组在 CTCS-0 或 CTCS-1 级区段运行时使用的模式。经司机操作后，列控车载设备转为最高限速 80km/h 控车模式。在机车信号模式下，按地面信号显示运行。

（2）控车模式的转换。

CTCS-3 级列控车载设备按 CTCS-3 级控车七种模式之间的转换见表 1-3，CTCS-3 级列控车载设备按 CTCS-2 级控车时九种模式之间的转换见表 1-4。

表 1-3　CTCS-3 级列控车载设备按 CTCS-3 级控车时七种模式之间的转换

当前模式＼转换模式	待机模式	完全监控模式	引导模式	目视行车模式	调车模式	休眠模式	隔离模式
待机模式	—	—	人工/停车	人工/停车	人工/停车	人工/停车	人工/停车
完全监控模式	人工/停车	—	人工	人工/停车	人工/停车	—	人工/停车
引导模式	人工/停车	自动	—	人工/停车	人工/停车	—	人工/停车
目视行车模式	人工/停车	自动	人工	—	人工/停车	—	人工/停车
调车模式	人工/停车	—	—	—	—	—	人工/停车
休眠模式	人工/停车	—	—	—	—	—	人工/停车
隔离模式	人工/停车	—	—	—	—	—	—

表 1-4　CTCS-3 级列控车载设备按 CTCS-2 级控车时九种模式之间的转换

当前模式＼转换模式	待机模式	部分监控模式	完全监控模式	引导模式	目视行车模式	调车模式	休眠模式	隔离模式	机车信号模式
待机模式	—	人工/停车	—	—	人工/停车	人工/停车	人工/停车	人工/停车	人工/停车
部分监控模式	人工/停车	—	自动	自动	人工/停车	人工/停车	—	人工/停车	人工/停车
完全监控模式	人工/停车	自动	—	人工	人工/停车	人工/停车	—	人工/停车	人工/停车
引导模式	人工/停车	自动	自动	—	人工/停车	人工/停车	—	人工/停车	人工/停车
目视行车模式	人工/停车	自动	自动	自动	—	人工/停车	—	人工/停车	人工/停车
调车模式	人工/停车	—	—	—	—	—	—	人工/停车	—
休眠模式	人工/停车	—	—	—	—	—	—	人工/停车	—
隔离模式	人工/停车	—	—	—	—	—	—	—	—
机车信号模式	人工/停车	—	—	—	—	—	—	人工/停车	—

任务三　高速铁路通信

铁路通信网是覆盖铁路的统一、完整的专用通信网，高速铁路通信应为运输生产和经营管理提供稳定、可靠畅通的语音、数据和图像通信业务。是铁路的重要基础设施，是保证铁路运输正常、安全运行的基本通信手段，是支撑铁路信息化的重要载体，是铁路运输生产、调度指挥、经营管理不可缺少的技术装备，是提升安全保障能力、提高运输效率的必要设施。铁路运输作业分散在铁路枢纽及沿线各站（场），为了完成列车运行的统一指挥和调度，有效地组织运输生产和经营管理，需要有一个安全可靠、覆盖铁路各业务节点的铁路通信网络。铁路通信应符合国家、铁道行业的有关技术标准和质量要求，确保全程全网安全、可靠、迅捷、畅通。高速铁路通信应与普速铁路通信网络实现互联互通，实现高速铁路和普速铁路通信网资源间的相互补充和保护，以提升铁路通信网的整体可靠性。

一、铁路通信网分类

铁路通信网分为承载网、业务网和支撑网。

承载网是通信网的基础网络，为各专业提供承载通道和网络接入。承载网又分为传输网和数据通信网。传输网覆盖国铁集团机关、铁路局机关、站段机关以及铁路枢纽、沿线车站和区间等业务节点，承载数据通信网、各业务网、独立组网的信息系统，提供多种速率、类型的传输通道。数据通信网为全国铁路运输组织、客货营销、经营管理等信息系统以及综合视频监控、会议电视、应急通信等通信业务系统提供承载网络。

业务网主要包括调度通信、电话交换、电报传真、会议电话和会议电视、综合视频监控，应急通信等，是铁路运输生产和经营管理的通信工具。随着技术进步和高速铁路的建设，综合视频监控系统得到了广泛的应用。调度通信是铁路运输生产调度指挥的基本通信装备，在传统数字调度通信系统基础上，高速铁路装备了铁路专用移动通信系统

(GSM-R)，有线、无线调度通信结合，除支持语音通信（普通语音、调度电话）外，还提供列车控制数据传输、调度命令和车次号校核信息传送等业务。

支撑网是铁路通信网运行的支撑网络，用以保障承载网和业务网的正常运行、监控网络和业务质量。铁路通信网支撑网包括时钟（频率）同步网、时间同步网、信令网以及为通信网运营维护服务的各类监测、监控管理系统等。

二、铁路通信业务

铁路通信业务是指铁路运输生产和经营管理等活动中所使用的通信业务，主要包括话音通信业务、图像通信业务、数据通信业务、铁路电报业务和其他通信业务。高速铁路通信的具体通信业务有：普通电话（固定、移动）；专用电话（固定、移动），包括调度电话、车站（场）电话、站间行车电话等；数据承载；数据终端（铁路电报、列车调度命令信息无线传送、车次号校核信息无线传送、列车尾部风压信息传送、列车安全防护预警信息传送等）；图像通信（会议电视、综合视频监控等）；应急通信；时钟、时间同步基准信号。

（一）话音通信业务

1. 普通电话业务

在铁路运输生产、指挥中所使用的公众电话业务。普通电话具有公众性，普通电话用户分固定用户和移动用户两类。普通电话业务包括固定电话业务、移动电话业务和电话查号、接转业务。

（1）固定电话业务。

固定电话业务包括本地电话业务、国内长途电话业务和国际长途电话业务。本地电话业务是指至少有一方用户在电话网内，并在一个长途区号内完成接续过程的电话业务。国内长途电话业务是指至少有一方用户在电话网内，使用电话网长途区号内完成接续过程的电话业务。国际长途电话业务是指国家之间或国家与地区之间，使用国际长途区号完成接续过程的电话业务。

（2）移动电话业务。

移动电话业务是指为铁路运输生产人员或管理人员提供的普通移动电话业务，包括铁路移动通信网提供的移动电话业务和公众移动通信网提供的移动电话业务。移动电话业务分为本地电话业务和长途电话业务两大类，其分类方式与固定电话业务相同。

（3）电话查号、接转业务。

电话查号、接转业务是指采用人工或自动语音报号方式进行铁路电话号码查询，采用人工方式进行长途电话接转的业务。

2. 专用电话业务

专用电话业务是专门用于铁路运输生产和经营管理的电话业务。专用电话系统具有相对独立性，专用电话用户分固定用户和移动用户两类。

专用电话业务主要包括调度电话业务、车站（场）电话业务、站间行车电话和其他专用电话业务。

（1）调度电话业务。

调度电话业务为调度员与其所管辖区内有关运输生产作业人员之间业务联系使用的

专用电话业务，可通过有线调度通信系统、铁路移动通信系统实现。

按照业务不同，调度通信分为列车调度、牵引供电调度、客运调度、机车调度、车辆调度、动车调度员、综合维修调度、工务调度、电务调度以及其他调度电话业务。

① 列车调度电话是列车调度员与其管辖调度区段内车站值班员、机车或动车组乘务员等相关工作人员之间进行联络、指挥列车运行使用的专用电话。

② 牵引供电调度电话是牵引供电调度员与其管辖区内牵引供电调度、牵引变电所值班员人员等有关工作人员之间进行业务联系的专用电话。

③ 客运调度电话是客运调度员与其管辖区内车站客运值班员等有关工作人员之间进行业务联系的专用电话。

④ 机车调度电话是机车调度员与其管辖区机车调度员、机车乘务员等有关工作人员之间进行业务联系的专用电话，以及机车调度室调度员、车站、动车所等有关作业工种间使用的专用电话。

⑤ 车辆调度电话是车辆调度员与其管辖区内车辆调度等有关工作人员之间进行业务联系的专用电话。

⑥ 动车调度电话是动车调度员与其管辖区内动车调度等有关工作人员之间进行业务联系的专用电话，以及动车调度室调度员、车站、动车所等有关作业工种间使用的专用电话。

⑦ 综合维修调度电话是综合维修调度员与其管辖区内综合维修调度等有关工作人员之间进行业务联系的专用电话。

⑧ 工务调度电话是工务调度员与其管辖区内工务调度等有关工作人员之间进行业务联系的专用电话。

⑨ 电务调度电话是电务调度员与其管辖区内电话调度等有关工作人员之间进行业务联专用电话。

⑩ 其他调度电话是根据运输组织需要而设置的其他调度业务联系专用电话。

（2）车站（场）电话业务。

车站（场）电话业务是铁路车站（场）内进行作业指挥和业务联系的专用电话业务，包括固定电话和移动电话。

（3）站间行车电话业务。

站间行车电话是为相邻车站（场）值班员之间办理行车事宜而设置的专用直通电话业务。

（4）其他专用电话业务。

① 桥隧守护电话是铁路桥梁、隧道和隧道天井等地守护人员与其指挥点之间进行业务联系的专用电话。

② 区间是铁路沿线区间流动作业人员进行业务联系的专用电话。

③ 隧道应急电话是设置在隧道内的应急电话系统，为隧道应急通信提供语音业务。当隧道内发生事故灾害时，铁路工作人员利用隧道内有线应急电话终端设备向车站值班员或调度 员发起呼叫并报警。

④ 道口电话是铁路道口值班人员与相邻车站值班员或列车司机之间进行业务联系的专用电话。

⑤ 列车乘务电话是旅客列车工作人员之间及与车站客运人员进行业务联系的专用电话。

3. 电话会议业务

通过会议汇接设备或者电话网把铁路内部两点以上的多点会议电话终端连接起来，实现多点间实时双向语音通信的业务。

4. 广播业务

车站客运广播是指在客运站，为客运部门指挥工作人员进行客运作业和对旅客通告乘车有关事项而使用的广播通信业务。

旅客列车广播是指在列车上，对旅客通告乘车有关事项及播送时事、文艺节目等的广播通信业务。

（二）图像通信业务

1. 视频监控业务

视频监控业务是为铁路业务部门提供所需的运输生产和治安防范等有关的视频信息。包括车务视频业务、机务视频业务、工务视频业务、电务视频业务、车辆视频业务、安全防范业务等。

2. 电视会议业务

电视会议业务是通过会议电视系统召开的会议，会议期间会议电话系统可同时传送与会者的声音和图像信号。

（三）数据通信业务

1. 数据传送业务

通过铁路传输网、数据网为各类应用系统组网提供电路、VPN 等传送通道，以及通过光纤提供物理传输媒介。

各类应用系统包括：列车运行控制，CTC，信号集中监测，列车安全监控，电话远动，防灾安全监控，环境监测，安全管理信息，客票，旅客服务信息，货物运输管理，货运服务，计划调度管理，人力资源管理，车辆管理，办公自动化，其他运输生产、经营管理信息系统。

2. 数据终端业务

数据终端业务是通过通信网络及其终端设备，直接向用户提供应用层功能的数据通信业务。

数据终端业务主要包括列车调度命令信息无线传送、列车进路预告信息传送、车次号校核信息无线传送、列车尾部风压信息传送、列车防护报警、道口报警和其他数据终端业务。

① 列车调度命令无线传送是在 CTC 中，将调度员编制的调度命令、车站值班员编制的行车型凭证等信息通过无线方式实时传送给机车司机并显示、打印的数据应用业务。

② 列车进路预告信息传送是在 CTC 中，将列车运行前方站的进路开放情况通过无线方式实时传送到机车并显示，以提醒司机安全运行的数据应用业务。

③ 车次号校核信息无线传送是在 CTC 中，将运行中的列车的车次号、机车号、列车速度、位置等信息，从机车上通过无线方式实时传送给调度指挥中心的数据应用业务。

④ 列车尾部风压信息传送是通过机车电台与列尾主机间的无线数据通道，传送风

压、查询、排风和欠压报警等信息的数据应用业务。

⑤ 列车防护报警是当遇有危及行车安全的紧急情况时，为防止列车事故发生，利用专用无线报警设备向附近列车、人员发出报警信息的数据应用业务。

⑥ 道口报警是为预防铁路道口事故，保护通过道口的列车、车辆或人员安全，利用专用报警设备向道口发出报警信息的数据应用业务。

⑦ 其他数据终端业务是指除上述数据应用业务以外的数据终端业务。

（四）铁路电报业务

为处理铁路公务而使用的一种公文传递业务。按电话性质和急缓程度，分为特提电话、特急电话、加急电话、平急电报等。

（五）其他通信业务

其他业务包括应急通信、战备通信和时间同步业务。

1. 应急通信业务

应急通信业务是指在发生行车事件及自然灾害等紧急情况下，为确保实时救援指挥，在事件现场与应急中心之间、各相关应急中心之间以及现场内部进行的话音、数据和图像传输业务。

2. 战备通信业务

在战时或突发事件时，通过各种通信设施，采用有线通信、无线通信等多种手段，确保各部门的通信畅通。

3. 时间同步业务

接受源自地面时间输入信号或卫星定位系统的时间同步信号，采用自守时和时间跟踪的方式，实现时间的同步，并为各种通信设备或其他应用系统设备提供不同精度的时间同步信号。

三、专用电话使用要求

铁路各调度区段应设置调度通信系统，提供调度电话、车站（场）电话、站间行车电话等专用电话业务，满足铁路运输组织和生产指挥的需要。高速铁路调度通信系统，通过数字调度通信系统的调度交换机与GSM-R系统互联，形成有线、无线一体化的调度通信系统，提供调度员、值班员等固定用户与司机等移动用户之间的点对点、点对多点的话音业务。根据铁路运输指挥需要，为提高效率，有必要对呼叫范围加以限制以避免其他干扰，调度通信网络应保持相对独立和专用，限制与公众电信网或铁路自动电话网的互通。

（一）列车调度电话的接入（加入）限制

列车调度电话是为列车调度员指挥列车运行而设置的专用电话。列车调度电话只限与列车运行和安全直接有关的人员接入（加入）通话，应严格限制与列车运行和安全无关的人员接入列车调度电话。为满足铁路运输行车组织安全生产的需要，应为与列车运行和安全直接有关的人员配备固定终端设备和移动终端设备。铁路局应加强调度通信设备的管理，规范使用，保证设备处于良好状态。

列车调度电话准许列车调度员、动车（机车）调度员、供电调度员、车站值班员、助理值班员、动车组（机车）司机、自轮运转特种设备司机、动车段（所）值班员加入通话，根据需要允许动车组随车机械师（以下可简称随车机械师）、车辆乘务员、客运调度员、列车长、牵引配电所值班员、客运值班员、救援列车主任和施工负责人及巡守人员加入通话。

站间行车电话（闭塞电话）是为相邻车站（场）值班员之间办理行车业务的专用直通电话。为防止外来电话接入的干扰，站间行车电话禁止其他电话接入。

（二）录音要求

铁路行车通信语音记录装置是强化铁路行车安全管理的重要设施，是铁路交通事故分析的语音记录依据。调度所、车站和机车、动车组装备的列车调度通信设备应连接语音记录装置，对列车调度、站间行车的通话进行录音，并可查询语音记录。

（三）移动终端设备的配备

司机、随车机械师（车辆乘务员）、列车长、乘警均应配备无线对讲设备和 GSM-R 手持终端。配备无线对讲设备，是为了满足相互间的通信联络需要。配备 GSM-R 手持终端，是为了用于与调度员或上级管理部门的通信联络。其中司机配备的 GSM-R 手持终端，在车载通信设备故障时，作为应急通信手段。

办理客运业务的车站，车站客运值班员应配备与司机通信联络用的无线对讲设备以满足车站客运值班员处置突发事件的需要，并向司机通报旅客乘降情况。

无线对讲通信设备的使用频率，应符合国家有关无线电频率划分的规定，由国铁集团统一规划。

四、铁路通信抢修顺序

通信线路或设备损坏时的修复顺序首先应保证行车安全，并使对列车运行的影响减小到最低限度，语音通信是了解现场情况，沟通信息最有效、便捷的手段，故应首先修复列车调度电话。其次恢复站间行车电话。其他依据条文顺序逐步恢复。防灾系统通道虽未提及，但该通道与行车指挥密切相关，应当给予高度重视。

通信线路或设备损坏时，应按下列顺序抢通和恢复：

（1）列车调度电话；

（2）站间行车电话；

（3）列车调度指挥系统和调度集中系统的通道；

（4）牵引供电远动通道；

（5）信号安全数据网通道；

（6）旅客服务系统通道；

（7）客票系统通道；

（8）其他。

五、高速铁路常用通信设备

（一）数字移动通信系统

铁路数字移动通信系统（GSM-R）是基于 GSM 制式的承载铁路语音和数据等业务及机车数据传送业务的综合数字移动通信系统，包括移动交换子系统（SSS）、移动智能网子系统（IN）、通用分组无线业务子系统（GPRS）、无线子系统（BSS）、运营与支撑子系统（OSS）和终端设备等六个部分。GSM-R 系统人工作频段为上行 885M～889MHz，下行 930M～934MHz。

高速铁路应采用 GSM-R 系统。GSM-R 应根据铁路运输需要，提供调度通信、铁路紧急呼叫、组呼、点对点普通呼叫等话音通信业务，提供列车运行控制信息、行车指挥信息、行车安全信息、监测检测信息、运营管理信息等数据通信业务。列车运行控制信息包括 CTCS-3 级列控信息、机车同步操控信息等，行车指挥信息包括调度命令、进路预告信息传输和无线车次号校核信息等，行车安全信息包括列车尾部安全装置信息等，监测检测信息包括列车运行控制设备动态监测信息、雨量监测信息、地震预警信息等，运营管理信息包括客票信息等。

为确保 GSM-R 承载业务的正常运用，GSM-R 系统的场强覆盖、服务质量应符合铁路相关技术标准、规范的规定。机车综合无线通信设备（CIR）出入库检修场所的 GSM-R 场强覆盖应符合 CIR 设备出入库检修作业的要求。无线覆盖范围应符合承载的业务和设备维护要求，主要包括：正线、站线、联络线等铁路线路，铁路车站运转室等与运输生产指挥有关的区域，机务段和动车段（含动车所）内的车载无线终端库检作业区及 GSM-R 核心网机房。

（二）机车综合无线通信设备

动车组及自轮运转特种设备，应装备机车综合无线通信设备（CIR），应能实现列车调度语音通信、列车调度命令信息无线传送、车次号校核信息无线传送、列车防护报警等功能。

机车综合无线通信设备（CIR）是装备在机车和动车组上的铁路专用车载无线通信设备，由主机、操作显示终端（MMI）、送（受）话器、扬声器、打印终端、连接电缆、机车数据采集编码器等构成。可实现调度通信、信息传输、状态显示以及语音提示等功能。

CIR 兼容 450MHz 及 800MHz 模拟无线列调通信技术和 GSM-R 数字移动通信技术，配置有无线列调单元、GSM-R 语音和数据通信单元、列车防护报警单元等功能模块。CIR 支持 GSM-R 调度通信系统功能及数据传输功能，支持 450MHz 承载的列车尾部风压、无线车次号、调度命令等数据信息的传输功能，支持 GSM-R 工作模式与 450MHz 工作模式自动切换和手动切换功能，支持 800kHz 承载的客车列车尾部风压、列车防护报警等功能。

机车综合无线通信设备（CIR）主要用于司机与列车调度员、车站值班员、随车机械师（车辆乘务员）等作业人员进行调度指挥通信，向 CTC 传送车次号校核信息，接收 CTC 的调度命令信息，发送和接收列车防护报警信息，与列车尾部安全防护装置进行通信，是提高运输效率、保障列车正常运行的重要行车设备。

机车、动车组上装备的 CIR 设备由电务部门维护管理，机务部门使用，其他部门不得拆解。自轮运转特种设备上装备的 CIR 设备的维护管理和使用可按照相关规定执行。

（三）FAS 调度系统

随着铁路 GSM－R 数字移动通信系统的发展，在原有数字调度专用通信系统的基础上，继续开发出了 FAS 调度系统。FAS 调度系统通过固定用户接入交换机（FAS）和数字移动通信系统（GSM-R）共同完成列车调度通信，实现了有线和无线的通信一体化。

在原有的数字化调度系统中，有线系统和无线系统是相互独立的。FAS 调度系统除了具备原有数字化调度系统的全部功能外，最大的贡献是将两种系统很好地融合在一起，实现了有线通信和无线通信的互通。

FAS 调度系统的具体业务包括调度通信、站场通信、区间通信、应急通信、道口通信等，并能够进行站场客运广播，也能够动态显示调度区段内列车的运行情况。FAS 调度系统功能强大，但操作十分简便，既支持键控操作，也支持触屏操作。

任务四　高速铁路牵引供电

牵引供电直接关系到铁路运输安全和秩序，牵引供电设备应保证不间断行车的可靠供电。牵引供电能力应与线路的运输能力相适应，满足规定的列车重量、列车密度和运行速度的要求。牵引供电回路是由牵引变电所、馈电线、接触网、电力机车、网轨回路、回流联接、接地网等组成的闭合回路，其中流通的电流称牵引电流。

一、牵引供电设备组成

牵引供电设备包括变电设备（牵引变电所、开闭所、分区所、自耦变压器所）、接触网和远动系统。

（一）变电设备

铁路牵引供电的变电设备包括牵引变电所、分区所、开闭所、自耦变压器所。

1. 牵引变电所

牵引变电所将电力系统经输电线路送来的三相工频（50Hz）交流高压电能（110kV 及以上），降为工频交流 25kV 送到单相的接触网上，作为电力机车的牵引电源。牵引变电所内设有主变压器、动力变压器、自用电变压器、断路器、隔离开关及各种控制、保护、信号显示和计量等设备。

为保证牵引供电的可靠性，牵引变电所须具备双电源、双回路受电。牵引变压器采用固定备用方式并具备自动投切功能。当一个牵引变电所停电时，相邻的牵引变电所能越区供电。运行期间平均功率因数不低于 0.9。

2. 分区所

（1）分区所的设置及功能。

分区所是在供电臂末端设有开关设备的场所，设在相邻两个牵引变电所之间。它使牵引变电所可以进行越区供电，在复线区段可以实现上、下行接触网并联，还可以实现电分相。

（2）越区供电。

越区供电是牵引变电所超越正常供电范围，向相邻牵引变电所所属的停电牵引网供电的方式。越区供电属于非正常运行状态，不能满足正常行车需要，应对行车量加以限制，一般采用延长追踪时分、动车组减速运行、减少该区间的动车组运行数量等方式。越区供电时应满足至少一列列车运行。

3. 开闭所

开闭所设有开关设备，能进行电分段或变更馈线数目的开关站。枢纽及较大车站应设开闭所。

开闭所的主要作用包括如下 3 点：①通过将供电臂分段，便于故障或检修时缩小停电范围；②对于分场或分线群供电的车站，增加馈电线便于分别停电检修；③对于多方向车站，引进多方向电源，只要一个方向有电就能正常行车，保证供电可靠性。

分区所、开闭所内设有断路器、隔离开关及各种控制、保护、信号显示等设备，采用自耦变压器供电方式的分区所、开闭所内还设有自耦变压器。

4. 自耦变压器所

自耦变压器所是采用自耦变压器供电方式时，装设自耦变压器的场所。所内设有自耦变压器、断路器、隔离开关及各种控制、保护、信号显示等设备。

自耦变压器供电方式，就是电力牵引 AT 供电方式，在接触网与正馈线间并联接入自耦变压器，使供电电压变大，延长了供电距离，提高了牵引供电质量，能够满足高速铁路的供电需要。

（二）接触网

接触网是指通过受电设备供给机车电能的导电系统，呈之字形架设在线路正上方。

1. 接触网的组成

接触网包括接触悬挂、支持装置、定位装置、支柱与基础。

（1）接触悬挂主要由承力索、接触线、吊弦、补偿装置、悬挂零件及中心锚结等组成。

（2）支持装置主要用来支撑接触悬挂，并将载荷传给支座，包括腕臂、拉杆和绝缘子。

（3）定位装置是把接触导线固定在线路中心，包括定位器和定位管。

（4）支柱与基础用来承受接触悬挂和支持装置的全部负荷，并将接触网导线固定在规定的高度，支柱固定在基础上，有金属支柱和混凝土支柱两种。

2. 接触网参数

接触网标称电压值为 25kV，最高工作电压为 27.5kV，短时（5min）最高工作电压为 29kV，最低工作电压为 20kV。

接触网采用工频（50Hz）单相交流电供电。

3. 接触网分段及分相

为提高接触网供电的可靠性、灵活性，缩小停电范围，接触网在电气方面划分成既相对独立又可相互供电的不同供电分区。接触网的供电分区是通过分段、分相实现的，不同的供电分区可通过开关的开合实现电气隔离或电气连接。

电分段是（在纵向或横向）将接触网分为几个电气段，每段从电气上相互分开；电分相是阻止受电弓经过时连通不同电压、不同相位或不同频率接触网的区段。

接触网的分段、分相设置应考虑检修停电方便和缩小故障停电范围，并充分考虑电力牵引的列车、动车组正常运行和调车作业的需要。分相的位置应避免设在进出站和变坡点区段。无法避免时，应根据列车长度、列车紧急停车的制动距离、列车基本阻力、加速性能以及坡度等进行行车检算确定电分相距最近信号机的距离。

双线电气化区段应具备反方向行车条件。

由于高速铁路运输行车组织密度大，且其他负荷对高速铁路供电的安全性影响大。因此，高速铁路接触网不得引接非牵引负荷。

4. 接触网距离参数

（1）接触线高度。

接触线距钢轨顶面的高度不超过6500mm；接触线悬挂点高度不宜小于5300mm，接触线最低点高度不小于5150mm，站场和区间接触网的高度应一致。

在电气化铁路竣工时，由施工单位在接触网支柱内缘或隧道边墙标出线路的轨面标准线，开通前供电、工务单位要共同复查确认，有砟轨道每年复测一次，复测结果与原轨面标准线误差不得大于±30mm。特殊情况需调整轨面标准线时，由供电、工务部门共同确认，并经铁路局批准。

（2）接触网最小绝缘间隙。

接触网带电部分至固定接地物的距离，不小于300mm；至机车车辆或装载货物的距离，不小于350mm。跨越电气化铁路的各种建（构）筑物与带电部分最小距离，不小于500mm。当海拔超过1000m时，上述数值应按规定相应增加。大风、严寒地区应预留风力、覆冰对绝缘距离影响的安全余量。

在实际运用中，接触网对地绝缘间隙还应充分考虑海拔高度、风速、温度、覆冰等因素的影响，确保满足最小距离的要求。

5. 接触网安全要求

在接触网支柱及距接触网带电部分5000mm在范围内的金属结构物须接地。防止接触网周围金属结构物上的过高感应电压，同时避免在接触网断线或绝缘子损坏时，对人员和设备产生危害。

天桥及跨线桥跨越接触网的地方，应按规定设置安全栅网。

大型养路机械作业宽度覆盖了道床的坡脚范围，接触网支柱过近将直接影响大型养路机械作业质量与作业效率，甚至可能造成刮碰现象。有大型养路机械作业的路基地段，接触网支柱内侧距线路中心距离不小于3100mm，是保证大型养路机械快速、连续作业的最小距离。

（三）远动系统

远动系统（SCADA）是指对铁路牵引供电、电力供电系统中的电气设备进行远程监视、测量和控制的系统。该系统具备信息的采集、处理、传输和显示等功能，由设在调度所内的主站系统、复示终端、沿线设置的被控站、连接主站与被控站之间的远动通道组成。

远动系统（SCADA）采用牵引供电、电力合一的方式，通过统一的系统平台实现分层分布控制和管理，具有监视控制范围广、距离长、容量大、智能化自动化程度高、易于扩展等特点。

接触网隔离开关具备改变高速铁路运营方式的特点，并且高速铁路开关的设置具有细化供电单元，缩小供电范围的功能。由于高速铁路封闭管理，抢修人员到达现场的距离长，沿线负荷开关和电动隔离开关纳入远动控制，可准确判断故障，通过远动，方便快捷倒闸作业，压缩故障停时。

二、牵引供电设备管理

（一）供电调度系统

供电调度系统应具备对牵引供电、电力设备状况进行远程实时监控的条件，并纳入调度系统集中统一管理。高速铁路的供电调度系统作为运营调度系统的独立子系统，其功能应与运营调度等相关系统实现业务功能的衔接及信息共享，并与铁路调度管理体制相适应和统一，实行分层分布控制，系统规模及监控容量根据路网规划的需要确定。

供电调度系统由远动系统（SCADA）、安全监控系统、供电维护管理系统等子系统构成。远动系统实现对牵引供电、电力供电设备远程监视和控制，包括数据采集、处理、传输和显示等；安全监控系统实现对牵引供电设备、电力设备运行状态及运行环境进行远程监视和控制；供电维护管理系统实现对牵引供电设备、电力设施的管理者提供所需数据、信息，帮助管理者明确管理目标、修改管理模型，提供优先方案，为管理者提供决策支持。

（二）供电维修机构

铁路牵引供电设备是保障动车组或电力机车供电和运行，提高运输能力，实现列车安全可靠运行的关键基础设施之一，其状态的好坏直接关系到铁路运输的安全和效率。

为保持牵引供电设备良好的技术状态，保证牵引供电系统安全运行，应设供电段等供电维修机构。供电维修机构必须坚持以运输生产为中心，做好维护管理工作，保证供电设备和系统处于良好运用状态。

供电维修机构包括供电段、车间、工区等，管辖范围应根据线路及供电设备条件确定，其设置应满足生产力布局和抢修、维修的需要，管辖范围应与抢修、维修能力及运行管理能力相适应。供电维修机构的管辖区域还应考虑与既有铁路和路网规划的匹配，并根据线路状况、地形条件、设备情况以及便于管理等条件确定，其所在地应位置适中，以利管理工作和方便职工生活。管辖范围内如有动车段（所）、枢纽或编组站时，因有动车组走行线、联络线、存车线，增加了养护维修工作量和管理上的困难，应适当缩短管辖正线长度。

供电段应承担段管内的各牵引变电所、分区所、开闭所、自耦变压器所的电气设备、接触网及电力设备等供电设施和供电调度系统的运行管理、维护、检测、检修、试验和事故抢修任务。供电段除应配置必要的各种交通机具外，还应配备必要的应急发电机、抢修车辆、检测设备及车辆等。

三、电气化铁道人身安全

在牵引供电设备带电区域作业时，为保证人身安全，除专业人员执行有关规定外，其他人员（包括所携带的物件）与牵引供电设备带电部分的距离不得小于2000mm，与回流线、架空地线、保护线保持1m以上距离，此距离不足时，牵引供电设备须停电。

在设有接触网的线路上，严禁攀登车顶及在车辆装载的货物之上进行作业。例如因特殊原因（如整理、苫盖货物）确需攀登车顶或在装载货物的车辆上作业时，须在指定的线路上，将接触网停电接地并采取安全防护措施后，方准进行车顶或车上作业。

高速铁路的电气化设备检修一般采用垂直天窗作业。当双线电气化铁路实行V形天窗作业时，一条线路停电检修，另一条线路接触网仍然带电，并且会有单方向或双方向的列车运行，为确保人身安全，应在设备、机具、照明、作业组织等方面采取相应措施。

电气化区段上水、保洁、施工等作业，不得将水管向供电线路方向喷射，站车保洁不得采用向车体上部喷水方式洗刷车体。

发现牵引供电设备断线及其部件损坏，或发现牵引供电设备上挂有线头、绳索、塑料布或脱落搭接等异物，均不得与之接触，应立即通知附近车站，在牵引供电设备检修人员到达未采取措施以前，任何人员均应距已断线索或异物处所10m以外。

任务五　动车组

动车组是指具有牵引动力、固定编组，在日常运用维修中不解编的车组，两端均可操作驾驶，整列一体化设计。动车组由动车和拖车组成，动车转向架上带有动力，拖车转向架为非动力转向架。按照牵引动力，动车组可分为电力动车组、内燃动车组；按照动力配置方式，动车组可分为动力分散型动车组、动车集中型动车组；按照用途，动车组可分为运营动车组、路用动车组、热备动车组等。

动车组应有识别的标记：路徽、配属局段简称、车型、车号、定员、自重、载重、全长、最高运行速度、制造厂名和日期、定期修理日期、修程和处所。动车组应有“电化区段严禁攀登”的标识。

一、动车组的基本组成

（一）车体及车内设备

动车组车体用于容纳旅客和司机，并且承担着安装与连接其他设备部件的功能，分为带司机室和不带司机室两种。车门处地板距轨面高度通常为1270mm，设有翻板脚蹬装置，能够适应300～1250mm的站台高度。车顶装有空调机组、受电弓、制动变阻器等设备，车下安装牵引变压器、牵引电机、制动模块、空气压缩机、净水箱、污物箱、蓄电池箱、充电机、空气弹簧辅助风缸等悬吊设备，车端设有车钩缓冲装置、折棚风挡、空气连接、电气连接等连接设备，在每辆车下安装两台转向架。

车内设备主要用于旅客服务，包括车内电气设备、给水设备、卫生设备、通风供暖设备、座椅、车窗、车门、行李架、旅客信息服务系统等。

动车组列车的运行速度高，如果车体密封性不好，车内空气压力会随着车外空气压力的变化而变化，会使旅客的耳部感觉不适。因此，动车组车体结构气密性高，只能使用空调系统解决通风换气的问题。动车组的车体密封技术主要表现为：采用固定式车窗，采用密封性能良好的塞拉门，厕所与洗脸室的水不采用直排式，直通车下的管路和电缆孔采取必要的密封措施。

另外，动车组还采取了噪声控制技术，以便降低车内噪声。动车组主要从削弱噪声源发出噪声的强度和提高车体的隔声性能进行噪声控制。削弱噪声源发出噪声强度的措施主要包括：在车轮上安装消声器和开发弹性车轮，依靠流线形外形设计及光滑的表面减小空气与车体的摩擦声，采用橡胶风挡减小撞击声，在空调系统上安装消声器来降低牵引电机风扇的噪声、驱动装置等设备的振动噪声。

动车组拥有优良的空气动力学外形，采用流线型头型设计，车体表面光滑平整。这种车体设计有助于减少列车高速运行中的空气阻力，保持列车运行平稳，减小交会时列车表面受到的空气压力。

动车组车体与车内设备的另一个特点是轻量化，主要依靠采用新材料和优化结构设计来实现。动车组车体通常采用铝合金和锈钢材料，车内设备选用轻合金、高分子工程材料、复合材料。轻量化可最大限度降低动车组的轴重，提高旅客乘坐的合适度，降低高速行车时对线路及车辆的损伤。

（二）转向架

动车组采用高性能转向架技术，具有良好的曲线通过性能，能够适应高速运行的平稳性和安全性，能够满足旅客乘坐的舒适度。

动车组转向架分为动力转向架和非动力转向架，动力转向架安装在动车上，非动力转向架安装在拖车上。动力转向架由构架、轮对轴箱、牵引装置、驱动装置（电机采用架悬方式）、基础制动装置、二系空气弹簧悬挂装置组成；拖车转向架没有齿轮箱驱动装置，结构与动力转向架基本一致。

（三）车端连接设备

动车组车端连接设备主要包括密接式车钩缓冲装置、折棚风挡、空气连接、电气连接。

密接式车钩的连接面纵向间隙通常小于 2mm，上下及左右偏移很小，有助于改善列车的纵向平稳性，保证电气线路、空气管路的自动对接。动车组的密接式车钩包括两端的全自动车钩和车辆间的半永久车钩。全自动车钩设有机械连接、空气连接、电气连接的机构和通路，半永久性车钩只设有机械连接。

（1）动车组的车钩缓冲器位于车钩后端，采用气液缓冲器和圆弹簧的组合方式。

（2）空气连接指列车制动管和列车总管连接。

（3）电气连接包括列车通信总线连接、制动控制线连接、供电母线连接、直流供电母线连接、主电路电气设备的电缆连接、车顶高压电缆连接等。

（四）制动系统

由于列车的制动能量与速度的平方成正比，单纯依靠空气制动已不能满足动车组列车高速运行的需要，必须采用具有强大制动力并能更好地利用粘着的制动系统，且能根据不同制动工况通过微机控制制动能量分配。

动车组采用电气制动与空气制动的复合制动方式，由制动控制系统、动力制动系统、空气制动系统、电子防滑器及基础制动装置等组成。动车组通常设有微机控制的电空制动和空气制动两套制动系统。电空制动系统可实现电空联合制动，列车速度较高时以电制动为主空气制动为补充，列车速度很低时只实施空气制动；动车组的空气制动系统为备用系统，制动指令由列车管传递。

（五）牵引传动系统

牵引传动系统主要由主电路、高压设备、受电弓、主断路器、牵引变压器、牵引变流器、牵引电机及电传动系统等组成。动车组采用交流传动技术，交流牵引电动机的额定输出功率大、结构简单、体积小、重量轻、效率高。

动车组由若干辆动车和拖车组成一个动力单元，每个动力单元形成相对独立的主牵引系统。正常情况下，每个牵引系统均处于工作状态。当一个牵引系统故障时，可以自动切断故障源，维持列车继续运行。不同型号的动车组，动力单元的组成不同。CRH5型动车组有两个相对独立的主牵引系统，一个动力单元由三辆动车和一辆拖车组成，另一个动力单元两辆动车和两辆拖车组成；CRH1 型动车组有三个相对独立的主牵引系统，两个单元由两辆动车和一辆拖车组成，另一个单元由一辆动车和一辆拖车组成。

（六）辅助供电系统

动车组辅助供电系统由辅助变流器、蓄电池、充电机等组成，并向空气压缩机、冷却通风机、油泵/水泵电机、空调系统、照明设备、旅客服务设备、应急用电设备等供电。应急用电包括客室应急通风、应急照明、应急显示、维修用电、通信及其控制用电等。

（七）列车网络控制系统

动车组列车网络控制系统是一套车载分布式计算机网络系统，通过列车总线传送控制、监测及故障诊断等信息，从而实现对动车的重联控制和对全列车的综合监控作用。控制系统重要部分采取冗余设计，防止单一故障影响系统功能。

动车组控制系统的主要任务包括：将司机操纵台和列控车载设备对列车控制的要求传送至各车辆的计算机并接受各车辆的计算机反馈的故障信息；列车的重联控制，即牵引和动力制动级位的控制，对各种制动设备进行制动力的分配；列车到站后根据运行方向和站台位置控制车门开闭，收集各车主要设备的诊断数据，通信故障时利用备用制动线进行常用制动和紧急制动，预告分相区及隧道通过信息；与旅客信息系统接口，对列车总线和车厢总线的信息传输实施管理。

动车组监测诊断系统的主要任务包括：识别部件磨耗和偶发性故障并记录故障，显示故障发生的部位和功能范围，在故障情况下提示运行方式和提出保持相关功能的建议，提示排除故障的维修方式，必要时提示紧急制动，自动化整备作业。

控制与监测系统功能不同，相对独立，即使没有诊断系统，列车也能正常运行。

控制与监测诊断诊断功能与控制功能是不同的，是相对独立的。但作为一个完善的计算机系统，在力所能及时应增加诊断功能，从而使系统性能更完善。

二、动车组配备的设备设施

（一）动车组行车安全设备

1. 动车组运行安全监控系统

动车组应具有列车运行安全监控功能，对重要的运行部件和功能系统进行实时监测、报警和记录，并能及时向动车段、动车所传输。动车组运行安全监控系统包括：动车组车载信息无线传输系统（WTDS）、动车组运行故障图像检测系统（TEDS）车辆滚动轴承故障轨边声学诊断系统（TADS）、车辆轴温智能探测系统（THDS）、车辆运行品质轨边动态监测系统（TPDS）。

2. 动车组行车设备

动车组须配备机车综合无线通信设备（CIR）、列控车载设备、车载自动过电分相装置等，满足相应速度等级运行需要。

机车综合无线通信设备是装备在机车和动车组上的铁路专用车载无线通信设备，由主机、操作显示终端、送（受）话器、扬声器、打印终端、连接电缆、天馈单元及机车数据采集编码器等构成。可实现调度通信、信息传输、状态显示以及语音提示等功能。

列控车载设备是以技术手段对列车运行方向、运行间隔和运行速度进行控制，使列车能够安全运行并且提高运行效率的设备。

车载自动过分相装置由车载感应接受器和信号处理器组成，其主要功能是，当动车组通过分相区时，该装置会根据列车位置和速度自动平滑地降低牵引电流、分断主断路器，通过分相区后，根据位置信息自动闭合主断路器，实现动车组过分相区时自动化操作。

（二）动车组备品

1. 动车组随车工具备品

动车组随车工具和行车、应急、客运备品应根据车型结构特点随车配备、定置定量存放。各部门须加强动车组备品的维护管理，定期检查、维护保养，保持技术状态良好、数量齐全。

响墩、火炬、短路铜线、手信号灯、信号旗、防护信号灯等行车备品，过渡车钩、救援风管、铁丝、接发杆、验电杆、绝缘靴、绝缘手套、安全帽、安全带、登顶梯、铁鞋、止轮器、无螺纹管件等车辆应急备品及随车工具，由车辆部门使用及管理。

紧急用渡板、应急梯、车门防护网、绳索，消防锤等客运应急备品及微波炉，由客运部门使用及管理，需维修时客运向车辆部门报修。

售货小车、垃圾车、座椅套头枕、耳机、应急灯、扩音器等客运备品，由客运部门使用及管理。

2. 动车组固定服务设施

动车组固定服务设施由客运部门使用管理、动车段配备齐全，保持状态良好。动车组出（入）所前，车辆、客运部门应共同检查固定服务设施的状态，办理一次性交接，填写签认“动车组固定服务设施状态检查记录”，动车组随车机械师、列车长各持一份，作为交接点验的依据。

铁路局须制订动车组车内设备设施管理办法，对损坏动车组车内设备设施的，严肃追责，按价赔偿。固定服务设施丢失或人为损坏时，列车长须与动车组随车机械师共同确认，由列车长使用客统系统客户端填写“车内设施破损记录”（客统-36）电子单，发送至动车组管理信息系统。动车段须凭客统-36 修理或更换。

新造动车组出厂时，客运备品由客运部门与车辆部门办理一次性交接签认手续。动车组高级检修、转属、租借时，随车配备的备品一并办理交接。

项目二　高速铁路列车开行

任务一　高速铁路动车组运用计划

动车组是完成高速铁路运输生产任务的主要移动设备。动车组运用计划是动车组运用和维修的综合计划，包括动车组交路计划、动车组分配计划、动车组检修计划、动车组接运回送计划等，是在给定动车组的种类、数量、运载能力、检修周期、检修地点的检修能力及其他运用规章规则等条件下，考虑到使用的动车组数量、检修次数、检修地点均衡等优化目标，根据给定的列车运行图、有关动车组检修的规章制度以及检修基地条件等，对动车组的运用时刻、始发车站、担当车次、检修时间、检修地点及检修类型等作出具体安排，从而确保动车组状态良好，实现列车运行图，高效地完成运输任务。当列车运行图调整时，动车组运用计划必须重新编制或调整。

一、动车组运用模式

动车组实行固定配属管理，配属工作由车辆部门负责。车辆部门应根据动车组运行图、车底交路、技术特点、维修生产需求、动车组运用所检修及存放能力，做好动车组配属工作。动车组配属应遵循同一线路车型相对统一、同一车型定员基本一致、同一动车组运用所担当尽量单一的原则。

动车组的运用模式在一定程度上制约着动车组运用计划的编制和实施。现有动车组运用模式主要有固定运行区段、不固定运行区段和半固定运行区段三种模式。

（一）固定运行区段模式

在我国，普速铁路旅客列车的车底使用方式是车底固定配属于某车辆段，车底在配属站和折返站之间运行，车底运行区段固定。与之类似，动车组固定运行区段模式是指动车组在给定的线路上运行并且其运行区段固定。在这种运用模式下，动车组从动车段或动车运用所出来担当某个区段列车运输任务，除因达到修程规定时才检修入段外，其余每次返回动车段或动车运用所所在车站时，只在车站进行整备作业。动车组固定运行区段模式可进一步分为站间固定方式（图 2-1）和套跑固定方式（图 2-2）。

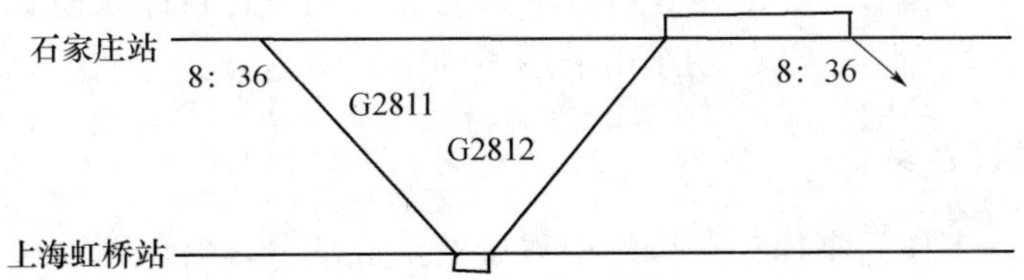

图 2-1　站间固定方式

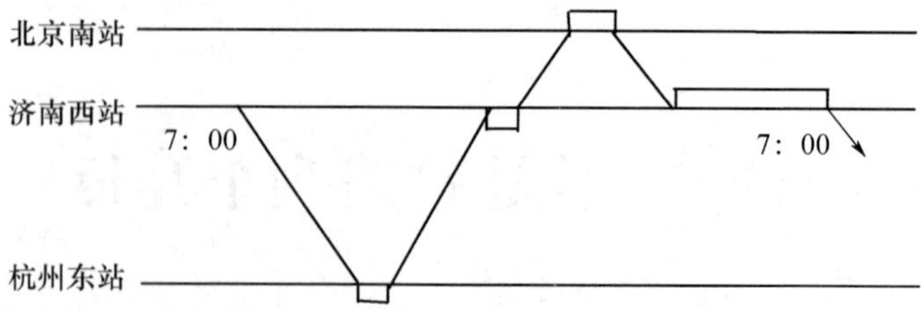

图 2-2 套跑固定方式

固定运行区段运用模式，动车组运用组织比较简单，便于动车组运用计划的编制，有利于动车组的管理和高速铁路的运输组织。对于区段距离较短、有稳定的大客流，需要开行大量径路相同且到发时刻均衡的客运专线。适宜采用这种模式，目前，我国京津城际线、沪宁高速线、广深准高速线采用的就是这种方式。采用这种运用模式时，在动车组进行检修期间需要一定数量的备用动车组来替代，如果备用动车组由各区段分别配备，则备用动车组数量较大且利用率不高。另外，由于动车组维修技术复杂，设备昂贵，只能集中配置动车段（所），将动车组的维修作业集中在动车段（所）进行，某些与动车段（所）不相邻的运行区段，需要维修的动车组必须专程送检，维修完成后还需要专程回送，因此，这种方式不利于动车组的检修，也不利于提高动车组的运用效率和减少动车组的配置数量。

（二）不固定运行区段模式

不固定运行区段模式是指不限制动车组担当的运行区段，一组动车组多运行区段、多车次使用，即在假定各动车组之间没有差别，满足线路、信号、车型替换等前提下，动车组完成一次开行任务后，下一次所担当的列车的运行区段没有限制，可以根据运输需求在任一客运专线上运行，从而实现动车组使用效率的最大化。

不固定运行区段运用模式以某一条客运专线全线或某区域高速铁路网为一个系统，可以统筹考虑动车组的使用与维修来安排动车组的运用，能够比较灵活地解决运行与维修的配合问题。与固定运行区段运用模式相比，只要满足接续时间要求，动车组就可以担当不同运行线的运输任务，充分发挥动车组快速灵活的特点，有利于提高动车组的运用效率，从而减少动车组的使用数量。但是，由于不固定运行区段运用模式的动车组接续安排比较紧密，当出现较大运行干扰时，动车组的运用调整比较困难，会造成动车组运用受到较大影响；另外，由于这种模式动车组使用灵活，增加了动车组运用计划编制的难度，同时对动车段（所）的兼容性要求高，动车组的编组不能根据不同区段的客流量大小而改变，输送能力不能很好地适应客流变化的需要。

（三）半固定运行区段模式

半固定运行区段模式介于固定运行区段模式和不固定运行区段模式之间，是一部分动车组采用固定区段运行，其余动车组采用不固定区段运行。

二、动车组检修

动车组的检修工作是高速铁路系统中重要的组成部分，对保障高速列车的运行安全起着至关重要的作用。

对于普速铁路来说，我国旅客列车的机车和客车车底的运用与检修工作分别由机务部门和车辆部门来完成。对于高速铁路来说，动车组作为旅客的运载工具，是将牵引动力装置和载客装置固定为一体的特殊车底，其检修模式与我国普速旅客列车车底的检修作业必然不同，高速动车组的运用与检修工作采用新的整备和维修办法，即动车组运用与整备、维修一体化。

动车组实行以走行公里周期为主、时间周期为辅（先到为准）的计划预防修。检修以换件修为主，主要零部件采用专业化集中修的方式。在高速动车组维修过程中广泛实施换件修，即把发现故障或缺陷的部件、模块或者零件用功能良好的相应部件直接换下，不做现场维修，这样可以大大节省在修时间，加快动车组的周转效率，提高动车组利用率。这种维修方法也应用于普速铁路机车车辆厂修中相应的机组维修，称为大部件换修。对于换下的可以修复的主要零部件实行专业化集中修，即把它们送往专业化的工厂、车间或者工段，实行集中统一修理，既可提高维修质量，又节约维修成本。对于那些已经掌握寿命规律或对安全性、舒适性起关键作用的零部件严格执行寿命管理，严格执行到期报废或更换制度，以确保安全。

（一）动车组的修程

在铁路运输生产中，必须对动车组及时进行检修和维护，保持动车组运行状态良好，才能保证安全高效地完成运输任务。动车组的检修工作主要是在动车段及动车段下属的动车组运用所完成。

动车组采用计划性预防修的检修体制，根据动车组检修里程、时间标准划分为五级修程，其中一、二级检修为运用检修，也称日常检修，在动车段下属动车组运用所（简称动车所）内进行；三、四、五级检修为高级检修，也称定期检修，在具备相应车型检修资质的动车段（或动车组检修基地）进行。动车组检修是以先进的检修、检测装备为基础，以高信息化的管理系统为支撑，以全面有效的检修人员为前提，并结合我国高速铁路的发展变化按照动车组的先进检修理念、检修标准和检修方式，确保检修工作高效实用，确保实现动车组安全运行。

动车组运用维修采用以走行公里周期为主（走行公里以动车组管理信息系统为准）、时间周期为辅的检修模式，两个系列中以先到检修周期的优先安排检修，一般在运行图中使用率高的按走行公里周期安排检修计划，使用效率低的按时间周期安排检修计划。各级修程分别对应着检修周期走行公里数见表 2-1。当动车组走行公里数属于某级检修周期范围内，该车组就必须进行与之相应等级的检修。检修方式以换件修为主，主要零部件采用专业化集中修。

（二）动车组的检修范围、检修流程和检修方法

1. 动车组的检修范围

动车组的修程必须确定合理的检修范围。检修范围的依据有检修周期、各系统部件组件的技术要求、质量变化规律可靠性及使用运行区段的自然条件等。在完成规定的检修周期和保证动车组运用安全可靠的基础上，可以通过改革优化检修周期、检修标准和检修范围，避免过度修，防止失修，以实现压缩调试停时、降低检修成本，提高检修运用效率。在对应的检修周期下，动车组主要系统和部件的检修范围见表 2-2。

表 2-1　部分 CRH 动车组检修周期

修程＼车型	CRH1	CRH2	CRH3	CRH5	CRH380
一级检修	4000km 或 48h	4000km 或 48h	4000km 或 48h	5000km 或 48h	4000km 或 48h
二级检修	2 万千米或 15d	3 万千米或 30d	2 万千米或 10d	6 万千米或 30d	10 万千米
三级检修	120 万千米或 3 年	60 万千米或 1.5 年	120 万千米或 3 年	120 万千米或 3 年	120 万千米或 3 年
四级检修	240 万千米或 6 年	120 万千米或 3 年	240 万千米或 6 年	240 万千米或 6 年	240 万千米或 6 年
五级检修	480 万千米或 12 年	240 万千米或 6 年	480 万千米或 12 年	480 万千米或 12 年	480 万千米或 12 年

注：1. 动车组检修周期以走行公里周期为主、时间周期为辅，以先到为准；
2. 根据实际情况，检修走行公里周期可以缩短或增加 10%。

表 2-2　动车组主要系统和部件检修范围

修程＼部件系统	转向架	牵引系统	制动系统	车钩装置	空调装置	编组形式
一级检修	外观检查	一般动作检查	一般状态检查	外观检查	状态检查	不解编
二级检修	外观检查，轮对超声探测	状态检查	一般性能检查	外观检查	状态检查	不解编
三级检修	分解检修	齿轮箱、牵引连接分解检修	空气与基础制动组件检查	自动车钩分解检修	状态检查	需要解编
四级检修	分解检修	牵引电机分解检修	组件分解检修	自动车钩分解检修	空调单元分解检修	需要解编
五级检修	分解检修	系统各组件分解检修	系统各部件分解检修或更换	车钩全部分解检修	空调单元分解检修	需要解编

（1）一级检修：在运行整备状态下，完成消耗部件的更换、调整和补充等，同时对各部分的状态和性能进行检查，发现偶然发生的故障，在车辆使用的间隙进行维修作业。

（2）二级检修：以不落轮的状态进行设备的检查、调整，停止车辆的使用，进行维修作业。

（3）三级检修：对于运用中可能因状态不良而导致重大事故的转向架等主要位置进行解体检查，必要时要进行车体的气密性试验。

（4）四级检修：对各系统进行解体检修，并且进行车体的涂漆。

（5）五级检修：对全车进行解体检查，较大范围地更新零部件，并且进行车体的涂漆。

2. 动车组的检修流程

（1）动车组一、二级检修流程：轮对踏面诊断→吸污作业→车体清洁→检修及故障处理→必要的检测→存放。

（2）动车组三级检修流程在一、二级检修流程的基础上增加了转向架分解检修流程和牵引系统部分分解检修流程，必要时要进行车体的气密性试验。

（3）动车组四、五级检修流程：车体清洗→吸污作业→高压试验→拆解编组→拆卸设备→部件检修、检测和调试→车体检修及油漆→气密性试验；

单元（车）试验→恢复编组→整列调试及试验。

3. 检修方法

动车组检修作业方式的核心是在确保安全性和舒适性的前提下最大限度压缩检修时分，提高动车组的使用效率和检修单位的作业效率。其基础是可靠的部件寿命管理系统，其保障是先进的检修设备和设施，其支撑是部件制造工厂的配套检修服务。动车组检修作业方式在检修机构主要表现为检查、拆装、检测、试验，除转向架以外，其他大部件检修采用换件的方式，委托该部件的制造工厂承担。

（1）换件修：无论在低级修程中发现部件故障，还是在中、高级修程中需要检修或更换部件，都采用换件修的方式，拆下的部件均送制造工厂或其设立的派出机构进行检查、修理、检测、试验。修竣后并经过检验才能继续装车使用。

（2）集中修：动车组的检修都集中安排在动车段（或动车组检修基地），动车组运用所仅承担日常的例行检查和部分临修作业；部件检修集中在相应的制造工厂或其设立的派出机构。

（3）状态修：服务性设施一般采取状态修，即随检随修，始终保持技术状态良好；同时部分设备或部件按照使用寿命的界定，在不能适应使用要求，即将发生故障前进行更换，采用监视型的状态修。

（4）均衡修：为减少大修休车时分，通过换件的方式将部分部件，在运用过程中或其他较低级修程中安排检修，减少大修时的工作量，尽可能压缩动车组在修时间。

（三）动车组检修基地

1. 动车段、动车运用所、存车场

动车组检修检查、运用整备和存放的设施统称为动车组设备，包括动车段、动车运用所（简称动车所）、动车存车场。为保证动车组良好的技术状态，动车段、动车所等维修机构需要按时对动车组进行定期检修、技术改造、日常维修及整备作业。

（1）动车段功能先进，设备齐全，维修能力大，配属有动车组，主要承担动车组高级修（三、四、五级修）、临修作业以及整备和存放作业。依据路网布局与发展规划，结合动车组的配属和使用方案，目前我国有北京、沈阳、哈尔滨、青岛、南京、上海、福州、广州、武汉、郑州、西安、成都共12个动车段，每个动车段有其辐射范围。例如北京动车段重点辐射华北及京津环渤海地区，辐射管理京哈，京沪，胶济，石太等客运专线；环渤海地区，城际铁路等，管辖北京西，石家庄，天津曹庄等动车所。

（2）动车所是动车组进行日常运用维修的场所，应具备车辆、电务等一体化相关单位检修、整备作业条件，主要承担动车组的整备，一、二级检修，临修和存放作业。动车组日常运用的上水、保洁、排污等整备作业一般应在动车所完成，动车所应配备相应设施设备和场地。

（3）动车存车场承担动车组的存放作业，应具备动车组供电、防冻、卸污、客运保洁等作业条件。动车存放场单独使用时，指动车段（所）所在地以外的存车场。有时为了运营的需要或者根据动车组运用计划，动车组无法进入动车所，只能在车站到发线或存车线等地点停留。不在动车所停留的动车组，需进行上水、保洁、排污等整备作业时，其停留地点根据需要应具备相应的条件。

2. 动车段和动车所的设置原则

高速铁路建成后为适应动车组的运用维护和定期检修的需要，必须设置高速铁路动车组维修基地。整备、检修基地的建设数量和设置地点要通过充分考虑高速铁路客流特点、高速铁路车站的分布情况、铁路周围环境条件及相关的既有铁路的情况来确定。动车组维修基地的配置要坚持有利于提高动车组运用效率和减少空车底（回送）走行公里的原则。

动车段应设置在路网的枢纽或重要节点，配置原则是要考虑动车组始发和终到列车的数量及动车组的运用方式等方面的影响，应布置在每日始发、终到客运列车数较大的区段、动车组的配属和交路折返地点。

动车所设置应考虑列车开行方案、区段行车量、动车组交路等因素，在区段线路每日通过的列车数量较大、停车次数多的路网客运中心和始发终到客流较大的地点设置，满足快速检修、安全可靠、高效运营的技术要求。

3. 动车段和动车所的基本配置

为了完成动车组相应修程的检修内容，动车组检修基地必须配置基本的设施设备，并根据检修实际配齐、配全相关工装器具。

（1）动车组运用所的基本配置：车体自动清洗设备；地面吸污设施，必要时还要配置移动设备；不落轮旋装置；轮对踏面检测设备；列车监控系统地面接收及信息处理设备；存放动车组的足够线路；检修库与临修库；系统检测设备和机械动力设备；生产及安全信息管理系统等。

（2）动车段的基本配置：车体自动清洗设备；地面吸污设备；不落轮旋装置；轮对踏面检测设备；列车监控系统的地面接收及信息处理设备；存放动车组的足够线路；车体检修库、油漆库；转向架检修库（间）及检修检测设施；轮对、轴承检修库（间）及检修检测设备；制动系统检修库（间）及检修检测设备；牵引系统检修库（间）及检测试验设备；辅助供电系统检修库（间）及检测试验设备；车钩及缓冲装置检修库和检修检测设备；其他部件检修场所及检修、检测、试验设备；车体气密性试验设备；生产及安全信息管理系统；单车试验设施；ATC 试验设施；必要时设试运行线路。

三、动车组运用计划的编制

（一）动车组运用计划的分类

1. 根据运用计划编制部门、编制内容分类

（1）动车组运用基本计划。

动车组运用基本计划是由相关计划编制部门（铁路公司计划编制部门或调度所计划编制部门）编制。动车组运用基本计划与列车运行基本计划相对应，当列车运行基本计划发生变动时，动车组运用基本计划也要随之变化。

（2）动车组运用实施计划。

动车组运用实施计划是由调度所计划编制部门编制的。动车组运用实施计划与列车运行实施计划相对应，调度所计划编制部门每编制一次列车运行实施计划，也要相应地编制动车组运用实施计划。动车组运用实施计划除了编制动车组周转接续关系

外，还要根据动车组修程、修制和动车组履历信息编制动车组分配计划与动车组检修计划。

（3）动车组运用调整计划。

动车组运用调整计划是由调度所高速铁路动车调度员负责编制的。当动车组出现故障或列车运行计划发生调整影响到动车组周转接续时，高速铁路动车调度员根据实际情况编制动车组运用调整计划。动车组运用调整计划主要用于动车组的更换、动车组备用与解除备用、动车组检修调整。

2. 根据旅客需求与动车组型号分类

（1）日常动车组运用计划与节假日动车组运用计划。

日常和节假日旅客的需求不同，体现在出行的时间、密度、方向等各个方面。为适应日常和节假日旅客需求的不同，应分别采用不同的运行图，因此动车组运用计划可分为日常动车组运用计划和节假日动车组运用计划。为保证动车组在日常和节假日之间过度和检修计划的实施，先编制日常运用计划，编制节假日运用计划时，保证节假日运用计划的内容（始发车站、终到车站及检修的种类）与日常运用计划的相应内容要一致，并编制相应的动车组运用过渡实施方案。

（2）单基地与多基地动车组运用计划。

当列车运行图由一个动车基地配属的动车组担当，所编制的运用计划为单基地动车组运用计划。如果列车运行图由两个以上基地配属的动车组担当，相应的计划为多基地动车组运用计划。在编制多基地动车组运用计划时，运行图中的哪次列车由哪个基地的动车组来担当，一般没有具体规定，由编制人员综合考虑各基地的情况和动车组的运用效率，决定各基地动车组列车担当运行图中的各列车车次。

（3）单车型与多车型动车组运用计划。

列车运行图上的列车采用同一种类型的动车组担当时，所对应的计划为单车型动车组运用计划。如果运行图上的列车由不同种类的动车组担当，所对应的计划为多车型动车组运用计划。显然，我国的动车组类型不是单一的。在编制多车型动车组运用计划时，运行图中的哪个列车由哪种型号动车组担当一般没有具体规定，由编制人员综合考虑各型号动车组的情况和动车组的运用效率，决定不同种类动车组列车担当运行图中的各列车车次。

（4）各种动车组运用计划的组合。

动车组运用计划还可以是以上各种运用计划的组合，例如单车型单基地日常动车组运用计划、单车型多基地节假日动车组运用计划、多车型多基地日常动车组运用计划等，其主要建立在上述动车组运用计划基础上。

（二）动车组运用计划的编制流程

国铁集团和铁路局根据客流预测以及发展战略制订出动车组购置计划，并在此基础上编制动车组运用计划。

高速铁路动车组运用计划编制流程如下。

（1）国铁集团和铁路局动车运用部门与动车段、所沟通，确定检修模式、体制、分工及检修标准，并签订相关协议。

（2）铁路局上报国铁集团铁路局列车运行图相关资料，并由国铁集团整理分析。

（3）各单位提报可用动车组数、备用动车组数及动车组型号和配置。

（4）国铁集团集中各铁路局动车运用人员、各动车段（所）调度人员编制跨公司动车运用计划草案，讨论、调整、通过后下发至各公司并公布。

（5）各铁路局动车运用人员在国铁集团方案基础上编制各铁路局动车运用方案并上报国铁集团。

（6）国铁集团汇总各铁路局方案并分发至调度部门、各铁路局以及动车段，公布予以实施，同时赋予其法律效力。

各铁路局平常运营中动车组运用方案若有微调，自行调整后实施前报国铁集团调度部门和检修部门备案。跨铁路局动车组运用调整仍需按上述流程进行。

（三）动车组运用计划的编制

在编制动车组运用计划时，考虑到列车运行图结构及动车组的检修体制，动车组运用计划必须符合以下运用规则：①任意一个车次必须有且仅有一列动车组担当运输任务；②动车组的日常运转必须与列车运行图一致；③动车组达到修程规定，必须到相应的检修场所检修，并且保证一定的检修时间；④动车组在进行列车接续的时候需要进行一定的整备作业，动车组所担当列车运行线之间的接续必须满足整备时间标准。动车组本身造价比较昂贵，检修费用较高，因此一般采用使用的动车组数、定期检修次数和日常检修次数等指标评价动车组运用计划。

1. 动车组运用基本计划编制

列车运行基本计划编制完成后，需要编制相应的动车组运用基本计划。国铁集团下达编制基本计划的命令后，相应计划编制部门（调度所）根据列车运行基本计划，按照动车组信息，动车组修程、修制，检修地点，检修能力限制条件等要求，编制动车组运用基本计划。

2. 动车组运用实施计划编制

动车组运用基本计划编制完成后，客运专线调度所计划编制人员根据铁路部门相应列车运行实施计划，动车组运用基本计划，动车组修程、修制要求，检修地点、检修能力等信息，负责编制管辖范围内的动车组运用实施计划，包括动车组周转接续实施计划、动车组分配实施计划和动车组检修实施计划。

任务二　高速铁路动车组列车乘务制度

一、我国旅客列车的乘务制度

为了保障旅客列车安全，旅客列车乘务组实行固定班组制。按照既有利于保养车辆又合理使用劳动力的原则，根据列车种类和运行距离，分别采用包乘制和轮乘制。

（一）包乘制

包乘制是指按列车行驶区段和车次由固定的列车乘务组包乘。根据使用车底的不同，又分为包车底制和包车次制。

（1）包车底制是指乘务组不仅固定区段、车次而且固定包乘某一车底担当乘务工作的制度。这种形式的优点是有利于加强车辆设备和备品的管理，有利于乘务人员熟悉列车沿途情况和旅客乘降规律，以便更好地安排乘务工作内容，提高服务质量；缺点是长途旅客列车需挂乘务员休息车，浪费运能，乘务工时一般难以保证。乘务工时不足时采用乘务员套跑短途列车或长途列车套跑短途列车的方法，既可节省车底又可弥补乘务工时的不足。目前，普速铁路旅客列车大都实行包车底制。

（2）包车次制是指一个车次由几个乘务组包干轮流值乘，不包车底。其优点是便于管理，可保证服务质量；缺点是交接手续复杂，不利于车底保养。

（二）轮乘制

轮乘制是指在列车密度大，且列车种类和编组基本相同的区段，为了紧凑组织乘务交路和班次，乘务组不包车底、车次，而是按照出乘顺序、轮流担当旅客列车乘务工作的制度。其优点是乘务员单班作业，可以提高乘务人员劳动生产率，有利于乘务计划的合理安排和保证乘务人员的工作休息时间，一般在本局管内值乘，对线路、客流及交通地理情况比较熟悉，工作时方便联系，同时，不需要挂乘务员休息车，节约了运能；其缺点是增加了乘务员之间交接次数，不利于车辆保养，不利于设备和备品的管理。

目前，动车组列车乘务制度根据实际需要采用包乘制或轮乘制。

二、动车组列车乘务运用计划

动车组列车乘务运用计划是乘务员（组）的综合乘务计划，是根据给定的高速铁路列车运行图、有关乘务员（组）乘务规程、乘务基地条件等，对乘务员（组）在什么时间、什么地点出乘，在什么时刻、担当什么车次列车乘务任务，在什么时间、什么地点退乘等做出的具体安排，以确保列车开行计划的实现。

乘务运用计划主要分为乘务日计划和乘务月度计划。

（1）乘务日计划由全体乘务交路构成，表示完成一日的运行图列车开行任务，需要的乘务员（组）数量以及各乘务员（组）担当的乘务交路。乘务交路就是一个乘务员（组）一日的工作计划和任务，即这一日内需要顺序担当乘务的车次和时间安排。

（2）乘务月度计划是各乘务员（组）在指定月度中各日担当的乘务交路及休息计划。

乘务日计划主要考虑在完成运行图任务的基础上，使用的乘务员（组）数量越少越好，即交路数越少越好；对日计划中的每个乘务交路，它的各种指标越接近理想值越好。乘务月度计划则主要考虑乘务员（组）间劳动时间越均衡越好，各乘务员（组）的平均劳动时间越接近给定值越好等。

编制乘务运用计划时，乘务基地的设置方式、换乘车站（或乘务折返地）、乘务员（组）的乘务方式以及乘务规程等条件必须明确，需要完成的乘务任务也必须预先分配给各乘务基地。

编制乘务计划，每个乘务交路应尽量减少换乘车底的次数，乘务员每日工作量大致平衡，符合日乘务工时和月乘务工时标准的规定，需要长时间的休息时最好在乘务基地所在地车站退乘。

三、动车组列车乘务组

（一）动车组列车乘务组组成及人员配备

动车组列车乘务组由客运乘务组、随车机械师、动车组司机、乘警、随车保洁和餐饮服务人员组成，简称为“六乘人员”，分属客运、车辆、机车、公安等部门。列车上保洁和餐饮由社会专业公司承担时，其员工视同列车乘务组成员。“六乘人员”分工负责，各司其职，在为旅客服务上，接受列车长的统一领导。

客运乘务组由1名列车长、2名乘务员和1名安全员组成，动车组重联时，按两个乘务组配备。编组16辆的动车组按1名列车长、4名乘务员和1名安全员配备。运行时间较长的动车组可适当增加客运乘务人员。动车组司机，实行单司机值乘制；随车机械师（客车检车员），按每组1人配备；列车乘警，图定运行时间在5h（含）以内的不配乘警，超过5h的每组配1人。乘务人员预备率：动车组司机（含地勤司机）16%，其他人员7%。

（二）动车组列车乘务组工作制度

1. 工作协调制度

（1）动车组列车出库后，列车长要及时了解“六乘人员”工作准备情况，重点掌握卫生保洁质量、配餐数量以及各岗位人员到岗情况，遇有重点任务、及时布置。

（2）每趟行车前，列车长组织召开随车机械师、公安乘警、餐饮组长、保洁组长参加的工作协调会，沟通信息，提出本趟行车的工作重点和要求。

（3）遇有设备故障、列车晚点等情况，动车组司机或随车机械师要主动向列车长通报故障情况、晚点或停车原因。列车长要及时逐级汇报，按指示向旅客通告，并组织客运乘务员以及餐饮、保洁人员做好服务和解释工作。

（4）客运段应每月组织“六乘”单位召开动车组一体化管理联席会议，总结工作，加强协调，统一步调，提高效率。

2. 信息传递制度

（1）动车组列车“六乘人员”要掌握列车运行、设备状况、旅客服务和餐饮供应等信息，及时相互通报。

（2）动车组列车运行中遇有各类非正常情况时，“六乘人员”应按照各自职责逐级汇报，列车长应积极协调处理。

（3）“六乘”单位之间应建立日常联络机制，加强相互之间的信息沟通。

3. 其他

（1）动车组列车实行“首问首诉负责制”，“六乘人员”必须及时解答旅客问询、受理旅客投诉、解决旅客困难。

（2）“六乘人员”必须严格遵守国铁集团、铁路局有关规定，严禁私带无票人员上车；如需要安排重点旅客乘坐餐车、多功能室、乘务员室等位置时，必须经列车长同意。

（三）动车组列车乘务组职责

1. 客运乘务组职责

客运乘务人员在担当乘务工作中要贯彻执行铁路安全生产及旅客运输的规章制度、

命令、指示，落实上级布置的各项工作；负责列车客运安全服务设备设施、卫生保洁、整备质量、餐饮供应的检查和“六乘一体”的协调；负责与司机、随车机械师等岗位保持作业联控，发现设备故障及时反馈给随车机械师处理；负责办理列车上的客运业务及站车交接，做好旅客服务工作；负责列车非正常情况下实施应急处置，并及时汇报；负责落实“首问首诉负责制”等工作内容。

（1）列车长岗位职责。

① 负责组织按时召开出、退乘会议，安排、总结趟乘务工作。

② 负责组织查验车票、补票等各项客运业务及与车站办理交接，督促客运乘务人员按照标准作业，做好旅客安全、服务工作。

③ 负责收集旅客对列车服务工作的意见及建议，受理旅客投诉，妥善处理服务问题，帮助旅客解决困难。

④ 负责对列车与服务旅客直接相关的客运服务设备设施使用、卫生保洁质量、餐饮供应服务落实监督检查，发现问题，督促及时整改。

⑤ 遇有紧急情况，组织各岗位人员按照应急处置预案，及时、妥善做好现场处置。遇非正常情况，听从动车组列车司机的指挥，协助做好应急处置工作。

⑥ 负责确认旅客乘降、高速铁路快件装卸作业和餐车上下货物完毕后，根据车型通知司机或随车机械师集控关闭车门。并与司机或随车机械师等岗位保持作业联控，发现设备故障及时反馈随车机械师处理。

（2）列车员岗位职责。

① 在列车长的领导下，认真执行铁路安全生产及旅客运输的规章制度，履行岗位职责，落实作业标准和服务规范。

② 负责对责任车厢与服务旅客直接相关的客运服务设备设施的使用、卫生保洁质量的监督检查。发现突发问题、设备故障，及时报告列车长。

③ 及时巡视车厢，进行旅客去向登记，耐心解答旅客问询，帮助解决旅客困难，做好旅客安全、服务工作。

④ 配合列车长做好列车人工、临时广播工作。

⑤ 协助列车长做好非正常情况下的应急处置。

2. 随车机械师岗位职责

随车机械师在乘务工作中主要负责监控列车运行中的技术状态，定时巡视检查，发现故障及时通知司机和列车长，并采取措施妥善处理；在司机的指挥下，参与处理有关行车列车防护和事故救援等；非正常情况下，协助列车长实施应急预案；负责落实“首问首诉负责制”等工作内容。具体岗位职责包括如下内容。

（1）监控途中运行技术状态。

① 运行途中在监控室通过车载信息系统监控动车组运行及设备工作状态，在司机进行开关门操作时监控塞拉门的状态。

② 运行途中原则上每 2h 进行一次车内巡视检查作业，巡检和点检动车组设备，监控走行部运行状态，检查室温控制、列车上部设施使用等技术状态，发现问题正确判断、果断处置。对不能现场处理的故障要引记到“辆动 181 动车组故障交接记录单”，重大故障要及时向段应急指挥中心报告。

③ 在动车组出库、始发、折返、终到站及入库时进行检查作业。

（2）管理和操作动车组设备。

① 设置动车组担当车次。

② 控制车内空调换气装置，设置调节空调及换气装置运行模式；控制车内客室照明，设置调节照明工况；按规定开启车内旅客信息系统等。

③ 指导客运服务人员正确使用车内设备、设施。

④ 开关车门集控按钮不在司机操作台上的动车组车门。动车组到站停稳后集控打开站台侧车门，接列车长通知集控关闭车门。

⑤ 日常交接时，对大型储物箱的锁闭状态进行检查，检查确认司机室、乘务室及各搭载品柜内其他随车物品状态良好。

（3）应急处理途中突发故障。

① 在动车组运行途中，对行车故障或影响旅客乘坐环境的上部设施故障积极处置；属司机独立处置的动车组故障，须加强与司机联系，了解故障处理情况；属与司机协作处置的动车组故障，须在司机指挥下，共同处理；属随车机械师独立处置的动车组故障，处理完成后及时将情况和运行要求通知司机。

② 积极进行应急处理并记录突发故障处置情况，必要时及时拨打段应急指挥中心电话。

③ 发现危及行车安全的故障或其他紧急情况时，严格执行路局制订的动车组异常故障“必停”项目要求，使用紧急制动装置停车或通知司机采取停车措施。

④ 发生影响列车运行安全或须利用站停条件处理的故障时，随车机械师可首先进行故障处置，但须将动车组车辆状态及处置情况告知司机并向段应急指挥中心报备。

（4）承担部分行车组织职能。

① 运行中因动车组故障或其他原因被迫停车时，加强与司机联系，掌握情况并及时汇报；在司机指挥下，做好行车及安全防护相关工作。

② 动车组因故障需要救援时，配合司机做好救援准备工作，做好安全防护，负责安装过渡车钩，引导救援机车联挂，连接风管。

（5）上部设施的质量交接。

按照动车组上部设施管理规定，参与上部设施“三乘联检”。配合列车长进行车内服务设施管理、人为损坏理赔等工作。

（6）参与司机换乘交接。

① 动车组列车司机换乘时，随车机械师应提前到主控端司机室与本务司机进行交接，将动车组车辆设备状态告知司机，若有影响运行的故障，例如设备切除、关门车、限速运行等情况，须在司机手账上注明。

② 对于运行途中的司机换乘，集控开关门按钮在司机室操纵台的动车组，随车机械师可利用司机室内集控开关门按钮进行开关门操作。

（7）确认委托作业情况。

动车组在途经站、折返站、异地存放等进行吸污、洗车、防寒打温时，由随车机械师对委托外单位进行吸污、洗车、防寒打温的工作量及质量把关确认。

3. 动车组司机岗位职责

动车组司机负责与调度进行日常联络，接受、传达上级命令指示，使用列车信息控制系统和各种通信设备，根据仪表及屏幕显示信息合理驾驶动车组，确保动车组平稳运行、安全正点；必要时进行动车组换端、换乘操作；发生行车非正常情况时，负责指挥处理有关行车列车防护和事故救援等；列车发生故障时，会同随车机械师按规定程序处理；在其他非正常情况下，协助列车长实施应急预案等工作。

4. 乘警职责

乘警主要负责动车组列车司机室的安全保卫工作；负责维护列车治安秩序，调解旅客纠纷，保障旅客生命财产安全；非正常情况下，协助列车长实施应急预案；协助列车长查验车票、进行违章处理；负责落实“首问首诉负责制”等工作。

5. 餐饮服务人员职责

餐饮服务人员主要负责列车餐饮、商品供应准备和销售工作，以满足旅客需求；保证饮食安全，做好旅客服务、接待工作；负责餐车区域卫生保洁，餐车设备检查操作和安全管理；负责作业区域各类紧急情况的处理；非正常情况下，协助列车长实施应急预案；负责落实“首问首诉负责制”等工作内容。

6. 随车保洁人员职责

随车保洁人员主要负责列车运行中、折返站的车内卫生保洁和垃圾处理；负责车厢内保洁备品的配置、定位、补充及更换；非正常情况下，协助列车长实施应急预案；负责落实“首问首诉负责制”等工作内容。

任务三　高速铁路动车组列车开行方案

高速铁路旅客列车的开行方案，以市场需求为导向，遵循“按流开车”的基本原则设计确定，是动车组旅客列车的运行区段、径路、列车种类和开行列数及车底担当局的计划。高速铁路旅客列车开行方案的合理性对于高速铁路客流的安全高效输送、列车运行图的完整编制、高速动车组的合理运用、运输组织的协调、高速铁路客运产品规划、客运工作效率和服务质量的提高等都具有十分重要的作用和意义。

一、高速铁路客流预测

高速铁路客流预测主要是预测客流量和客运工作量，从而对未来的高速铁路客流变化趋势作出科学的估计，是提高客运服务质量、编制铁路运营计划、进行客运组织工作的重要基础工作，也是制订高速铁路网规划的依据。

高速铁路客流预测主要是在客流调查和客流统计资料的基础上，经过全面系统的研究和分析进行的。

（一）客流调查

大部分铁路客流是基于个人旅行需要而自然形成的，但它又受一系列社会因素的影响。因此，客流调查应以影响客流发展与变化的主要因素为对象，同时要确切地掌握一定时期的客流数量和客流变化规律。

1. 影响客流发展与变化的主要因素

(1) 社会政治、经济、文化的发展变化。

(2) 国家或地区一定时期内政策方针的变化。

(3) 生产力布局的变化，经济区的开发，地方工业及乡镇企业的兴办和发展。

(4) 人口的自然增长。

(5) 人文、民俗及国家和地区性的大型团体活动。

(6) 铁路的技术改造，新线修建开通，客流吸引范围的扩大或缩小。

(7) 各种交通运输工具的发展和分工情况。

(8) 不同交通工具客运票价的变化。

(9) 季节、气候变化，自然灾害。

(10) 旅游业的发展变化。

上述因素对铁路旅客运输量的增减变化影响极为显著。例如城市人口的增加，广大人民群众物质文化生活水平的提高，高速铁路线路的开通、铁路客运设备的不断改善和方便旅客乘车旅行等，都会引起客流的急剧增长。

上述各种因素的变化，都是国民经济发展变化在该地区的具体体现。因此，调查、分析和运用这些资料时，首先应该研究国民经济的发展趋势，领会党和国家在一定时期制订经济发展规划的原则精神和在各地区进行经济建设的方针意图。以此作为根据，再进行具体资料的分析，才有可能使客流调查工作做得更好，更符合客观实际。

2. 客流调查的范围

客流调查的范围是指高速铁路对沿线的吸引区域，可以分为直接吸引区和间接吸引区。

(1) 直接吸引区是指高速铁路车站所在地及其附近地区被车站直接吸引的城市和居民点的总区域。这个区域可用垂直平分线法划出大致范围，同时还必须考虑许多具体条件，例如地形、地貌、交通条件、运输费用、在途时间等进行分析、修正，才能最后确定吸引区范围的边界。

(2) 间接吸引区是指车站直接吸引范围以外，由其他交通工具的联系而被间接吸引的较远地区的城市和居民点的总体区域。一般按最短通路原则划定。

3. 高速铁路客流调查

高速铁路客流调查分为综合调查、节假日调查和日常调查三种。

(1) 综合调查。

综合调查一般每两年进行一次，其目的是摸清车站吸引地区的政治、经济、文化和人民生活情况，了解影响铁路客运量增长变化的各种因素以及对客运工作的客观要求，作为制订长期规划、年度计划及改进客运设备的主要依据和日常客运组织工作的基础。

综合调查主要包括以下内容：

① 吸引地区的一般情况。地区的自然条件（位置、地形、气候等）；行政区域的划分；城市、农村人口的分布和增长情况；工矿企业、机关、学校的分布和发展情况；工矿企业生产水平及与外地在供销上的联系；农业生产和劳动力的安排及有组织的或自发的劳动力外出情况；文教、卫生事业的发展和名胜古迹、医院、疗养院的分布。

② 直接影响客流的各项因素。吸引地区的总人数；工矿企业、机关、学校等单位的人员及家属人数、休假制度及利用铁路旅行的情况；疗养、休养处所的开放时间、床位及其周转时间；吸引区域内名胜古迹、游览胜地及历年各月的旅游人数；历年特殊客流及大批人员运输情况（应分出主要到发区段）。

③ 各种交通运输工具的分工情况。吸引区域内现有交通运输方式的运输能力，历年的运量及比例，客流在时间上的变化情况以及今后的发展；各种交通运输工具的运行线路，与铁路旅客列车运行时间的配合情况。

④ 铁路旅客运输资料。按运输类别的旅客发送、中转及到达人数，客流月间、季度的波动情况及原因；历年客流变化及到达各区段的客流量；分直通、管内的旅客列车对数、运行区段、时间及平时和客运量最大时的运能与运量的适应情况；其他与编制客流计划、组织旅客运输有关的资料。

在调查方法上，采取点面结合的方法，一方面从计划统计部门搜集计划和历年统计资料，另一方面到基层单位或社会作实际调查，经过反复核实，获得较为可靠的调查资料，然后对调查内容分科目制表并按客流分析说明汇编成车站年度客流资料。

（2）节假日调查。

节假日调查主要是对清明节、“五一国际劳动节”、端午节、中秋节、国庆节、元旦、春节这七个节假日和暑期的客流进行调查。前六个节假日主要是管内客流增长较大，一般在节假日运输前1个月左右进行，春节和暑期运输的客流调查应在春运、暑运前2～3个月进行。

节假日客流调查的目的是安排好节假日旅客运输方案以及做好各项组织工作，其中包括制订节假日期间临时旅客列车开行方案，编制节假日旅客运输计划和售票、服务组织工作等。

节假日调查主要包括以下内容：

① 重点工矿企业、政府机关团体的休假制度、社会经济活动及外地人员乘坐火车的流量和流向。

② 学生客流重点调查本地区大中专学校数量，在校学生和外地学生人数，乘坐火车的流量和流向，放假和开学日期。

③ 民工客重点调查产生地的农业人口数量、乡镇企业发展情况和剩余劳动力数量及外出劳动力分布地区和数量；接纳地区用工部门、劳务市场已经或预计接纳的用工数量。

④ 其他交通运输工具与铁路衔接运能、运量的变化情况。

调查的方法可采取登门调查、函调和召集会议等方式。

（3）日常调查。

车站客运计划人员应经常对车站内和车站吸引区域内客流情况进行观察、询问、统计和分析，随时了解、掌握旅客流量、流向的变化，分析客流的增减数量、变化原因和延续时间等。在调查中，对旅客旅行的旅行目的、到达地点、返回日期及掌握市郊、周末、集市贸易、旅游、会议等方面的旅行动态要重点了解。

① 调查内容可根据日常客流发生的特殊变化情况来确定。

② 调查方法可深入售票处、候车室及列车等旅客密集的场所采用“听、看、问”或制订统一的调查登记表发给旅客填写等方式。

③ 客流调查工作是由各站组织专门人员来进行的，在调查中必须紧紧依靠地方政府的领导和有关部门的密切配合，成立调查小组，实行分工负责，分片包干。

（二）客流统计资料

1. 各级客运部门掌握的日常统计资料

车站根据各次高速铁路动车组旅客列车上下车的统计资料，按日、旬、月分车次、去向统计发送旅客及中转旅客的客流量。铁路局根据车站报告可以掌握各次列车座席利用率，有计划地组织日常运输；根据统计资料的汇总比较，可以分析客流变化的规律，作为确定计划客流的参考。为此，要求车站和客运（列车）段积累以下客流资料。

（1）三等以上车站积累的客流资料有：元旦、春节、清明、五一、端午、暑期、中秋、国庆等节假日运输期间（春节前后各20d，其他节假日为前后各5d）的分别方向的管内和直通列车运能（包括临时旅客列车）；管内、直通分区段上车人数以及到达、中转人数；按日、旬、月，分线别、车次、区段的上车人数以及分车次的中转、到达人数；团体旅客的人数、旅行目的和始发终到站。

（2）其他车站按日、旬、月积累日常和节假日旅客上下车人数。

（3）客运（列车）段和列车积累、分析所担当列车在各停车站的上下车人数，列车的运能（一、二等座），规定各区段的旅客密度人数。

2. 由统计部门编制的客流统计资料

车站和车务段根据售出客票记录，分直通、管内编制售出客票报告（月报）、退票报告（月报）一起报铁路局统计部门。再由局统计部门根据各站的售出客票报告、退票报告和铁路局间交换资料（输入和通过客流）编制下列有关报表：

（1）旅客发送量及票价统计表（客报1）。该表是统计实际客流的重要资料，表明各站发送的直通、管内客流情况。

（2）旅客运输量及周转量统计表（客报2）。该表根据自局旅客发送资料和各局交换资料编制，表示铁路局旅客运输数量、人均公里数及旅客平均行程的完成情况。

（3）分界站旅客输出、输入及通过人数统计表（客报3）。该表表示铁路局间旅客去向及各局间分界站输出、输入和通过旅客人数。

（4）区段平均旅客密度统计表（客报4）。该表是为了考核铁路营业线上各区段的旅客密度，根据自局和外局的资料按直通、管内，分上下行方向编制站间密度，再汇总成区段平均密度表。

（5）旅客运送距离统计表（客报5）。该表表示按照运行距离分段统计旅客运送量和周转量，用以了解和研究旅客行程情况。

（三）客运量预测

客运量预测可分为长期预测、中期预测、近期预测和短期预测，它是铁路运输企业进行路网规划建设以及制订运营策略、开行列车、提供运能和客运产品的依据。

客运量预测是指在客流调查数据和积累的客流历年统计资料的基础上，通过科学分析，确定车站吸引区范围内客流增长变化的大体趋势，然后应用预测方法，得出计划期比较符合实际的客运量预测结果。常用的客运量预测方法有固定比例法、动态关系法、时间序列法以及回归分析法等。

（四）编制客流计划

客流计划反映的是计划期的客运需求，是编制旅客列车开行方案的基础。编制客流计划是以编制客流图的形式来表现。

客流计划的编制分为如下 3 个阶段。

1. 下达任务，准备资料

总指定用来统计客流资料的月份（称为客流月），在客流月之前下达编制客流计划和客流图的任务，同时公布全路直通客流区段（管内客流区段由铁路局自定），铁路局根据任务准备客流月的客流各种统计资料。

客流区段指客流的到达区段，其长度按客流密度的变化情况而定，一般将客流密度大致相同的地段作为一个客流区段，一个客流区段内包含多个站间区间。大量客流产生或消失大城市，衔接几个铁路方向的大型客运站，铁路局间的分界站等，都是客流区段的起讫点。

2. 铁路局编制客流图和客流计划

各个铁路局的统计部门按"铁路客货运输统计规则"的要求，提出客流月的直通、管内分区段的发送旅客流向统计资料。铁路局的客运部门根据统计资料按日平均数编制客流图。

客流图是旅客由发送地至到达地所经过客流区段的图解表示。按客流性质，分为直通、管内两种。

（1）直通客流图是由一个铁路局所属各客流区段产生的客流，经过一个或几个局间分界站到达其他铁路局各客流区段的图解表示。各直通客流区段的直通客流一般由输出客流、输入客流和通过客流三部分组成。直通客流图的编制是根据统计部门提供的各直通客流区段产生的输出客流量和流向，分线别、客流区段别进行。

（2）管内客流图是由一个铁路局管内各客流区段产生，在本铁路局管内各客流区段消失的客流图解表示。管内客流图的编制一般是先作客流斜线表见表 2-3，后编管内客流图如图 2-3所示。将斜线表上的各项数字按一定的格式，用图案的形式编制出管内客流图。同时，为了便于识别，在客流图上，对于由不同车站发送的客流，用不同的颜色或符号表示。

表 2-3　客流斜线表

	距离（km）	A站	B站	C站	D站	E站	下行	上行	总计
A站	—		1941	862	1197	1988	5988	—	5988
B站	150	1536		671	1431	997	3099	1536	4635
C站	230	941	596		1109	1036	2145	1537	3682
D站	270	1340	1597	998		2360	2360	3935	6295
E站	170	2003	1098	1532	2804		—	7503	7503
下行	—	—	1941	1533	3737	6381	—	—	13592
上行	—	5820	3291	2596	28047	—	—	—	14511
总计	—	5820	5232	4129	6542	6381	13592	14511	28103

3. 国铁集团汇总，编制全路客流计划

铁路局编好直通、管内客流图后，国铁集团组织铁路局将所编制的输出直通客流图资料进行交换，并汇总在按局别的全国铁路直通客流图上。各局根据交换的资料，计算出直通客流区段的客流密度，连同管内客流区段的客流密度一起，汇总在全国铁路区段客流密度图上。然后，各局结合客流调查和统计资料，利用各种预测方法推算出计划期内客流可能的增长率或绝对数，据以编制全部客流计划，以此获得计划期各区段客流密度，从而为编制旅客列车开行方案提供所需的客流资料依据。

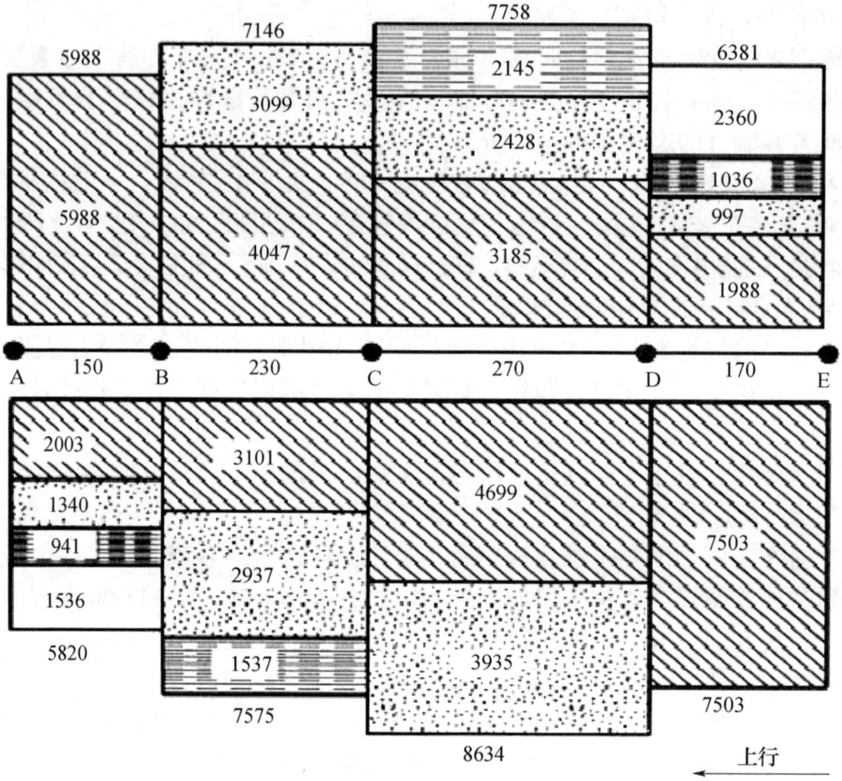

图 2-3　管内客流图

二、高速铁路旅客列车开行方案

（一）高速铁路旅客列车开行方案的作用和意义

旅客列车开行方案是高速铁路旅客运输组织的核心，主要包括旅客列车运行区段、列车种类、开行列数等。旅客列车开行方案是以市场需求为导向，以计划期客运量为基础，以客流性质、特点和规律为依据，科学合理地安排包括旅客列车开行等级、起讫点、数量、经由线路、大站停站方案、编组内容、列车客座能力利用、车底运用等内容，体现从客流到车流的组织方案。

按流开车是确定旅客列车开行方案的基本原则。随着经济的发展和人民生活水平的提高，我国旅客出行需求不断增加，旅客对运输的准时性、便捷性、舒适性、安全性等要求不断提高。因此，高速铁路必须从市场出发，从旅客的需求出发，以运输市场为背景，以最大限度地满足旅客出行的各方面需求为基本要求，提高运输质量。高速铁路旅客列车开行方案的实施对发展高速铁路旅客运输、提高旅客运输的经营策略和服务质量、争取客运市场份额有着极其重要的作用。

旅客列车开行方案是旅客列车运行图的骨架，解决的是各个方向旅客列车在运行图上的整体布局问题，对列车运行图的编制质量有直接影响。因此，好的旅客列车开行方案能够确定出合理的列车运行图，从而保证列车安全、正点运行和经济有效地实施旅客运输组织，以高服务频率、高服务质量满足旅客对速度、安全、准时、舒适、方便等因素的追求，给旅客出行带来方便，能够反映铁路旅客运输的经营策略和服务质量水平，从而提高速铁路路旅客运输的经营效果和效益。

在市场经济下，旅客列车开行方案的优劣还是与其他运输方式竞争实力的体现，对经济、合理使用机车车辆，合理确定客车车底数，降低铁路运输企业运营成本具有十分重要的作用和意义。高速铁路为了赢得更多的市场份额，需要根据市场需要，不断调整和优化旅客列车开行方案，使之与市场需求相适应。

（二）高速铁路列车开行方案的构成

1. 列车运行区段

列车运行区段由始发站、终到站及运行线路三个要素组成。其中，始发站一般选择大量客流产生的地点，决定了旅客列车由何处始发；终到站一般是大量客流消失的地点，决定着列车在何处终到；运行线路是开行列车从始发站运行到终到站所经过的线路，如果始发站与终到站之间有多条径路可以选择，一般需要进行最佳径路选择。

2. 列车种类及组成

高速铁路上运行的相关列车包括 A 类列车（300km/h≤速度目标值≤350km/h，车次前冠以字母“G”）和 B 类列车（200km/h≤速度目标值＜300km/h，车次前冠以字母“D”）。

高速列车为满足不同层次旅客需求，可设包间、一等车、二等车、餐吧车、商务车、卧铺车等。各种车辆的比例可根据实际需要确定。

3. 开行列数

开行列数是指一定方向上和线路区段内为满足客流需要而开行的旅客列车数量，基本上取决于客流计划。合理确定旅客列车开行列数非常关键，它将直接关系到列车运行图的编制，一方面要尽量满足客流量的需要，另一方面要使客运设备得到经济合理的利用。合理的旅客列车开行列数既可以降低铁路运输成本、提高速铁路路运输生产效率，同时可以保证旅客运输服务质量，增强铁路的竞争能力。

（三）高速铁路列车开行方案的影响因素

旅客列车的开行方案是指从客流到列车的组织方案，其合理设计要求相关工作人员统筹考虑多方面的因素，影响旅客列车开行方案的因素有很多，例如列车编组及定员、客流波动性、运量与服务频率的关系、区段客流密度等。

1. 列车编组及定员

列车编组是指由固定数量和类型的车辆所组成的固定车底。列车定员是列车编组中乘坐旅客的车厢的标记定员之和，即一列车的席位数。

列车编组内容主要根据列车始发、终到站所处城市的旅客经济水平、需求层次、旅客列车在途时间以及节假日客流波动等因素共同决定的。此外，列车编组数量与长、短途列车的性质有关。采用短编组、高密度可大大提高服务频率，能较好地吸引客流，但当线路能力紧张时，采用大编组才能够达到充分利用通过能力的目的。因此，列车编组方案应该尽可能地灵活。我国高速列车基本编组为8节车厢，长编组采用2列车重联方式或长编组列车。高速铁路客运专线上开行的短途列车一般采用短编组、大密度，通过提高车次选择数量来吸引旅客；长途列车则采用长编组，按一定的时间间隔开行，以充分利用区间的通过能力。

为了完成预测计划期的客运量，必须达到一定的服务频率，这是确定列车定员的基本依据。如果列车定员规定得太少时，为了满足客运需求，就必须增加列车开行列数；如果列车定员规定得太多时，则开行较少数量的列车就可以满足客运需要，这样会减少旅客可选择的车次数量，同时在相同的速度要求下，需要更大的列车牵引功率，如此将加大技术上的难度。为了满足高速铁路客流变化规律的需要，适应不同时段客流的变化，同时也为了节省车辆设备，高速铁路客流组织采用长编组和短编组结合的高速列车编组形式。

2. 客流波动性

由于受季节、时间和环境等各方面因素影响，客流量每天都在变化。客流在时间上的不均衡在节假日表现得最为明显。客流在一年里最大的是春运及暑期运输。春运以春节为中心，前后各一次高峰，并延续40d左右。这时是农闲季节，探亲访友、购物、农贸集市十分活跃，加之学生放寒假，更加大了客流量。暑期运输以八月为中心，学校开始放暑假，同时，旅游旺季到来，从而形成客流高峰。一年里六月客流量最小，这时正是农忙季节，沿线农村客流大大下降，成为客流的低谷。

为了适应我国旅客运输市场规律，在设计旅客列车开行方案时，以满足旅客平日出行需要为基本，考虑高峰时期的客流波动，形成基本列车开行方案和高峰时期列车开行方案复合而成的旅客列车开行方案。

3. 服务频率和运量关系

在市场经济下，运输企业提供的服务频率是吸引旅客的至关重要的因素。服务频率可以直接反映出铁路沿线各站旅客能够乘坐旅客列车的机会次数，体现出“开行方案”吸引客流的程度。一般情况下，服务频率增加，则客运量增长，但服务频率增加到一定的次数后，对客运量的影响就不大了。

4. 客流密度

正确计算和预测客流量是确定旅客列车开行方案的基础，“按流开行”是确定旅客列车开行方案首要的原则。各区段客流密度是检验开行方案的一个重要约束条件，必须使旅客列车开行方案提供的客运能力与各区段客流密度相适应。因此，区段客流密度的大小是确定开行方案的客流基础，在一定程度上决定着车流。

5. 客流结构

客流结构也影响着开行方案的制订。客流结构主要包括旅客的出行目的、经济收入水平、知识层次、社会地位、消费习惯等。在编制开行方案时，有必要向其中客流量占比较大的旅客倾斜，考虑这类旅客的需求，开行与之适应的列车等级。例如商务、旅游出行客流占比较大时，开行方案应满足旅客快捷舒适的要求，开行等级高的列车；收入水平、时间价值要求不高的旅客比例很高时，开行方案重点满足其经济性要求，可以开行票价低、等级较低的列车等。

6. 车站能力

旅客列车的开行方案受车站能力的约束限制。当车站能力不足时（包括到发能力、车底整备折返能力），需要延长或缩短列车运行区段，缓解车站能力的不足。此外，还应该考虑车站在政治、经济、文化、地理位置等多方面的因素，在具有特殊政治或经济地位的车站可能超越客流需求而延长运行区段。

7. 高速铁路跨线客流的输送方式

高速铁路只是我国铁路网中的一部分，它处于我国经济相对发达、人口相对较多的主要交通运输通道上，其客流除本线上各站间发到以外，还有部分是铁路网上其他线车站与本线各站间相互发到，或其他线站间的客流通过本线互相发到。本线客流是本线各大站间发到的客流和沿线小站间发到的沿线客流，跨线客流是本线与其他线间的客流或其他线间通过本线相互交流的客流。

由高速线承担的跨线客流有换乘方式、下高速线方式、跨线列车上下高速线三种基本输送方式。

（1）旅客在高速线与其他线的衔接站换乘，高速线上用高速列车输送，其他线路上用普通列车输送，这种运送跨线客流的方式称为换乘方式。采用换乘方式输送跨线客流，在衔接站要有相应的换乘设备，列车始发、终到设施数量应是原通过列车时的2倍。这一方式的优点是高速线基本运行的都是高速列车，速度较单一（或速差较小），区间通过能力利用较充分，行车组织较简单；缺点是换乘客流组织较复杂，如果换乘不在同一站，还将加重市内交通负担。

（2）对跨线客流全程都用高速列车输送，在其他线路上高速列车下高速线按该线路允许速度运行，称为下高速线方式。这种方式要求的条件是要有大量的高速车底投入运用，相关线路必须电气化，高速车底折返站要有相应的事务及维修设备。其优点是高速线上运行的都是高速列车，速度单一，区间通过能力利用较高，行车组织较简单，换乘次数少；缺点是高速动车组成本高。

（3）对跨线客流全程都用专门的跨线列车（最高运行速度可达200km/h）输送，跨线列车上下高速线，在高速线上按最高运行速度行驶，称为跨线运行方式。这种方式要求的条件是机车牵引时必须是适宜在高速线上运行的专用机车车辆；动车运行时，要求既有线必须电气化，且跨线列车既要适应高速线的技术条件，又要适应相关既有线的技术条件。这种方式的优点是可减少旅客换乘，最大限度地吸引客流；其缺点是高速与跨线列车速差较大，区间通过能力受到限制，行车组织较复杂。

我国目前多采用换乘方式进行跨线客流输送。

（四）编制高速铁路旅客列车开行方案的原则

编制旅客列车开行方案的目标是以运输市场需求为导向，与国家国民经济的发展和人民生活水平相适应的条件下，最大限度地满足旅客出行需求为基本原则，经济、合理、充分地利用车辆和技术设备，提高运输质量，以达到更多地吸引客流以及扩大铁路运输市场份额的目的。旅客列车开行方案，一方面要考虑铁路企业的效益，遵守经济效益最大化原则；另一方面要方便旅客的出行需求，提高服务质量，遵守“确保安全、快速、快捷、方便、舒适的原则”等。

1. 提高列车旅行速度的原则

旅客对列车速度的要求随着人们时间价值的提高而普遍提高，为了提高列车速度、减少旅客在途时间，从而增加铁路在旅客运输市场的竞争力是客运专线建设的目的之一。因此，高速铁路旅客列车开行方案的编制首要原则就是提高列车旅行速度。提高列车旅行速度，一方面可以在运营中使用新性能高速动车组列车，提高直通速度；另一方可以加强技术组织，通过减少停站次数、分区段服务、压缩停站时间、加速技术作业过程等措施来实现。

2. 方便旅客出行的原则

旅客运输中存在的“热门车”“冷门车”现象和相关调查结果表明，旅客列车开行时间的不同对旅客的吸引程度差异很大。因此，合理确定旅客列车始发、终到以及沿途主要站到发时间范围是提高旅客服务质量和吸引客流、提高旅客列车上座率的重要措施之一，也是编制旅客列车运行方案图时需应遵循的重要原则之一。

为了方便旅客旅行，一般说来，列车的始发时刻在6：00～24：00之间，终到时刻在7：00～24：00之间。当开行的是短途高速列车时，由于发车频率相对较高，不同时间的席位利用率相差很大。对于短途旅客列车发、到时间，应考虑当天往返旅客的需要，保证旅客有一定的活动时间。同一运行区段内有两列以上长途列车时，应考虑其间隔均衡。对于部分长途旅客列车，运行时间超过8h，尤其是一些平行于高速公路、速度竞争不利的线路，应充分发挥铁路行车安全、全天候运行的特点，开行夕发朝至列车，提高旅客夜间的时间利用率，达到吸引旅客的目的。在联结几个铁路方向的大型客运站，应使各方向旅客列车到发时刻有良好的衔接，以尽量缩短旅客中转换乘的停留时间。组织联运时，还应保证旅客列车的到发时刻与其他交通工具（轮船、汽车、飞机等）互相衔接。

3. 适度增加行车密度的原则

适度增加行车密度是增加旅客选择、方便旅客出行、减少候车时间、减少旅客等待时间的一种有效办法。研究表明，服务频率越高对客流的吸引作用就越大。根据不同的起讫点，适度增加行车密度，是减少旅客出行总时间、吸引客流的重要手段，是旅客列车开行方案编制和优化应遵循的重要原则。但服务频率达到一定的次数后，再增加服务频率对客流的影响就不大了。因此，在编制旅客列车开行方案时要适度增加行车密度。

4. 合理停站原则

旅客列车在运行区段内停车站的多少关系到客流量，一方面，旅客列车停站越多，对某些旅客的出行越有利，沿途吸引的客流越多；另一方面，停站次数多必然减低列车的旅行速度，增加旅客在途时间，会造成部分客流的流失。因此，合理地选择安排列车的停站也是优化高速铁路旅客列车开行方案的一个重要原则。在同一线路上，当开行两列以上的中、长途列车时，可以适当交错停站，以达到既满足旅客出行需求吸引客流又兼顾提高列车旅行速度的目的。

5. 旅客列车运行与客运站技术作业过程相协调的原则

为方便旅客出行，旅客列车在大城市应有比较合适的到发时刻，这就可能出现密集到达或出发的情况，有些衔接几个方向的大型客运站，由于受设备条件的限制，往往在列车密集到发时间段内，产生敌对进路的交叉干扰。因此，要求旅客列车密集到发的间隔时间应与车站技术作业过程相协调，否则将造成客运站作业的困难和设备使用紧张状态，不能保证车站正常接发列车。

为保证在列车密集到发时刻内，车站能不间断地办理接发列车作业，必须满足该车站的两列间的最小间隔时间。

$$I_{客}=T_{占}/n_{到发}=(t_{到}+t_{停}+t_{发})/n_{到发}$$

式中　$I_{客}$——旅客列车间隔时间，min；

$T_{占}$——旅客列车占用到发线时间，min；

$n_{到发}$——车站办理旅客列车到发线数；

$t_{到}$——准备进路和列车通过进站距离的时间，min；

$t_{停}$——列车停站延续时间，min；

$t_{发}$——从列车出发到腾空到发线的时间，min。

6. 经济合理地使用动车组原则

在市场经济下，铁路企业自负盈亏，要想在运输市场竞争加剧的大形势下谋求发展，必须控制成本、增加收入、提高经济效益。铁路企业是一个特殊的部门，它既要承担公共交通事业服务属性、满足社会客运需求，又要努力追求自身的经济效益。因此，在编制高速铁路开行方案时，一方面要尽量满足旅客需求，充分体现铁路公益性，另一方面要以最小的成本取得最大的利益。

动车组是完成高速铁路运输生产任务最基本的要素，是铁路设备投资的重要组成部分。旅客列车开行方案安排得好，可以减少动车组需要组数，提高动车组使用效率，降低铁路投资成本。例如在满足车底在折返站、配属站停留时间的基础上，适当调整列车到发时刻，采用长短途套跑加速车底周转，可以节省动车组。

7. 保证列车高正点率的原则

对于对高速铁路需求比较高的旅客来说，他们需要的不止是能够减少旅行时间，而且对行程安排的准确率也有较高的需求，更加看重列车是否按时出发到达。

编制旅客列车开行方案，要求同时实现上述各项原则往往是有困难的。例如为要选择旅客列车始发、终到的合适时刻，就需要增加使用的车底数；各方向列车始发、终到的时刻合适，却往往不能配合大客运站的客流衔接；提高旅行速度和增加停站次数存在矛盾等。在这种情况下，就必须根据具体情况采取措施，通过协商，解决主要矛盾，满足主要需求，这样才能不断提高旅客列车开行方案的编制质量。

三、旅客列车开行方案的编制

（一）旅客列车开行方案的内容

通常情况下来说，旅客列车的开行方案是在客运量的基础上，再结合客流性质、特点、规律等因素来完成其整体的编制。旅客列车客座能力能否充分利用、车底能够合理运用这些因素，都能够衡量列车开行方案从客流到列车流的组织方案是否合理。

旅客列车开行方案的设计、编制以及优化是一项系统的、复杂的工作。主要从以下几点考虑：

（1）旅客列车的运行特性。通常是指确定列车运行的起讫点、途中停站方案、运行路径。列车的停靠站一定要合理，因为停站次数的增多必然将旅客的旅行时间拉长。

（2）旅客列车性质。通常是指确定列车的等级、种类及开行数量。

（3）设备利用情况。旅客的运送量、运输能力、票价都与列车的编组、车底使用情况以及客座利用率有着相当密切的联系。

（4）旅客列车的开行效益。主要包括社会效益、市场效益、经济效益三种基本类型。在市场培育的前提下，社会效益、市场效益两种类型将会慢慢地发展成经济效益。因此，在确定列车的具体开行方案时，不仅需要充分考虑到铁路企业自身的运营效益，而且还需要将旅客的出行效益和旅客的出行成本放在所考虑的范围内，这样将有利于更好地增加列车开行方案的社会效益以及市场效益。

（二）旅客列车运行区段和行车量

旅客列车的运行区段和行车量，基本上取决于客流计划。“按流开车”是确定旅客列车运行区段和行车量的基本原则。

1. 旅客列车运行区段的确定

旅客列车的运行区段是由始发终到站和经由线路构成的。高速铁路列车开行的最基本单位是列车运行区段，列车开行方案的编制都是围绕运行区段展开的。

高速铁路旅客列车开行方案的始发站、终到站一般由客流量来确定，开行跨两个铁路局的旅客列车，其中直通旅客流量不得少于 600 人，跨三个铁路局的列车，直通旅客流量不得少于 500 人，跨四个及其以上铁路局的旅客列车，直通旅客流量不得少于 400 人。

（1）高速铁路旅客列车运行区段的确定原则。

① 起讫站点要有足够的客流量，来保证列车一定的上座率；

② 列车的开行必须是在实际设备允许的情况下进行；

③ 列车的开行主要是解决大站之间的客流；

④ 要充分考虑旅客乘坐的便捷性，尽可能地减少旅客的换乘。

（2）高速铁路列车始发终到站确定的原则。

① 起讫站点应有大量的客流量，路网性和区域性客运站都可作为列车的始发终到站，其他的可根据具体的客流量来确定是否作为始发终到站；

② 一般情况下，具有一定的政治经济地位的大城市所在站可作为始发终到站；

③ 始发终到站应该设在旅客出行较方便的地带，方便旅客的出行和换乘，减少旅客出行的成本；

④ 始发终到站附近要有相应的动车组维修和整备设施。

2. 旅客列车开行数量和种类的确定

随着社会经济和人民生活水平的不断发展，旅客对于出行的需求也发生了很大的变化，这就需要铁路部门针对不同层次需求的旅客开行不同种类和等级的列车。

列车开行数量的确定是高速铁路旅客列车开行方案编制的重要环节，合理的列车开行列数不仅要考虑铁路运输设备的经济合理使用，还要兼顾旅客的运输需求。区段客流密度、列车编组和列车定员是影响列车开行列数的主要因素。计算确定的列车开行列数还要满足每类列车的开行列数要跟各区段的客流密度和性质相匹配、各类旅客列车要进行合理的分工，开行的直通列车列数要能满足最大区段客流密度的需求，尽可能地减少旅客的中转等要求。

（三）旅客列车停站方案

旅客列车停站方案是指列车在运行途中所有停靠站点组成的集合。合理的列车停站方案，可以给旅客带来更多的乘车方便，满足不同旅客的乘车需求，吸引更多的客流量，能够提高高速铁路直达列车的旅行速度，缩短长途旅客在中间站的等待时间，减少列车占用线路的时间，提高线路能力的利用率，协调车站接发车能力和车站作业的有效配合，降低铁路企业的运营成本，增加铁路企业的运营效益，提高速铁路路运输企业的市场竞争力。

在列车开行方案的编制过程中列车停站方案的设置是很重要的一部分内容。旅客列车停站方案是在列车等级、开行列数、服务频率、列车运行区段等都确定之后，根据实际的客流需求和列车间的协调情况在确定出各类列车的停站序列，给出每一种列车停站方式的开行列数。列车停站方案的设置应考虑列车停站方式的种类、组合模式、开行对数。停站方案决定了各站点的服务频率，应在保证旅行速度和最大程度满足客流需求的基础上合理编制，服务于不同层次的旅客对出行的要求。

1. 旅客列车停站设置影响因素

旅客列车停站方案是由实际客流需求情况、中间停车站等级、车站接发列车的能力、列车运行径路长度、列车运行全程最多停车次数等因素来共同决定的。

（1）客流需求。

合理的客流计划是中间停车站设置的基础，因此中停站的设置需要考虑旅客的目的地和中转换乘站。实际上，旅客的换乘站和换乘量的多少只能是在已经给定的列车停站方案下才能确定的。因此，中间站停站的设置是由旅客需求的目的地和换乘车站共同决定的，两者相互制约。

（2）中间停车站等级。

由于列车运行线路中的各中间站断面客流分布极不平衡，运用在全部中间站停车的停站方案会极大地浪费铁路的线路能力，增加旅客不必要的旅行时间。所以旅客列车在运行过程中必须要根据客流量的多少和中间站停站等级来合理地进行选择所要停靠的站点。

（3）车站接发列车能力。

理论上，铁路车站所具有的最大运输能力就是铁路车站已经具备的固定设备、技术能力、运输组织能力。实际上，由于受到来自不同时刻的列车接发作业和车站到发线接发列车能力限制的影响，客运站作业的困难和设备使用紧张状态，不能保证车站正常接发列车，往往车站不能够发挥其自身的最大能力。

（4）列车运行径路长度。

列车运行过程中停靠站的设置受列车运行径路长度的限制。所以为了能够更好地方便旅客出行，提高旅客在运输过程中的服务质量，应结合列车运行径路的长短合理地设置停靠站。

（5）最多停站数量的限制。

列车的停靠站除了满足自身技术作业的需求和政治经济等原因必须要停车以外，其他方式的停车都是与列车的等级有关的，等级高，运行速度快，停站间隔长，停站次数少；等级越低，运行速度越慢，停站间隔越短，停车次数越多。为了满足各旅客的出行需求，保证高等级列车的运行，低等级列车的停站次数应该较多。

2. 中间站停站方案的种类和组合形式

旅客列车设置中间停车站是为了方便中途发到旅客乘降和更多地吸引沿线的客流。沿途中间站停站的列车越多，说明这个车站的服务频率就越高，对于旅客的出行选择就越有利；同样，某一列车在运行途中停站的次数越多，就越能说明该列车提供给旅客乘降的服务能力越强，越能满足各个站点旅客的乘车需求。但是，中间站停车次数太多，必然会导致列车的运行速度减慢，增加旅客旅行时间的成本。

（1）中间站停站方案的种类。

① 一站直达式停车。

一站直达式列车是指旅客列车从始发站出发之后，运行途中各站均不停车或不提供旅客乘降服务，直接到达终点站的列车。一站直达式停车方案能充分体现高速铁路的高速度、大流量的特点。在客流量允许的情况下，应该最大限度地去开行直达高速铁路旅客列车。列车开行方案和停站方案的优化都是先从各站中除去直达列车带走的客流量，再将剩余的客流由各个中间站进行分配。

该停站方式决定了列车的起讫点应该设置在大型城市之间，往返于两地间的客流量要足够大，运行距离相对较短，需要较强的运输能力。

② 大站停车。

大站停车是指在列车的运行区段内，列车只在大型车站进行停站，中、小型车站不进行停车。大、中、小型站的确定是根据各个车站所在城市的规模、经济发展情况、人口数量、车站的发送量和到达量、客运站规模等因素共同确定的。

该停站方式比较适合运行在普速铁路干线或是沿途经过的车站较多的高速铁路客运专线上，用于输送沿线大中城市之间的客流。

③ 站站停车。

站站停车是指列车在运行沿线的每一个客运站都进行停车。该种停车方式保证了整个区段内旅客都可以到达任何自己想到达的任意车站，而且无须换乘。但是这种停车方式对整个线路的通过能力有很大影响，降低了车底的周转效率。站站停车方式比较适合在运距较短的区段开行，且列车开行数量不宜太多。

④ 选择性停车。

选择性停车是指列车除了在沿线的大型站停车之外，还选择部分中、小车型站停车。该种停站方式是大站停车和站站停车的结合方式，此种停车方式为大、中、小城市的客流提供了服务，方便了相关各个站点旅客的衔接和换乘，它比大站停车服务更全面，比站站停车服务更有针对性。

（2）中间站停站方案的组合方式。

① 大站停车交错组合。

对于主要干线来说，由于沿途不同大站之间的客流量是存在波动性的，并且大站设置可能相对较多，同时停站方案也会对车站的数量有所限制，所以不能保证每种停站方式都可以在大站进行停车，这就需要各种大站停车方式相互交错组合。这样不仅满足了不同客流对出行需求和服务频率，还很好地控制了停站的数量。

② 选择性停站交错组合。

选择性停站交错组合方式是沿途各大、小型车站相互配合停车的一种停站组合方式。为了满足沿途每个站点的客流需求，就需要设计出不同停站方式相互配合，例如“大站必停、小站交错”“大站交错、小站交错”等形式的停站组合方式，在具体方案的实施中通过对每个站点属性的灵活掌握，将其运用到客流和车站中。

③ 多种停站方式交错组合。

由于任何一种停站方式都不可能独立存在于列车开行方案中，需满足不同层次不同需求的旅客，就必须使多种停站方式相互交错组合，这样才能形成一套完整的满足不同要求的旅客列车停站方案。

中间站停站方案的组合方式有大站交错停车和选择性交错停车两种方式，如图 2-4 所示。

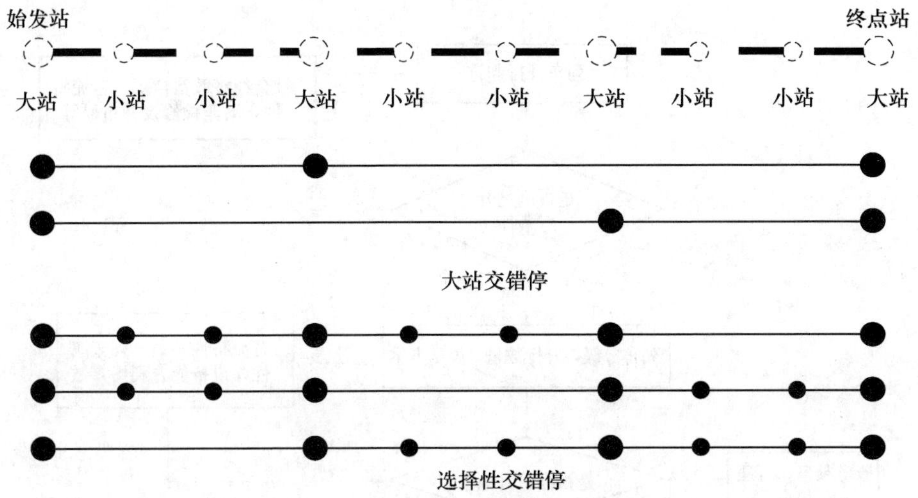

图 2-4　中间站停站方案的组合方式

（四）旅客列车开行方案的制订

旅客列车开行方案的制订不仅是高速铁路运输组织的核心问题，也是客流到列车流组织方案的过程。

1. 旅客列车开行方案的准备过程

通过客流预测方法预测 OD 间的客流，统计出客流数据，并对已经统计好的客流特征进行综合分析，总结出客流具体的变化规律，同时对其客流进行合理推断，进而下达编制客流计划。

完成“按流开车”的整个过程是开行方案制订的基础。

2. 旅客列车开行方案的制订

根据预测的客流量，结合实际情况对客流进行调整，结合列车编组、速度、客座利用率及区间能力等因素建立数学模型，分析求解列车具体的开行数量、停站方案等开行方案要素。实施编制开行方案。

旅客列车开行方案的制订流程图，如图 2-5 所示。

3. 旅客列车开行方案的优化

优化列车开行方案是极其关键的一步，而优化的程度对列车开行方案的优劣有很大的影响作用。优化始终贯穿于开行方案完成的整个过程，可以从以下 3 个方面进行优化：

（1）静态优化—单独优化列车开行方案制订的过程。具体是指在给定客流 OD 的情况下，确定列车运行特性的优化方案。

（2）列车开行方案的形成以及运行图编制两阶段的综合优化。因为运行图是开行方案的具体体现，两者之间不仅息息相关，而且存在直观的联系，所以对其的综合优化是十分必要的。

（3）列车开行方案的制订形成和客流 OD 生成两个阶段的综合优化。列车开行计划以客流量为基础，在客流预测的过程中，诱发运量的生成是在列车运行特性的基础上完成的，所以两者之间存在综合优化的关系。

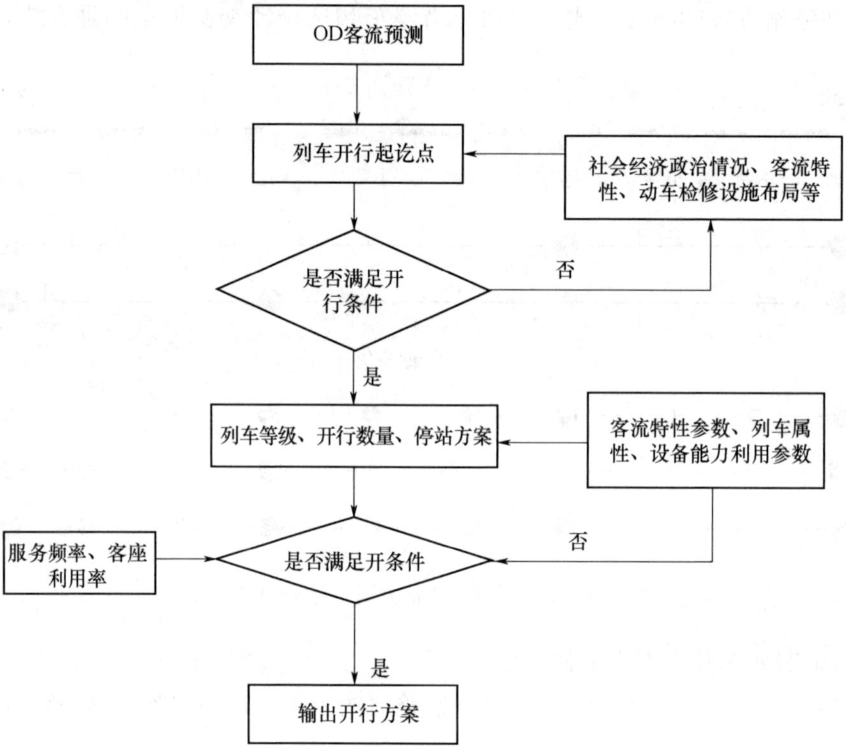

图 2-5　旅客列车开行方案的制订流程图

从旅客列车开行方案的完整编制上，不难看出从 OD 客流到 OD 车流，以及更深入地转化成列车流的具体过程。列车开行方案的形成过程，如图 2-6 所示。

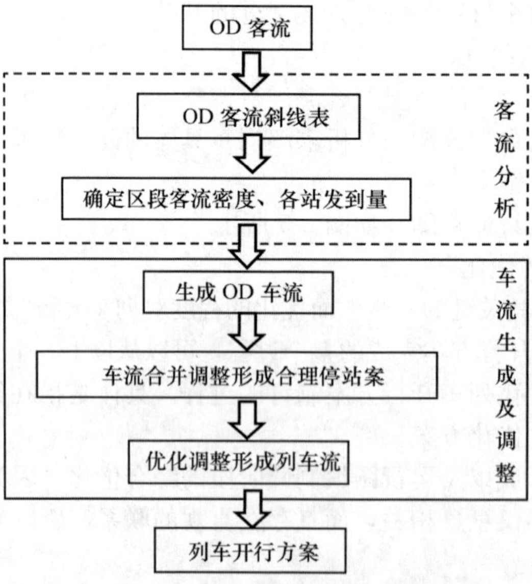

图 2-6　列车开行方案的形成过程

任务四　高速铁路列车运行图

列车运行图是铁路组织运输生产和产品供应销售的综合计划，是铁路运输生产联结社会生活的纽带，是用以表示列车在铁路区间运行及在车站到发或通过时刻的技术文件。列车运行图规定了各次列车占用区间的程序、列车在每个车站的到达、出发或通过时刻、列车在铁路区间的运行时间、列车在车站的停站时间和技术设备的使用等，是铁路行车组织工作的基础。因此，所有与列车运行有关的铁路各部门，必须按照列车运行图的要求，组织本部门按规定完成具体工作，保证列车按运行图运行。

一、高速铁路的列车

（一）高速铁路列车的定义

高速铁路的列车是指按照列车运行图和《铁路技术管理规程》（以下简称《技规》）有关规定编挂在一起的车列并挂有机车及规定列车标志。动车组列车为自走行固定编组列车。

单机、大型养路机械及重型轨道车，因运输需要发往区间时，由于其编组内容较一般列车简单，部分条件可以简化，虽然不必完全具备列车条件，即没有车列或部分列车标志，但也要按照列车运行的规定办理。

为了保证旅客列车的运行安全，便于后续列车确认，旅客列车尾部标志应使用电灯。为了加强灯具的保管、维修，动车组以外的旅客列车尾部标志灯的摘挂、保管由车辆部门负责。对中途转向的动车组以外的旅客列车，为了节省换挂标志灯的时间，应有备用标志灯。动车组尾部标志灯不能摘挂，不需要对尾部标志灯进行摘挂、保管。

（二）高速铁路列车的种类

高速铁路一般不开行货物列车，高速铁路列车按运输性质主要分为两种。

1. 旅客列车

旅客列车是为运送旅客开行的列车。根据旅客列车的车底及运行速度或旅行速度等，分为动车组、特快、快速、普通旅客列车。

2. 路用列车

路用列车不以营业为目的，专为完成铁路本身任务而开行的列车。例如提速试验列车，运送铁路器材、路料的列车，因施工、检修需要开行的轨道车、接触网作业车、大型养路机械车组等。

（三）高速铁路列车运行方向、车次与行车时刻

1. 列车运行方向

列车运行，原则上以开往北京方向为上行，反之为下行。各线的列车运行方向，以国铁集团的规定为准，但枢纽地区的列车运行方向，由铁路局规定。

2. 列车车次

列车须按规定编定车次。上行列车编为双数，下行列车编为单数。在个别区间，使用直通车次时，可与规定方向不符。

车次可用于区别列车的种类、性质和运行方向。为确保列车车次全路统一性及有关行车设备和信息系统正常运行，列车车次编排仅限于使用大写汉语拼音字母和阿拉伯数字。旅客列车车次由国铁集团确定，在全路范围内不得重复。铁路局不得超出车次规定范围擅自编造、自造使用车次。

3. 行车时刻

高速铁路的行车时刻，均以北京时间为标准，从零时起计算，实行 24 小时制。

铁路地面固定设备的系统时钟，当具备条件时，应接入铁路时间同步网；不具备条件时，可独立设置卫星授时设备。

铁路行车房舍内和办理行车工作的有关人员均应备有钟表。钟表的时刻应与调度所的时钟校对。调度所的时钟及各系统的时钟须定期校准。钟表的配置、校对、检查、修理及时钟校准办法，由铁路局规定。

二、高速铁路列车运行图

高速铁路列车运行图是高速铁路运输工作的综合计划和行车组织工作的基础。用以表示动车组列车在铁路区间运行及在车站到发或通过时刻的技术文件，它规定各车次动车组列车占用铁路区间的程序、在每个车站的到达和出发（或通过）时刻、在铁路区间的运行时间、在车站的停站时间等。

（一）高速铁路列车运行图与普速铁路列车运行图

1. 高速铁路列车运行图与普速铁路列车运行图共同点

目前，我国铁路采用两级编图管理模式，即国铁集团负责确定列车运行图的编制原则、方针及任务，制订直通客车方案图，并具体领导组织列车运行图的编制工作；铁路局负责拟订具体行动计划，并按时完成本局的编图工作。客运专线是整个路网的组成部分，与普速铁路线紧密联系，其列车运行图编制管理不宜独立进行，应在整个路网中结合普速铁路线进行统一编制和管理。因此，高速铁路列车运行图的编制管理模式应与普速铁路线统一起来进行规划和设置。高速铁路列车运行图与普速铁路列车运行图具有相同的工作内容，都是运用坐标原理来表示列车运行中时间、空间变化的一种图解形式，以横坐标表示时间，纵坐标表示距离，每一条运行线代表一个列车的运行轨迹。

高速铁路列车运行图与普速铁路列车运行图目标都是保证列车运行安全，实现铁路经济效益、社会效益和运输能力最大化。具体表现为：

（1）保证列车运行安全正点，都必须满足列车的安全约束条件，例如列车的安全间隔时间标准、各种技术作业的时间标准等。

（2）提高列车直通速度，都要尽可能减少旅行时间，在满足安全约束和客运需求的情况下，减少不必要的停站次数及停站时间，提升旅行速度。

（3）方便旅客旅行，都要合理安排列车发到时间，充分发挥线路通过能力，有效利用线路资源，提高运输效率。

（4）当线路上运行有不同等级列车时，都需要考虑列车避让或越行。一般低等级列车避让，高等级列车越行，要合理安排避让（或越行）的位置和次数。

（5）经济、合理地使用机车车辆，都要考虑节约成本，在满足安全约束及客运需求的情况下，尽量减少机车车辆、动车组等设备的使用，减少不必要的消耗。

2. 高速铁路列车运行图的特点

目前，我国普速铁路线采用客货列车混线运行的运输组织模式，高速铁路采用客运专线运行的运输组织模式，高速铁路旅客列车采用高中速动车组混跑、本线及跨线动车组列车共同运行的模式。

与普速铁路列车运行图相比，高速铁路列车运行图具有许多特点。

（1）旅行速度要求较高。

动车组列车的最高运行速度，为缩短旅客途中旅行时间提供了保障条件，但最高运行速度并不等于可直接获得最短的旅行时间，只有旅行速度与旅行时间才存在这种直接关系。因此，在高速铁路上运行时旅客列车都应有一定的旅行速度要求。

在一定技术条件下，列车旅行速度与停站次数和停站时间等因素有关。为提高服务频率，缩短旅客候车时间，中间站要求有较多的列车停靠；为使旅客有足够的时间上、下车，停站时间不能太短。高速铁路列车运行图的编制要妥善解决保证一定的旅行速度与提高服务频率之间的矛盾。为保证跨线中速列车一定的旅行速度，必须尽可能减少被高速列车越行的次数，且尽可能使客运停站与越行站相结合。

（2）高峰时段突出，运输能力紧张。

高速铁路列车运行图的编制必须满足旅客出行规律的要求。我国铁路客流平均行程为400多千米，旅客的出行规律大体上是早出晚归。根据铁路客流规律，早、晚高峰时段的列车会出现密集到发状况，尤其是短途旅客列车几乎是按最小追踪列车间隔密集到发，造车列车运行线分布不均衡。这种情形对运输部门的运输安排、调度能力、供电能力、动车组周转等提出了更高要求，也导致了运力资源的分配不均衡。

（3）高弹性运行线安排。

为保证动车组列车的高正点率，列车运行图必须要有足够的应变能力，即具有高度的弹性。当受到某些因素扰动，列车运行出现紊乱时，要能尽快恢复正常，以保证能经常处于按图行车的状态。为此，列车运行线间要预留一定的冗余时间，以减少个别列车晚点而产生的影响，或者预留一定数量的备用线，让晚点列车按就近的备用线运行。

（4）列车运行有效时间带。

高速铁路一般设置矩形天窗对设施和设备进行养护维修，时间通常是从0：00到6：00。列车只能在天窗时间外进行到发作业，所以高速铁路列车运行图是非闭合的运行图，维修天窗时间内没有列车运行。此时需要考虑列车运行的有效时间带。

以京沪高速铁路日常开行的北京南—上海虹桥的列车为例，如果列车旅行时间为6h，则6：00从北京南站始发的列车，12：00到达上海虹桥站，而0：00终到上海虹桥站的列车必须在18：00从北京南站发出，这就成了列车运行有效时间带，即北京南到上海虹桥的列车运行线需要在6：00～18：00之间始发，其他时间无法铺画北京南到上海虹桥的列车，但是可以铺画一些短途列车，以便充分发挥区间的通过能力。而且对于不同开行方案的列车，其有效时间带也会不一样。

（二）高速铁路列车运行图编制要求

应根据高速铁路线路客运量、客流区段、区段通过能力等因素确定动车组列车开行数量、等级及运行区段，编制列车运行图时应符合下列要求：

（1）列车运行、车站间隔、技术作业等时间标准。例如区间运行时分、列车追踪间隔时间标准、车站间隔时间标准、机车换挂及继乘时间标准等。

（2）迅速、便利地运输旅客。确定客车行车量及列车性质时，必须根据客流，贯彻“长短分工、快慢分工”的原则。铺画客车运行线时，应合理规定停站次数和时间。

（3）充分利用通过能力，经济合理地使用动车组、机车车辆和安排施工、维修天窗。合理铺画旅客列车运行线，既要充分利用通过能力，减少空费时间，又要提高列车旅行速度，加速机车车辆周转。为确保施工作业安全，满足设备部门施工、维修作业需要，列车运行图应按规定安排足够的施工、维修天窗。天窗是指在列车运行图中，不铺画列车运行线或调整、抽减列车运行线，为营业线施工、维修作业预留的时间，高速铁路一般采用施工和维修共用的综合天窗。

（4）做好列车运行线与客流和旅客出行规律的结合。“按流开车”是确定旅客列车运行区段和行车量的基本原则，应根据客运量、区段通过能力等因素确定列车对数。所以说，客流是运行图的基础，旅客出行规律是安排列车密度和是否办理业务的重要因素。

（5）保证各站、各区段的协调和均衡。区段内均衡地铺画列车运行线，做好区段间的衔接，合理安排各站停站频次、间隔，可以有效地利用通过能力，便于各站旅客乘降的良好衔接，保证畅通无阻。

（6）合理安排乘务人员作息时间。乘务人员保持充沛精力进行工作，有利于提高劳动生产率，保证行车安全。为此，在编制列车运行图与机车周转图时，对乘务人员的作息时间应按有关规定办理。

（三）高速铁路列车运行图的编制原则

（1）客运专线是全国铁路网的一部分，高速铁路列车运行图的编制应纳入全路列车运行图编制工作，统一编制。

（2）严格遵守各种间隔时间标准及运行时分的限制和相关规章制度，保证列车运行安全。

（3）适应高速铁路的客流特点，尽可能按时段、频率安排列车运行线，最大限度地满足旅客的出行需求。

（4）合理安排列车停站，提高列车旅行速度。相同发到站的列车可采取交替停站时，运行图的编制中必须注意消灭“盲点”。

（5）兼顾均衡、规律铺画的原则，充分利用线路和车站的通过能力，使高速列车运行与高速客运站的技术作业过程相协调，减少各种列车间的越行与避让，使运行图保持合理的弹性。

（6）统筹协调高速线与普速线的衔接问题，实现动车组旅客列车与普速旅客列车到发时刻的良好衔接。

（7）合理安排本线列车运行线与跨线列车运行线，应尽量减少跨线列车对本线列车的影响。

（8）经济、合理地使用动车组，尽可能杜绝空车底的回送和调配，灵活套用，提高动车组的运用效率。

（9）处理好列车密度、列车种类、到发时刻、动车组运用和综合维修天窗设置等几方面的关系。

(10) 实现运行图编制的自动化和智能化。

上述列车运行图的编制原则是互相制约的，在实际编制列车运行图时不可能全部予以贯彻，应根据需要遵循保证其中重要原则，协调处理好各种关系，形成最优化合理的运行图。

(四) 高速铁路列车运行图编制的技术关键和编制步骤

1. 高速铁路列车运行图编制的技术关键

(1) 高速铁路列车运行图应尽可能考虑客流高峰需求，列车开行数量具有按时段的波动性和规律性。

(2) 列车开行数量受动车组数量和动车组运用方式的制约，应尽可能提高动车组的上线率。

(3) 对于跨线列车和本线高速列车，需要明确其优先原则和列车等级。

(4) 跨线列车运行线布局方案应尽可能考虑客运专线的能力，并为本线列车的开行创造条件。

(5) 客运专线综合维修天窗设置方案对跨线列车和夕发朝至列车的开行具有制约作用。

(6) 客运专线运行图的编制要考虑相关运行线的紧密接续，方便旅客的换乘。

2. 高速铁路列车运行图的编制步骤

高速铁路列车运行图的编制流程和步骤大致如下：

(1) 收集编图资料，对有关问题进行组织调查、研究和试验，计算确定列车运行图要素。

(2) 编图前，铁路局（铁路局）提出跨线、本线列车开行方案。

(3) 国铁集团统一研究确定列车开行方案。

(4) 编制高速铁路列车运行方案图。

(5) 编制动车组运用方案。

(6) 编制客运站技术作业图表。

(7) 绘制列车运行图，公布列车时刻表。

(8) 列车运行图指标计算及分析评价。

(五) 高速铁路列车运行图的基本要素的确定

列车运行图基本要素在一定程度上对区间和车站通过能力、运输设备的运用效率及列车的旅行速度产生影响。高速铁路列车运行图基本要素的确定应在保证列车运行安全的前提下，按先进的作业组织和操作方法进行确定。

高速铁路列车运行图的基本要素应符合下列规定：

(1) 追踪列车间隔时间和车站间隔时间，应根据列车牵引制动性能、列车运行控制方式、车站布置形式和车站办理进路作业时间等情况具体计算确定。

(2) 列车区间运行时间，应采用牵引计算结果。

(3) 列车起停车附加时分，应结合列车牵引性能、车载控车允许速度，按车站布置参数进行牵引计算确定。一般，车站起车附加时分应不大于 2.5min，停车附加时分应不大于 1.5min。

（4）列车在中间站停车时间，列车在中间站上进行旅客乘降、高速铁路快件装卸、乘务组换班、上水上餐料、列车越行等所需要的最小停留时间标准。用分析计算和实际查定相结合的方法来确定。列车在站的各项作业，应尽可能平行进行。动车组列车在站停车时间一般不少于 2mim。

（5）在站立即折返动车组折返时间一般不宜大于 20min，入段（所）作业时间宜采用 120mm。

（6）高速铁路综合维修天窗时间不宜少于 240min，安排 0：00～6：00 作为“天窗”时间，供对线路、供电、信号及动车组等设施设备的施工或检修维护用。白天一般不设置固定维修天窗。

（六）高速铁路列车运行图的铺画方式

1. 同类列车成组铺画

成组铺画的同类列车追踪列数越多，则每一列车占用运行图的时间越少，受到不同类列车的影响越少，可以铺画的总列数越多。

同类列车成组铺画，如图 2-7 所示。

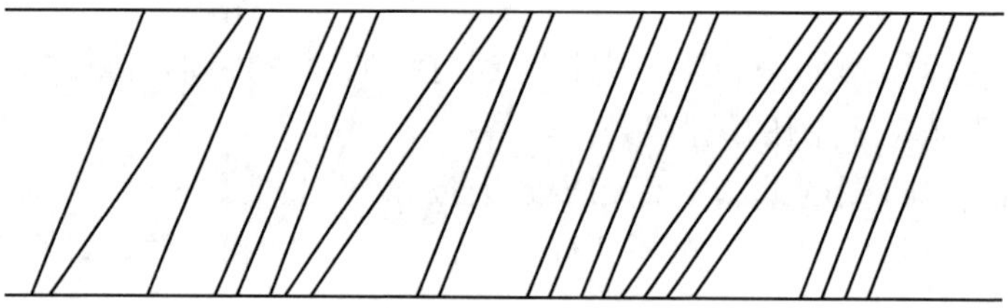

图 2-7　同类列车成组铺画

2. 高速列车停站方式

高速列车采用交替停站的方式时，停站顺序应由远而近，即前行列车停远方站，后行列车停后方站，依次由远而近。

高速列车停站方式，如图 2-8 所示。

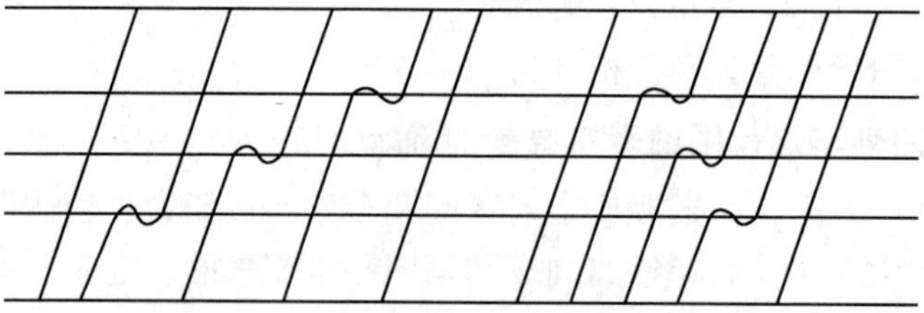

图 2-8　高速列车停站方式

3. 减少越行与待避

将运行速度在 300km/h 及以上的动车组列车称为 A 类高速列车，将运行速度为 200km/h 的列车和 250km/h 的动车组列车称为 B 类高速列车。

在铺画运行图时，A 类列车不越行过多的 B 类列车，以减少运行图的空费时间，且 B 类列车待避次数不宜过多，否则将严重影响 B 类列车旅行速度。

越行与待避过多的铺画方式，如图 2-9 所示。

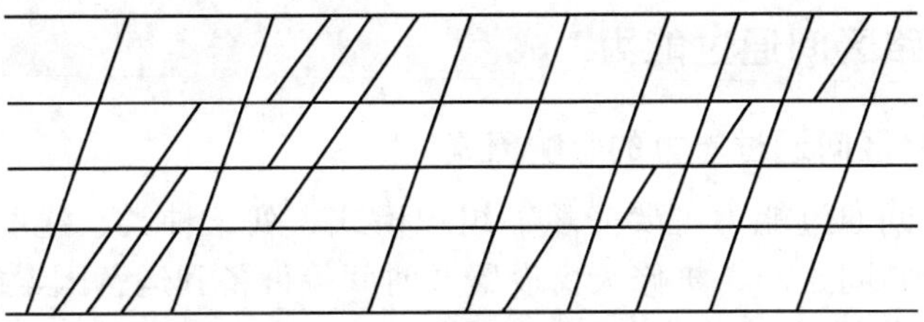

图 2-9　越行与待避过多的铺画方式

4. 长、短途高速列车运行线的排列

在非维修天窗时间内，不同运行距离的列车都有自己的有效时间带。在有效时间带内应优先安排铺画长途列车，短途列车运行线可利用长途列车有效时间带以外的三角区铺画。

5. 备用运行线的铺画

高速铁路，应根据运输能力的利用情况，铺画一定的备用运行线供运行调整用。备用运行线分别按高、中速列车均衡铺画在各个时间段。备用运行线一般应设较多的停站，以备灵活运用。备用运行线的设置应不影响正式运行线的铺画，尤其不能降低列车的旅行速度。

（七）高速铁路列车运行图指标

高速铁路列车运行图应分别计算以下指标：

（1）区段直通高速列车的旅行时间及其旅行速度。

（2）高速列车平均旅行速度。

（3）跨线列车平均旅行速度。

（4）长编组和短编组高速动车组车底投入运用的数量。

（5）高速和跨线列车的列车公里。

（6）长、短编组高速动车组车底平均每个车底的列车公里等。

任务五　高速铁路通过能力

高速铁路通过能力，是指在采用一定数量和类型的动车组及一定的运输组织模式条件下，高速铁路区段及车站的各种固定设备，在可以办理客运业务的单位时间内（通常指一小时或一昼夜）所能通过或办理基准列车的最多列车数或对数。

高速铁路列车运输组织可以采用不同速度等级列车共线运行的模式或单一速度等级列车运行的模式。

基准列车是指在计算高速铁路通过能力的考察区段内开行的速度最高且在沿途中不进行停车作业的列车。开行的其他不同速度等级的列车数应换算成基准列车数。

通过能力不是一成不变的，在一定程度上取决于行车组织水平和铁路固定设备、动车组的合理运用，随着技术设备和行车组织方法的改善而提高。

高速铁路通过能力包括区间通过能力和车站通过能力。根据选定的单位时间不同，又可分为全天候通过能力、高峰小时通过能力等。

一、高速铁路区间通过能力

（一）高速铁路区间通过能力的影响因素

高速铁路的区间通过能力主要受运输组织模式、列车种类、速度等级、停站方案、运行图铺画方式、站间距离、维修天窗设置及时间等设备和运营因素的影响。

1. 不同运输组织模式对通过能力的影响

（1）单一速度等级列车运行的模式。列车的技术速度大致相同（即区间纯运行时分大致相同），不同的只是停站次数及其停站时分。这种模式相对简单，不同列车在占用区间能力上的相互影响较小。

（2）不同速度等级列车共线运行的模式。列车的技术速度不同，停站次数及其停站时分也不同，这种模式不同速度等级列车在占用区间能力上的相互影响较大，不同运行图铺画方式下也比较复杂。

2. 不同种类列车间的速度差异和停站时间对通过能力的影响

（1）不同种类高速列车之间，因停站次数及其停站时间不同，产生相互间的能力扣除。

（2）旅行速度不同的列车之间，例如高速客车与中速客车之间，因速度差异而产生相互间的能力扣除。一般来说，速差越大，能力扣除也越大。

3. 高速铁路列车运行图的铺画方式对通过能力的影响

（1）采用不同列车分区铺画方式时，相同速度的列车可以集中地平行铺画，因此，不同速度的列车在占用区间能力上的相互影响较小。

（2）采用均衡铺画方式时，受到追踪、连发时间间隔的限制次数多，不同速度的列车在占用区间能力上的相互影响较大。

（3）采用阶段均衡铺画方式时，随不同种类列车的数量比例和速度差异而合理选择不同种类列车在运行图中的布局关系、列车时空分布以及运行线间的交错关系的铺画方式。这种铺画方式，比较适应高速铁路不同发展阶段通行能力的合理利用。

4. 综合维修天窗对线路通过能力的影响

高速铁路一般设置矩形天窗对设施和设备进行养护维修，时间通常是从0：00～6：00，在维修天窗时间内旅客列车不能运行。长达4～6h的天窗时间行车中断，必将产生直接的通行能力损失。同时，这种天窗方式在某个区段运行图上会产生列车运行有效时间带，形成空费三角区，使全线能力利用有了“长线”和“短线”之分。而且线路里程越长，长线能力越小。这使高速铁路的方向通过能力与其所包含的各区段通过能力，随线路里程增加，差别越来越大。

5. 站间距离及区间的不均等性对通过能力的影响

在不同种类列车间的速度差异较大的情况下，站间距离及区间距离的不均等性对通过能力的影响不容忽视。

当高速度等级列车数量较少时，即高速度等级列车通过能力占方向总能力的比重较低，缩小站间距离有利于提高中低速度等级列车长线能力；当高速度等级列车数量较多时，即高速度等级列车通过能力占方向总能力的比重较高，缩小站间距离有利于提高中低速等级列车短线能力。总之，在保证一定高速度等级列车通过能力的条件下缩小站间距离，会提高较低速度等级列车的通过能力。

（二）高速铁路区间通过能力的特点

高速铁路由于其在列车运行组织等方面与普速铁路有着明显的不同，因而在通过能力的利用上有着自身的特点。

1. 昼夜能力利用不均衡，有明显的时段特性

高速铁路主要为客运服务，旅客的行程距离较短和高速铁路列车的开行密度大、运行速度快，决定了客流的旅行活动一般可在昼间完成而无须夜间（0：00～6：00）行车，造成昼夜之间能力利用极不均衡。在昼间，通行能力利用也不均衡：一年中，不同季节之间客流生成和变化规律有所不同；一周中，工作日与双休日的客流特点不同；具体到某一天中，旅客出行的频率也不同，早晚时间段密集到发，从而形成旅客出行活动的高峰和低谷，使得列车运行线不能均匀分布。这与普速铁路力求组织均衡运输、充分利用区间通过能力的运营要求有较大不同。

2. 理论计算通过能力与实际可利用能力差距较大

由于高速铁路的客流特点和昼间通过能力利用不均衡，所以，虽然理论上可以在高速铁路运行图上铺画较多的列车运行线，但是实际上，因为各条运行线所处的实际时段不同，使得所能吸引并完成的旅客输送量与预测的运输量大不相同。同普速铁路相比，高速铁路整体形成的实际输送能力与理论计算能力之间的差距较大，因此，高速铁路需要较大的能力后备。

3. 停站及其起停车附加时分对通过能力的影响增大

在普速铁路，影响通过能力的主要因素是不同列车之间的速度差别及各种追踪间隔时间，列车停站的停站时分及其起停车附加时分对通过能力的影响较小。而在高速铁路线上，由于列车速度高、追踪时间间隔小，列车停站时分加上起停车附加时分所造成的影响已超过追踪间隔时间的影响，高速列车因停站而产生的能力扣除已经成为高速铁路能力计算中的重要组成部分。相较于普速铁路，高速铁路列车的停站及其起停车附加时分对通过能力的影响放大了。

4. 维修天窗的设置对运行图和通过能力造车较大影响，长线能力相对不足与短线能力相对富余并存

维修天窗的设置大大缩短了可供列车运行的时间，将高速铁路列车运行图分成了两个隔开的时间段，使列车不能 24h 内循环运行。矩形天窗使高速铁路的线路通过能力有“长线”和“短线”之分。长线能力可以分段使用，转化为短线能力，而短线能力却不能组合为长线能力。而且随着线路里程的延长，长线能力也越来越小。因此，在通过能力利用上，出现方向通过能力小于其各区段通过能力，长线能力相对不足与短线能力相对富余并存的特点。

（三）高速铁路区间通过能力计算方法

高速铁路区间通过能力应按客运区段计算，并以最高速度等级的列车对（列）数表示，一般需要计算全高速平行运行图区间通过能力、全高速非平行运行图区间通过能力和高峰小时区间通过能力、不同速度等级列车共线运行的区间通过能力。

对于采用不同速度等级列车共线运行运输组织模式的高速铁路，通过能力计算比较

复杂，很难找到一个十分精确而又简便的计算方法。目前，高速铁路通过能力的计算方法主要有图解法和扣除系数法。

1. 图解法

按照运行图的铺画顺序和原则，在按照设计能力确定各种高速列车数量需求的前提下，先铺画满足需求数量的各种高速度等级列车运行线，然后在列车间隔内铺画从长线到短线，尽可能铺画各种较低速度等级列车运行线。在运行图上所能最大限度铺画的列车数量的总和即为该高速铁路区段的非平行运行图通过能力。图解法比较精确，但较烦琐，故只在特殊需要时采用。

计算机模拟法是一种利用计算机辅助铺画运行图求解通过能力的图解法，是由计算机模拟人工铺图，严格按铺图标尺，通过紧密铺画 A、B 类列车运行线，进而精确确定高速铁路区段或全线通过能力的方法。由于满足铺图标尺约束条件的可行方案数量巨大，因此方案的比选和优化算法相当复杂，一般应用专家系统方法或借助人机对话方式进行，寻求问题的近似最优解或满意解。

2. 扣除系数法

在高速铁路列车运行图中，铺画有速度或等级不同的高速旅客列车以及长途跨线列车，形成的是一种非平行运行图。一般情况下，高速铁路主要的服务对象是本线客流，开行的旅客列车也以本线高速列车为主，其他类型的列车在运行图上只占一小部分，运行图的大部分仍具有平行运行图的特征。因此，在计算非平行运行图的通过能力时，仍可以利用平行运行图所具有的明显规律性，结合不同速度列车的扣除系数来计算高速铁路的区间通过能力。

高速铁路的扣除系数是指因铺画一对或一列速度较低等级旅客列车，需从平行运行图上扣除的高速等级列车对数或列数。由于高速铁路长短线列车能力的区别，不同等级列车的扣除系数需要按各个客流区段分别确定。

采用扣除系数法计算高速铁路的区间通过能力，必须先计算平行运行图的区间通过能力。平行运行图的区间通过能力主要根据高速列车追踪间隔时间和维修天窗影响时间确定。然后根据开行不同速度等级列车对基准列车的影响，利用其扣除系数，并结合列车开行数量，扣除由于受这种影响而不能开行的基准列车数，即可以得到高速铁路的通过能力。

二、高速铁路车站通过能力

高速铁路线路通过能力除应计算区间通过能力外，当车站引入线路较多、作业种类多且繁忙时，还应计算车站通过能力。

高速铁路车站通过能力包括咽喉通过能力和到发线通过能力。

1. 车站通过能力计算应遵循的原则

高速铁路车站通过能力计算应遵循下列原则：

（1）车站通过能力应根据车站设施配置和作业组织方案，按均衡、合理使用股道的原则，计算全日及高峰时段到发线通过能力、咽喉通过能力。

（2）各项作业占用车站设施的时分标准应根据车站布置形式、列车运行控制方式、道岔型号等，并结合实际运营情况分步骤计算确定。

2. 咽喉通过能力计算

高速铁路车站咽喉全日通过能力可采用利用率法计算。通过查定的咽喉道岔一昼夜被占用的总时间、与接发旅客列车作业无关的其他作业占用咽喉时间、维修天窗时间、不同速度等级列车到发占用咽喉区时间以及空费系数等因素，计算出咽喉限制道岔利用率。再结合实际一昼夜的高速度、较低速度等级列车数，即可计算出车站咽喉一昼夜所能办理的高速、中速列车数。

高峰时段咽喉通过能力可以用单位时间（1h）和接发一列高速度等级列车占用咽喉的时间直接计算得到。需要将车站的其他辅助作业安排在高峰时段外，以保证连续密集开行高速度等级列车。

在部分枢纽站和始发终到站有部分取送车底、合并编组、分解重联动车组等调车作业。如果无独立进路，计算时需一并考虑。

3. 到发线通过能力计算

高速铁路车站到发线全日通过能力可采用利用率法计算。通过查定不同速度等级列车始发、终到、立折、停站等各种情况占用到发线的时间标准，结合到发线一昼夜被占用的总时间、与旅客列车作业无关的其他作业占用到发线时间、维修天窗时间、到发线数量以及空费系数等因素，计算出到发线利用率，再结合实际一昼夜的高速度、较低速度等级列车数，即可计算出车站到发线一昼夜所能办理的高速、中速列车数。

为适应高速列车的开行密集性和间隔不均匀衡性，在旅客列车到发高峰时段，应将车站辅助作业安排在此时段外，以保证密集开行高速度等级列车。此时，高峰时段列车密集到发时，列车占用到发线的时分可以按较小时分考虑，一小时内到发线最多能开行的高速列车数量，即为到发线高峰小时通过能力。

项目三　高速铁路调度指挥

铁路运输具有高度集中的特点，各工作环节须紧密联系、协同配合。铁路运输组织工作，必须贯彻安全生产的方针，坚持集中领导、统一指挥、逐级负责的原则。铁路运输调度部门是铁路日常运输组织的指挥中枢，分别代表各级领导组织指挥日常运输工作。铁路运输调度担负着保障运输安全、组织客货运输、保证国家重点运输、提高客货服务质量的重要责任，对完成铁路运输生产经营任务，提高速铁路路运输企业效益起着重要作用。各级调度人员必须精心组织，科学调度，努力增运增收、节支降耗。凡与行车组织有关的日常生产活动都必须在运输调度的统一组织指挥下进行。

任务一　高速铁路调度指挥概述

《铁路运输调度规则》是铁路各级运输调度管理的基本规则和工作标准，各级运输调度及有关部门制订规则、细则、标准和办法等，必须符合该规则的规定。《铁路运输调度规则（高速铁路部分）》适用于行驶速度200km/h及以上的铁路和200km/h以下仅运行动车组列车的铁路。行驶速度200km/h及以上客货共线铁路货物列车开行的有关要求由铁路局参照《铁路运输调度规则（普速铁路部分）》制订。

一、组织机构

铁路运输调度工作实行分级管理和集中统一指挥。

国铁集团设调度处，铁路局设调度所。

铁路局调度所应设综合、安全、技术教育、分析、统计室，计划、行车、高速铁路、客运、货运、特运、机车、车辆、供电、工务、电务调度室，施工办公室（简称施工办）。青藏铁路公司调度所的内设机构，可结合工作实际，本着精干高效的原则设置。

国铁集团、铁路局应根据调度岗位的作业特点合理确定班制，主要工种调度全路统一实行四班制（国铁集团有特殊要求的除外）。

（一）高速铁路调度台设置

国铁集团高速铁路调度设计划、行车、动车调度台，根据工作量有关调度台可合并设置，涉及高速铁路的其他工种调度工作由相关普速铁路调度台兼任。

铁路局高速铁路调度设值班副主任、计划、列车、客服、动车、供电、施工调度台，涉及高速铁路的其他工种调度台由铁路局根据需要设置或由相关普速铁路调度台兼任。根据工作量有关调度台可合并设置，具体由铁路局确定。各工种调度可根据需要设置主任调度员岗位。

（二）职责分工

根据分级管理、集中统一指挥的原则，国铁集团、铁路局调度分别代表国铁集团总经理、铁路局局长负责国铁集团、铁路局的日常运输组织指挥工作。在铁路日常行车安全管理工作上，国铁集团按规定对铁路局调度的指挥安全实施监督管理，铁路局对本局调度指挥安全工作全面负责。

国铁集团值班处长、铁路局值班主任分别领导一班调度工作。在日常运输组织工作中，下级调度必须服从上级调度的指挥。

国铁集团调度统一指挥铁路局和专业运输公司完成运输生产经营任务；铁路局调度统一指挥铁路局管内运输生产单位完成运输生产经营任务。

二、工作制度

调度所管理制度须包括安全、生产、施工、教育、基础管理等基本管理制度，并将基本管理制度纳入“调度所管理工作细则”。调度所须健全完善各项基本管理制度，明确管理责任，抓好规章制度执行及安全生产的检查、监控、分析、考核工作。

（一）电视电话会议制度

铁路局高速铁路值班副主任每日 7：00 前向国铁集团高速铁路行车调度员汇报第一班运输安全和计划任务完成情况；国铁集团高速铁路行车调度员向铁路局高速铁路值班副主任布置第二班工作重点。

国铁集团隔日召开全路运输生产电视电话会议，由铁路局分管运输副局长（总调度长）汇报运输安全和运输生产情况，国铁集团向铁路局提出运输生产要求和布置工作重点。

铁路局每日召开全局运输生产电视电话会议，各站段分管生产的副站（段）长汇报全日运输安全及运输生产情况，铁路局向站段提出运输生产要求和布置工作重点。

（二）交接班制度

各级高速铁路调度应建立交接班制度，保持高速铁路调度工作的连续性。国铁集团、铁路局交接班会，分别由值班处长、值班主任（高速铁路值班副主任）负责主持，有关工种调度人员参加。各工种调度交接班时，交班内容和待办事项必须清楚、完整，不得遗漏。

1. 接班会

传达有关命令、指示和重点事项，通报上一班安全、运输生产情况，布置安全注意事项，研究本班完成运输生产任务的具体措施。

2. 交班会

各工种调度分别汇报本班安全、运输生产任务完成情况，分析存在的问题，总结经验教训。

（三）工作报告制度

建立工作报告制度，加强各级调度间工作联系，加强与安全监察、专业部门之间的信息沟通，准确掌握工作进度和安全信息，及时处理发生的问题。

（1）基层单位（作业人员）向铁路局调度报告。

① 司机等相关人员应直接向列车调度员报告有关行车工作；在非集控站及转为车站控制的集控站，应向车站值班员报告，对重点事项和安全信息，车站值班员及时报告

列车调度员。

② 当施工、维修作业不能按计划结束时，作业负责人应提前 30min 向列车调度员（在调度所登记时）或车站值班员（在车站登记时）汇报。

③ 发生影响旅客服务的突发情况，车站由站长、客运值班员或综控室值班员，列车由列车长及时向客服调度员汇报。

④ 客运段及时向客服调度员汇报客运乘务计划落实及变化情况。

⑤ 动车（车辆）段调度员及时向动车调度员汇报车底运用、备用、检修、乘务计划落实及变化情况。

⑥ 机务段调度员及时向机车调度员（动车司机调度员）汇报乘务计划落实及变化情况。

（2）铁路局调度向国铁集团调度报告。

① 每日 9：00（21：00）前，值班副主任向国铁集团调度报告接班后的管内运输情况及重点事项。

② 铁路局各工种调度及时向国铁集团相关工种调度报告各项规定的内容。

③ 安全情况和重要事项应随时报告。

（3）当上级调度向下级调度和运输生产单位了解有关运输情况时，有关人员应及时汇报。

（4）铁路局调度接到铁路交通事故、行车设备故障等安全信息后，应按规定填写“铁路交通事故（设备故障）概况表（安监报 1）”，及时报国铁集团调度，并通过铁路安全监督管理信息系统及时报送铁路局安全监察部门。

（5）为准确掌握客运工作情况，及时处理发生的问题，车站客运计划员、客运段派班、车务段（直属站）调度、铁路局客服调度必须严格执行报告制度，除按规定上报的有关资料外，凡发生影响旅客列车运行或安全的情况时必须逐级向上级客运调度报告。并且凡与相邻铁路局有关的命令均应抄知相邻铁路局。

（四）铁路局运输调度领导值班制度

值班人员为铁路局总调度长或调度所主任（副主任）、书记。值班时间为工作日 18：00 至次日 8：00、非工作日 8：00 至次日 8：00。值班要求如下：

（1）对重点运输任务，按等级认真盯控，确保安全正点。

（2）对Ⅰ、Ⅱ级施工，严格监控，按施工日计划组织实施，对临时发生的问题采取果断措施及时正确处置。

（3）遇恶劣天气，提前预想，对设备运行、运输组织造成影响时，立即组织应急处置，保证运输安全。

（4）遇旅客列车大面积晚点或运输不畅时，要详细了解、掌握情况，采取有效措施，尽快恢复列车运行秩序。

（5）发生铁路交通事故或行车设备故障时，亲自组织处理，减少对运输秩序的影响。

（五）联劳协作制度

加强铁路局间的协作，保证分界站畅通。铁路局间分界站会议每年不少于一次，由两个铁路局轮流主办，必要时由国铁集团组织，研究改进高速铁路调度指挥工作，制定、修改分界站协议。

为提高调度人员组织指挥水平，加强各级调度之间、调度与站段有关人员的工作联系，各级调度人员每季度深入现场应不少于一次，熟悉设备、人员情况，交换工作意见，解决日常运输及安全生产中存在的问题。深入现场前要有计划，返回后要有报告。深入现场的活动可采取添乘机车（动车组）、列车，召开座谈会、联劳会、同班会、跟班作业、专题调研等多种形式。国铁集团、铁路局应按规定为高速铁路调度人员办理机车（动车组司机室）添（登）乘证。高速铁路调度人员持证添（登）乘机车（动车组）、列车，并准许在乘务员公寓食宿。

三、调度队伍建设

各级组织和领导应高度重视调度基础工作，建设一支思想过硬、作风过硬、业务过硬，纪律严明、精干高效、指挥科学的高素质调度队伍。对调度人员招聘（选拔）和培训工作要坚持“逢进必考、资格必审、上岗必训”的原则。国铁集团、铁路局须充分考虑调度人员工作量、工作质量、业务培训、深入现场、通勤、休假等因素及有关规定，科学测定调度机构定编，合理设置调度台，配备各岗位人员和充足的预备人员，以满足安全生产和调度工作“精细、高效”的要求。

（一）调度人员基本素质要求

（1）具有较高的思想政治觉悟，有大局意识和较强的协调组织能力。

（2）具有较强的专业知识和工作经验，技术业务熟练，具有计算机基本操作能力，较强的文字处理和语言表达能力。

（3）遵章守纪、爱岗敬业、服从指挥、团结协作。

（4）身体健康。

（二）高速铁路调度人员招聘（选拔）要求

高速铁路调度人员招聘（选拔）须按照公平、公正、公开的原则进行，新招聘（选拔）高速铁路调度人员除具备上述调度人员基本素质要求外，还须满足以下条件。

1. 年龄要求

铁路局高速铁路列车调度员初任年龄一般应在35岁及以下，其他高速铁路调度员初任年龄一般应在40岁及以下，遇特殊情况可适当放宽。

2. 学历要求

国铁集团高速铁路调度须有全日制大学本科及以上文化程度，铁路局高速铁路调度须有大专及以上文化程度。

3. 专业要求

铁路局高速铁路列车调度员由运输、机务相关专业毕业；其他专业毕业的须在运输、机务运用工作岗位定职后工作满3年。其他工种调度员由相关专业毕业或从事相关专业工作满2年。

4. 铁路局高速铁路调度工作经历要求

（1）高速铁路值班副主任。

从事高速铁路计划调度员不少于2年或从事高速铁路列车调度员工作不少于2年。初设高速铁路值班副主任岗位且铁路局开通高速铁路时间不满2年时，从事普速铁路值班副主任、高速铁路计划调度员或高速铁路列车调度员工作累计不少于 1 年。

（2）高速铁路计划调度员。

从事高速铁路列车或客服调度员工作不少于 2 年。初设高速铁路计划调度员岗位且铁路局开通高速铁路时间不满 2 年时，从事高速铁路列车或客服调度员工作不少于 1 年；或者从事普速铁路计划、客运或列车调度员工作累计不少于 2 年。

（3）高速铁路列车调度员。

从事普速铁路列车调度员或高速铁路动车组司机工作不少于 2 年。

（4）动车调度员。

从事动车组检修、客车检修、运用技术管理工作累计不少于 2 年或从事专业调度工作不少于 2 年。

（5）高速铁路客服调度员。

从事列车长、值班站长、客运值班员、客运计划员工作累计不少于 5 年或从事普速铁路调度员不少于 2 年。

（6）高速铁路施工调度员。

从事普速铁路施工调度员或高速铁路列车调度员工作不少于 2 年。

（7）高速铁路供电调度员。

从事普速铁路供电调度员工作不少于 2 年。

5. 任职资格

铁路局的调度从业人员应取得“高速铁路调度员资格证”。

（三）高速铁路调度人员培训要求

各级高速铁路调度必须配备专业技术教育人员，由具备中级及以上技术职称或具有较强业务水平和实践经验的人员负责高速铁路技术业务培训工作。

1. 新职高速铁路调度员培训

铁路局应按国铁集团有关规定制订新职高速铁路调度员培训计划，组织进行任职资格培训。任职资格培训时间不少于 3 个月，其中集中理论培训（脱产）不少于 20d，岗位理论培训（脱产）不少于 10d，实作技能培训（跟班学习）不少于 2 个月，培训期满进行理论考试和实作考核，合格后方准办理“高速铁路调度员资格证”。

2. 现职高速铁路调度员培训

铁路局高速铁路调度员不同工种间转岗、同工种间转台必须进行跟班学习，经考试、考核合格后，方准独立工作。

现职高速铁路调度员每年须按规定参加脱产适应性培训，每年累计脱产培训时间不少于 15d。对新设备新技术投入运用、新规章实施、运行图调整等必须提前进行业务培训。

铁路局高速铁路调度员须取得“高速铁路调度员资格证”，方准上岗。铁路局每年组织现职调度员进行“铁路局调度员合格证”年度鉴定考试，合格后方准上岗。

铁路局原则上每年应组织一次铁路局调度职业技能竞赛，国铁集团原则上每三年组织一次全路调度职业技能竞赛。对职业技能竞赛成绩优胜者应给予奖励并在晋职晋级时优先考虑。

任务二　高速铁路调度日计划

高速铁路一般不开行货物列车，所以高速铁路的调度日计划和普速铁路有很大的区别。对于高速铁路，无论国铁集团还是铁路局，无论什么样的计划，均只有日计划，并且均以 0：00～24：00 为起止时间；对于普速铁路，国铁集团只有日计划，铁路局除施工计划外继续划分为两个班计划，除了铁路局的施工日计划起止时间为 0：00～24：00，国铁集团日计划及铁路局的其他日计划起止时间为当日 18：00～次日 18：00。

一、高速铁路调度日计划概述

（一）高速铁路调度日计划的概念

调度日计划是日常运输组织工作的基础，是一日运输工作的综合部署，是保证均衡完成运输生产经营和施工任务的前提。

高速铁路调度日计划是高速铁路一日内的运输工作计划，包括列车开行计划和施工、维修计划。高速铁路调度日计划起止时间为 0：00～24：00。

高速铁路调度日计划由铁路局调度所主任（副主任）负责组织编制。

（二）高速铁路调度日计划的编制原则

1. 坚持安全生产的原则

安全生产是铁路运输组织的一贯方针，也是对铁路职工职责的基本要求。铁路发生事故，会给人民生命财产造成严重损失。因此行车有关各部门、各单位必须认真贯彻安全生产的方针，把安全生产摆在首要位置。

2. 贯彻国家运输政策，保证重点运输的原则

旅客运输是铁路运输的重要组成部分，要从方便旅客出发，全面安排，按照长短途列车分工、换乘优先、保证重点的原则，合理、经济地使用运输能力，均衡地组织运输。

3. 按列车运行图行车的原则

列车运行图是铁路运输工作的综合计划，是行车组织工作的重要基础，规定了列车在车站的到、开、通过时刻和技术设备的使用等。所有与列车运行有关的铁路各部门，必须按照列车运行图的要求，组织本部门按规定完成具体工作，保证列车按运行图运行。

4. 按施工、维修计划安排施工、维修，坚持运输与施工、维修兼顾的原则

铁路营业线施工是运输组织的重要组成部分，要坚持运输和施工兼顾的原则，加强施工计划管理，加强施工组织和施工期间的运输组织，按计划、有组织地进行各项施工，积极推广使用技术先进的施工机具和施工方法，提高施工作业效率和质量。

5. 经济合理地使用机车车辆和其他运输设备，提高运输效率和效益的原则

铁路运输各部门之间联系密切，应加强协作，树立全局观念；在行车工作中，应加强调度指挥，组织均衡运输，挖掘生产潜力，不断提高工作效率，积极总结和推广先进经验，以保证全面完成和超额完成运输生产任务。

（三）高速铁路调度日计划的编制依据

（1）列车运行图、有关技术作业时间标准。

（2）有关文件、电报、调度命令。

（3）动车组运用（车型、组数）、检修计划及回送、试运行、调向申请等。

（4）分界站协议。

（5）月度施工计划（含临时文电批复的）及主管业务处提报的施工计划、路用列车开行、设备维修作业计划申请。

二、列车开行计划

限速机车车辆，须根据限速机车车辆挂运电报及规章制度有关规定安排挂运。纳入调度日计划的按计划挂运、交接。未纳入调度日计划的，铁路局管内须经调度所主任（副主任）准许后方可安排挂运；跨局交接时，由相邻铁路局计划调度员共同确认挂运电报及规章制度有关规定，并经两局调度所值班主任协商同意后方准安排交接。

（一）主要内容

（1）列车开行车次。

（2）临时定点列车始发站、终到站、沿途客运业务办理站及其到（发）时分、动车组的吸污或上水的股道运用计划。

（3）开行动车组列车所对应的车组（型号、车组号），动车组车底运用方案及路用列车开行计划。

（4）重点事项。

（二）编制流程

（1）计划调度员每日 10：00 前根据列车运行图及相关文件、电报、调度命令确定次日动车组列车开行方案，转交动车调度员和相关机务段、动车（车辆）段、客运段。

（2）动车调度员 15：00 前将动车组车底运用方案、热备车及重点事项，转交计划调度员。

（3）施工调度员 15：00 前将路用列车运行方案，转交计划调度员。

（4）计划调度员 16：00 前与相关调度所交换列车开行计划。

（5）17：30 前形成次日列车开行计划。

（三）下达

列车开行计划经调度所主任（副主任）审核批准后，报国铁集团运输局调度处，并于 18：00 前以调度命令下达有关单位、调度台。

三、施工计划

（一）施工计划内容

（1）施工编号、等级、项目。

（2）施工日期、作业内容、地点（含线别、区间、车站、股道、道岔、行别、里程）和时间。

（3）施工限速、影响范围、行车方式变化及设备变化。

（4）施工单位（含配合单位）、施工负责人。

（5）施工作业车进出施工地段方案。

（6）区间及站内装卸路料计划。

（二）施工日计划编制和下达流程

1. 申请

施工单位于施工前3日将施工日计划申请报铁路局主管业务处室，主管业务处室审核（盖章）后，于施工前2日9：00前向施工办提报施工日计划申请，其中铁路局所管设备越过局间分界站延伸至相邻铁路局调度管辖区段（简称延伸段）的施工日计划申请向调度管辖区段铁路局施工办提报。

2. 编制

施工办应将主管业务处室提报的施工日计划申请与月度施工计划（含临时文电批复的）进行核对，同时将Ⅰ级施工和国铁集团管理施工项目的施工日计划申请于施工前2日15：00前报国铁集团运输局调度处，运输局调度处根据国铁集团月度施工计划和批准的施工文电进行审核后，于施工前2日18：00前反馈相关铁路局施工办，施工办据此编制施工日计划。

因运输原因不能安排施工计划时，须经铁路局分管运输副局长（总调度长）同意。因专特运原因不能安排施工计划时，按国铁集团（铁路局）调度命令执行。

3. 下达

编制的施工日计划经调度所主任（副主任）审核后，施工办于施工前一日12：00前（0：00～4：00执行的施工日计划于前一日8：00前）将施工日计划下达本局有关机务段、动车（车辆）段和车务段（直属站），传（交）主管业务处室和相关计划调度台、列车调度台、供电调度台，其中涉及邻局的车务段（直属站）和相关调度台，传（交）邻局施工办并由其负责转达。主管业务处室负责通知施工单位、配合单位，车务段（直属站）负责通知相关车站。

Ⅰ级施工和国铁集团管理施工项目的施工日计划，施工办于施工前一日15：00前报国铁集团运输局调度处。

4. 取消施工

施工日计划下达后，不得随意取消施工日计划（项目）。因特殊原因临时取消时，须经铁路局分管运输副局长（总调度长）批准（Ⅰ级施工和国铁集团管理施工项目须经国铁集团运输局调度部主任或副主任批准）并采取行车安全措施后，以调度命令办理取消（含取消或重新发布运行揭示调度命令）。

施工日计划下达后，施工开始前，施工单位自身原因取消施工时，不发布取消施工的调度命令。涉及运行揭示调度命令的施工取消时，施工单位须登记行车条件，铁路局调度所根据登记发布调度命令。

四、维修计划

（一）维修计划内容

维修计划的内容包括：作业项目、地点、时间、作业单位、配合作业单位、作业负责人、影响范围、路用列车进出区间方案等。

（二）维修计划编制流程

1. 申请

设备管理单位于维修作业前 3 日向本铁路局主管业务处室提报计划申请，其中延伸段的维修作业计划申请，设备管理单位于维修作业前 4 日向本铁路局主管业务处室提报，本铁路局主管业务处室与局内相关业务处室沟通协调后，于维修作业前 3 日向调度管辖区段铁路局主管业务处室提报计划申请。

2. 编制

铁路局主管业务处室根据设备管理单位的提报，与其他主管业务处室沟通协调后编制本专业维修计划，于维修作业前 2 日 9：00 前报铁路局施工办，施工办负责审核维修日计划。

3. 下达

施工办于维修作业前 1 日 12：00 前将维修日计划下达本局有关车务段（直属站），传（交）主管业务处室和有关计划调度台、列车调度台、供电调度台，其中涉及邻局的车务段（直属站）和相关调度台，传（交）邻局施工办并由其负责转达。主管业务处室负责通知作业单位、配合单位，车务段（直属站）负责通知相关车站。

4. 取消维修

维修日计划下达后，不得随意取消维修日计划（项目）。因特殊原因临时取消时，须经铁路局分管运输副局长（总调度长）批准，以调度命令办理取消。施工单位自身原因取消维修时，不发布取消维修的调度命令。

5. 增加维修

维修日计划下达后，因特殊原因需临时增加维修作业时，在不与其他施工及维修作业产生冲突的情况下，由设备管理单位报调度管辖铁路局主管业务处室审核同意后，报调度管辖区段铁路局调度所实施。

任务三　高速铁路日常运输组织

调度指挥必须坚持安全生产的原则。各级调度人员应熟悉有关站段及列车的技术设备、作业过程、各项技术作业标准及车站接发列车的有关规定，正确组织指挥列车运行。值班中要精力集中、坚守岗位、严格遵守规章制度，及时正确处理问题。列车调度员负责组织实现列车运行图、调度日计划，检查列车运行图和调度日计划的执行情况，及时发布有关调度命令和口头指示；严格按列车运行图指挥行车，遇列车发生晚点时，应积极采取措施，组织有关人员恢复正点；注意列车运行情况，正确、及时地处理临时发生的问题。

一、动车组列车发生变化

此处的动车组列车发生变化包括：动车组列车临时加开、停运、变更径路、途中折返、定员（含席别）变化、反编组运行或变更客运业务停站等。

（一）高速铁路调度日计划尚未下达时

铁路局主办业务处室同相关业务处室确定方案，使用外局动车组时，还需征得配属局车辆部门同意，开行跨局临时定点列车还需征得有关局运输、机务、客运部门同意。

铁路局管内且使用本局动车组时，铁路局以调度命令调整，必要时以文电调整。

跨局或使用外局动车组时，办理方式为：因施工原因产生的调整，由铁路局以文电申请，国铁集团运输局以文电公布；基本列车运行图内列车（已纳入春运、暑运方案除外）需持续调整30d以上时，由铁路局以文电申请，国铁集团运输局以文电公布；其他情况，由铁路局客运处或调度所计划调度员向国铁集团高速铁路计划调度员提出申请，经国铁集团调度与客运部门协商一致后，以调度命令调整。

调度所计划调度员向有关单位发布或转发调度命令，并抄送铁路局客运处（客票管理所）、客货统计所、铁路客户服务中心及相关调度台。

（二）高速铁路调度日计划下达后遇突发情况时

高速铁路调度日计划下达后一般不做变更，遇突发情况必须变更时以调度命令进行调整。

铁路局管内且使用本局动车组时，铁路局以调度命令调整。跨局或使用外局动车组时，铁路局计划调度员向国铁集团高速铁路计划调度员提出申请，以调度命令调整。

调度所计划调度员向有关单位发布或转发调度命令，并抄送铁路局客运处（客票管理所）、客货统计所、铁路客户服务中心及相关调度台。

动车组列车定员变化的调度命令示例：“2019年11月～30日，A站开G2301次列车、B站开G2302次列车，临时由CRH380A型单组改为重联运行，定员变更为556＋556人次。编组临时调整为：A站开首位ZYS1（33）、ZE2（85）、ZE1（列，75）、ZEC1（酒，63）、ZE2（85）、ZES1（45）、ZYS1（33）、ZE2（85）、ZE1（残，75）、ZEC1（酒，63）、ZE2（85）、ZES1（45），共计16辆，车厢顺号1～16号，其中1、8、9、16号各5个商务座席。”

二、定员不变的车底变更

（一）车型、定员均不变

动车（车辆）段根据有关文电、调度命令或检修运用需要向动车组所在铁路局动车调度员提出申请，使用外局动车组时须提前与配属段联系确认车底和随车机械师情况。

铁路局管内且使用本局动车组时，经调度所动车调度员审核后，计划调度员纳入高速铁路调度日计划，来不及纳入高速铁路调度日计划时，由计划调度员发布调度命令。

跨局且使用本局动车组时，经调度所动车调度员审核后，办理方式为：高速铁路调度日计划尚未下达时，调度所动车调度员通报有关局动车调度员，有关局调度所计划调度员纳入高速铁路调度日计划；高速铁路调度日计划下达后，调度所动车调度员向国铁集团动车调度员提出申请。国铁集团动车调度员发布调度命令，调度所计划调度员转发该调度命令。

当使用外局动车组时，调度所动车调度员与客服调度员审核后，由调度所计划调度员向国铁集团高速铁路计划调度员提出申请。国铁集团高速铁路计划调度员发布调度命令，调度所计划调度员纳入高速铁路调度日计划，来不及纳入高速铁路调度日计划时，由计划调度员发布调度命令。

例如：按照高速铁路调度日计划，某铁路局管内且使用本局动车组的G2301次与G2302次列车的车底为CRH380A-2744+2742。2019年11月1日6时，遇突发情况须变更使用同型号的车底，因高速铁路调度日计划已于前一日下达，计划调度员只能发布调度命令进行调整。

调度命令为："2019年11月1日起，G2301次、G2302次列车车底使用CRH380A-2727+2743担当，G2301次A站始发CRH380A-2727在前，车型不变，定员不变（556+556人次）"。

（二）车型变化、定员不变

动车（车辆）段根据检修运用需要向动车组所在铁路局动车调度员提出申请，使用外局动车组时须提前与配属段联系确认车底和随车机械师情况。

铁路局管内且使用本局动车组时，经调度所动车调度员与机车调度员（动车司机调度员）审核后，计划调度员纳入高速铁路调度日计划，来不及纳入高速铁路调度日计划时，由计划调度员发布调度命令。

跨局时，调度所动车调度员与机车调度员（动车司机调度员）共同审核后，向国铁集团高速铁路计划调度员提出申请。国铁集团高速铁路计划调度员发布调度命令，调度所计划调度员纳入高速铁路调度日计划，来不及纳入高速铁路调度日计划时，由计划调度员发布调度命令。

使用外局动车组时，经调度所动车调度员与机车调度员（动车司机调度员）、客服调度员共同审核后，由调度所计划调度员向国铁集团高速铁路计划调度员提出申请。国铁集团高速铁路计划调度员发布调度命令，调度所计划调度员纳入高速铁路调度日计划，来不及纳入高速铁路调度日计划时，由计划调度员发布调度命令。

例如：某铁路局管内且使用本局动车组的G2301次与G2302次列车，2019年11月1日17：30遇突发情况需要调整次日动车组列车的车底。因来不及纳入高速铁路调度日计划，只能以计划调度员的命令进行调整。

调度命令为："2019年11月2日，G2301次、G2302次列车车底使用CRH380A-2727+2743担当，车型由CRH380B型重联动车组变更为CRH380A型重联动车组，定员不变（556+556人次）人，G2301次A站始发CRH380A-2727在前。列车编组为：A站开首位ZYS1（33）、ZE2（85）、ZE1（列，75）、ZEC1（酒，63）、ZE2（85）、ZES1（45）、ZYS1（33）、ZE2（85）、ZE1（残，75）、ZEC1（酒，63）、ZE2（85）、ZES1（45），共计16辆，车厢顺号1～16号，其中1、8、9、16号各5个商务座席。"

三、临时调整动车组综合检测车运行

遇特殊情况，需临时调整动车组综合检测车运行时：国铁集团动车组综合检测车主管业务部门确定运行调整方案，向国铁集团高速铁路计划调度员提出书面申请；国铁集团高速铁路计划调度员根据提报的申请，经值班处长批准后，发布动车组综合检测车运行调整（2日内）的调度命令；国铁集团动车组综合检测车主管业务部门应及时发布动车组综合检测车后续运行调整的电报。

四、动车组列车需应急上水或吸污作业的组织

铁路局高速铁路客服调度员接到动车组列车需进行应急上水或吸污作业的报告时，经调度所值班主任（值班副主任）准许，及时向有关站段发布应急上水或吸污作业的调度命令，并抄送有关列车调度台，通知列车长，列车长转报司机、随车机械师。不具备作业条件或来不及安排时，及时上报国铁集团调度，并通知列车长。

吸污作业调度命令示例："2019年11月1日，D2301次列车到达A站后，3号、5号车厢进行吸污作业。站车加强联控，注意安全。"

五、列车运行调整

为实现列车开行计划，维护良好的运输秩序，要求列车调度员积极进行列车运行调整，组织有关运输生产单位按各项作业时间标准完成作业，组织晚点旅客列车恢复正点。

（一）列车运行等级顺序

列车调度员要按列车运行图指挥列车运行，当列车不能按列车运行图运行时，除特殊情况外，要按《铁路技术管理规程（高速铁路部分）》规定的列车运行等级顺序（单机应根据用途按指定条件运行）和先跨局后管内的原则进行调整。

高速铁路一般不开行货物列车，高速铁路列车按运输性质主要分为旅客列车和路用列车两种。列车运行等级顺序为：

（1）动车组列车。

（2）特快旅客列车。

（3）快速旅客列车。

（4）普通旅客列车。

（5）路用列车。

开往事故现场救援、抢修、抢救的列车，应优先办理。

特殊指定的列车的等级，应在指定时确定。

（二）列车运行调整计划的主要内容

列车调度员须及时编制和下达3～4h列车运行调整计划，并及时与相邻调度台交换。

（1）车站列车到、发时分和列车会让计划（采用计算机下达的为实时调整计划）。

（2）列车在中间站作业计划。

（3）施工、维修计划及天窗时间安排。

（4）重点注意事项。

（三）列车运行调整办法

列车调度员进行列车运行调整时，一般可采取如下方法：

（1）组织列车按允许速度运行。

（2）选择合理的会让站。

（3）组织列车在车站进行平行作业。

（4）组织列车反方向行车。

任务四 高速铁路调度命令

国铁集团、铁路局调度在组织指挥日常运输工作中，应及时正确发布与运输有关的调度命令，下级调度以及行车有关单位、人员必须执行。列车调度员是一个调度区段行车的统一指挥者，指挥列车运行的命令（运行揭示调度命令除外）和口头指示，只能由列车调度员发布。有关行车人员必须执行列车调度员的命令、指示，不得违反。

一、须发布调度命令情况

高速铁路列车调度员须发布调度命令的情况见表3-1。其中画“○”者为受令人员。集控站车务应急值守人员正常情况下不参与行车作业，因此受令者为车站值班员的调度命令，不发给集控站车务应急值守人员；集控站转为车站控制由车站值班员指挥行车时应发给车站值班员，并须将前发有关调度命令一并发给车站值班员。动车组列车改按列车运行监控装置（LKJ）方式运行需将列控车载设备隔离时，列车调度员仅发布改按LKJ方式行车的调度命令。集控站在正常情况下为列车调度员办理接发列车，因此发给车站值班员的命令只涉及集控站时不发布；转为车站控制时，根据列车调度员指示，车务应急值守人员担当车站值班员，办理车站接发列车作业时，此时命令应发给车站值班员。因调车作业动车组控车模式转换，不发布调度命令。

调度命令如涉及其他单位和人员时，应同时发给。

表3-1 行车调度命令项目表

序号	命令项目	受令者	
		司机	车站值班员
1	封锁、开通区间		○
2	向封锁区间开行救援列车、路用列车	○	○
3	临时变更或恢复原行车闭塞法		○
4	停止使用基本闭塞法发出列车	○	○
5	双线反方向行车、由双线改为单线或恢复双线行车	○	○
6	变更列车径路	○	○
7	动车组列车在区间被迫停车后返回（退回）后方站	○	○
8	向区间发出停车作业的列车	○	○
9	在车站、区间临时停车上、下人员	○	○
10	列车需临时降弓运行	○	○
11	因行车设备故障、灾害或施工，以及列车中挂有限速的机车车辆等，需要使列车临时限速运行（纳入运行揭示调度命令或本务机车、动车组自身设备原因限速时除外）	○	○

续表

序号	命令项目	受令者	
		司机	车站值班员
12	动车组列车空调失效需打开部分车门限速运行	○	○
13	车站使用总辅助按钮		○
14	准许列车越过故障的进站、出站、进路信号机或线路所通过信号机（能开放引导信号时除外）	○	○
15	调度日计划以外，临时加开或停运列车（单机除外）	○	○
16	按地面信号显示运行的列车改按天气恶劣难以辨认信号的办法行车或恢复正常行车	○	○
17	动车组列车转入或退出隔离模式（被救援时除外）	○	○
18	动车组列车在列控车载设备控车和LKJ控车之间人工转换	○	○
19	越出站界调车	○	○
20	利用天窗施工、维修作业		○
21	施工、维修作业较指定时间延迟结束		○
22	运行揭示调度命令与实际限速、行车方式或设备不符时	○	○
23	正线、到发线接触网停电或送电（接触网倒闸、跳闸后试送电、向中性区送电或弓网故障排查除外）		○
24	正线、到发线接触网停电后准许登顶作业	○	○
25	动车组列车按隔离模式运行需以不超过80km/h的速度越过接触网分相	○	
26	双管供风旅客列车运行途中改为单管供风	○	○
27	列车调度员认为有必要记录的上述以外的命令	有关人员	

高速铁路与普速铁路须发布调度命令的不同之处如下所述。

1. 以调度命令为行车凭证

高速铁路为调度集中区段，停止使用基本闭塞法发出列车时的行车凭证为调度命令，准许列车越过故障的进站、出站、进路信号机或线路所通过信号机的行车凭证为调度命令（能开放引导信号时除外）。

2. 动车组列车返回或退行

因设备故障等特殊情况，确需动车组列车由区间返回后方站或退行至后方站时，行车办法与正常情况下行车不同，必须得到列车调度员同意并发布调度命令。

3. 临时停车上下人员

正常情况下，应严格按列车运行图规定组织旅客列车运行，但根据高速铁路设备故障确认和抢修的需要，特殊情况下需在不停车的车站和区间内停车上、下人员时，必须得到列车调度员同意并发布调度命令对停车地点等有关事项进行明确。

4. 动车组列车空调失效打开部分车门运行

为保证动车组列车空调失效时车内通风良好，特殊情况下允许动车组列车打开部分车门运行，为确保开门运行时的旅客人身安全和列车运行安全，列车须限速运行，以调度命令告知列车司机等有关人员及沿途车站。

5. 列车调度员使用总辅助按钮不发布调度命令

车站遇轨道电路故障等情况，不能使用正常办理方式改变运行方向时，需使用总辅助按钮办理，此时不论区间是否有列车运行或有遗留车辆，都能改变闭塞设备的发车方向，因此必须发布调度命令，由列车调度员和两端站共同确认区间空闲后，方可使用总辅助按钮，以确保列车运行的安全。列车调度员使用总辅助按钮办理时，不需发布调度命令。

6. 动车组列车控车模式转换

动车组列车转入或退出隔离模式运行时，行车凭证、作业要求等方面都发生了变化，必须得到列车调度员同意并发布调度命令。动车组列车被救援而转入隔离模式时，因该动车组不再担当牵引任务，不需发布调度命令。

动车组列车在列控车载设备控车和 LKJ 控车之间人工转换时，行车凭证、作业要求等方面都发生了变化，必须得到列车调度员同意并发布调度命令。当动车组列车改按 LKJ 方式运行需将列控车载设备隔离时，列车调度员仅发布改按 LKJ 方式行车的调度命令。

动车组列车按隔离模式运行时，速度不得超过 40km/h，但在困难地段存在动车组列车以 40km/h 的速度难以越过电分相的实际情况，因此，规定在通过分相绝缘有困难的特殊情况下，列车调度员根据司机请求发布调度命令，准许列车以不超过 80km/h 的速度越过分相绝缘。

二、须经值班主任（值班副主任）准许的调度命令

下列行车调度命令的发布须经值班主任（值班副主任）准许：

（1）旅客列车反方向运行。

（2）处理设备故障需临时开行路用列车、轨道车。

（3）抢修作业。

（4）在车站、区间临时停车上、下人员。

三、不发布调度命令的情况

遇下列情况，列车调度员不发布调度命令：

（1）列车控制系统第三级（CTCS-3 级）方式人工转换为列车控制系统第二级（CTCS-2 级）方式行车时。

（2）列车调度员使用总辅助按钮。

（3）旅客列车在技术停车站（不办理客运、通勤业务和技术作业）临时变更通过。

（4）使用引导信号接、发车。

（5）站内采用调车方式救援。

（6）已发布运行揭示调度命令的变更旅客列车固定走行径路。

（7）接发动车组列车变更固定股道。

（8）区间内机车信号、列车运行监控装置（LKJ）、轨道车运行控制设备（GYK）发生故障，运行至前方站。

（9）列车仅在区间内退行。

（10）自轮运转特种设备自走行时因自身设备原因限速。

（11）旅客列车发生制动关门，依据“旅客列车制动关门限速证明书”限速。

四、发布调度命令的规定

（一）发布调度命令的基本规定

（1）调度命令必须正确、完整、清晰。

调度命令发布前，应详细了解现场情况，听取有关人员的意见，命令内容、受令处所必须正确、完整、清晰。

为确保列车运行安全、正点，确保按计划完成施工任务，积极妥善地处理各种突发事件，列车调度员在发布调度命令前应通过现场有关人员充分了解列车的运行情况、现场设备状况、施工计划以及突发事件影响的范围，并听取现场及其他有关人员的意见，确保调度命令准确及时。

（2）使用计算机、传真机、调度命令无线传送系统发布调度命令。

使用计算机、传真机、调度命令无线传送系统发布调度命令时，必须严格遵守“一拟写、二审核（按规定需监控人审核的）、三签发（按规定需领导、值班主任或值班副主任签发的）、四发布、五确认签收”的发布程序。

使用计算机、传真机发布调度命令时，已有书面记录，命令接受人无须复诵或抄写，但须在确认无误后及时向列车调度员反馈回执，列车调度员必须认真确认回执。

（3）使用电话发收调度命令。

使用电话发布调度命令时，必须严格遵守“一拟写、二审核（按规定需监控人审核的）、三签发（按规定需领导、值班主任或值班副主任签发的）、四发布、五复诵核对、六下达命令号码和时间”的发布程序。使用电话发收调度命令时，应填记“调度命令登记簿”（列车调度员使用调度命令系统记录时除外），指定受令人员中一人复诵，并记明发收人员姓名及时刻。

（4）使用调度命令无线传送系统向司机发布书面调度命令。

列车调度员应使用调度命令无线传送系统向司机发布书面调度命令，司机应及时签认接收，不再与列车调度员核对，有疑问时，须立即询问列车调度员。调度命令无线传送系统故障时，原则上使用语音记录装置良好的列车无线调度通信设备发布（不适于使用语音记录装置良好的列车无线调度通信设备发布的调度命令项目由铁路局规定），司机接到命令后，须与列车调度员核对。由车站交付的调度命令，车站值班员可使用调度命令无线传送系统或按规定使用语音记录装置良好的列车无线调度通信设备向司机转达。

通过调度命令无线传送系统发布的调度命令为书面调度命令，司机不再与列车调度员核对。当调度命令无线传送系统故障时，列车调度员使用语音记录装置良好的列车无线调度通信设备向司机发布的调度命令不再是书面调度命令，为避免错漏，司机应与列车调度员核对。

（5）已发布的调度命令，遇有错、漏或变化时，必须取消前发命令，重新发布全部内容的调度命令。

（6）调度命令书写不正确时，应重新书写。

（7）发布有关线路、道岔限速的调度命令，必须注明具体地点、起止里程及限速值。

（8）发布救援调度命令，必须注明被救援列车或车列的救援端里程。

（二）发布行车调度命令的规定

（1）一事一令。

发布行车调度命令，要一事一令，不得发布无关内容。一事一令是指对一个独立事件发布一个命令，该独立事件包括单因素事件和多因素事件两类。单因素事件是指不与其他工作发生关联的简单事件；多因素事件是指涉及两项及其以上工作内容，且因此及彼、因果相关、时间相连的复杂事件，可发布一个调度命令。

（2）设有双线双向闭塞设备且作用良好的区间，需要连续反方向行车时，可发布一个调度命令。

（3）发布行车调度命令时，涉及限速内容应一并下达（司机已有限速调度命令除外）。

（4）调度命令必须在列车进入关系区间（站）前交付；在未确认司机已收到调度命令（得到回执）前，不得开放发接该次列车的出站或进站信号。

（5）作为行车凭证的调度命令，在接发列车进路准备妥当后，方可向司机发布（转达）。

（6）使用调度命令无线传送系统传送行车凭证，列车调度员办理接发列车时，由列车调度员传送，车站值班员办理接发列车时，由车站值班员传送。

（7）对跨铁路局（调度台）的列车，接车局（调度台）列车调度员可委托邻局（调度台）列车调度员转发调度命令，接车局（调度台）要将需转发的调度命令号码和内容发给邻局（调度台），邻局（调度台）将受令情况向接车局（调度台）列车调度员通报。

（8）遇调度命令需跨铁路局（调度台）执行时，发布调度命令的列车调度员须发布给列车担当全区段的调度命令，需要列车运行前方各调度指挥区段掌握和执行的调度命令，还应将调度命令抄知相关调度台。

（9）更换机车或变更限速条件时，应由有关铁路局列车调度员重新发给相关调度命令。途中乘务人员换班时，应将调度命令内容交接清楚。

（三）发布施工、维修作业调度命令的规定

1. 施工调度命令

施工调度命令是指施工作业当日由列车调度员发布的准许施工作业开始、确认施工作业结束等与实际施工作业有关的调度命令。

2. 施工调度命令的拟写与发布

施工调度员负责拟写次日施工调度命令，经一人拟写、另一人核对后，传（交）列车调度员。列车调度员得到施工、维修单位开始作业的请求，并核对施工、维修日计划后，才能发布准许施工、维修作业的调度命令。

3. 施工维修作业结束后发布命令的情况

施工作业结束并销记后，列车调度员应及时发布施工作业结束的调度命令。

天窗维修作业按区段和天窗时间进行，且开通后不改变行车条件。所以，天窗维修作业在指定时间内完成销记时，列车调度员不再发布维修作业结束的调度命令。

4. 当施工开通后速度有限制时

施工开通后启用新版本 LKJ 数据涉及径路、线路允许速度变化的第一列列车，列车调度员应发布调度命令。

施工开通后有第 1、2、3……列限速要求的列车，由列车调度员单独发布限速调度

命令，可不设置列控限速。这是由于施工开通后逐列提速的情况下，按每列单独设置、取消列控限速无法实现。

5. 运行揭示命令发生变化

运行揭示调度命令是提前发布的，因施工提前、延迟或其他原因造成运行揭示调度命令与实际限速、行车方式或设备不符时，列车调度员应取消前发运行揭示调度命令，向有关司机、车站值班员、施工负责人重新发布全部内容的调度命令。相符时仍按前发运行揭示调度命令执行。

（四）发布运行揭示调度命令的规定

1. 运行揭示调度命令

运行揭示调度命令是指由调度所施工调度员发布的涉及限速、行车方式发生变化和设备变化的调度命令。运行揭示调度命令应包括时间、地点、因由、速度、行车方式变化、设备变化等内容，不得含有与受令处所无关的内容和命令。

运行揭示调度命令是由施工调度员依据施工日计划和主管业务处（室）提报的灾害、故障涉及限速、行车方式变化和设备变化的申请进行编制。

机务部门应根据运行揭示调度命令及时将有关内容写入 IC 卡，以便使司机提前掌握计划施工造成的行车条件变化情况。

2. 运行揭示命令的发布办法

运行揭示调度命令须由一人拟写、另一人核对，施工办主管科室主任（副主任）、施工办主任（副主任）逐级审核签认，于施工前一日 12：00 前（其中 0：00～4：00 执行的运行揭示调度命令于前一日 8：00 前）发布至有关业务处、机务段、车务段（直属站），并传（交）相关列车调度台，其中涉及邻局的车务段（直属站）和相关调度台，传（交）邻局施工办并由其转达。主管业务处负责转交施工单位、自轮运转特种设备管理单位，车务段（直属站）负责转交相关车站。

3. 当列车没有可依据的运行揭示调度命令时

列车运行途中遇跨越运行揭示调度命令有效时段或其他原因，造成列车运行没有可依据的运行揭示调度命令时，司机须提前向本次乘务出勤派班室和列车调度员报告，列车调度员安排交付书面调度命令（可在一个行车调度命令中转发有关运行揭示调度命令），跨铁路局（调度台）运行时，须通知相邻铁路局（调度台）列车调度员。

4. 当运行揭示调度命令的限速转变为 LKJ 数据时

运行揭示调度命令发布的限速条件需转变为列车运行监控装置（LKJ）基础数据时，除按有关 LKJ 数据管理规定程序办理外，本着“谁申请（登记）、谁取消”的原则，由申请（登记）部门在 LKJ 数据换装生效时刻后，向施工办、车站申请取消限速。施工调度员须在得到申请（登记）部门取消限速的申请后，方准取消该限速运行揭示调度命令。

五、调度命令号码的编号

调度命令号码的编制应按不同工种分别规定。铁路局调度所行车调度命令按日循环，运行揭示调度命令及其他工种调度命令按月循环；国铁集团各工种的调度命令按月循环。

调度命令日期的划分，以 0：00 为界。调度命令循环号码的起止时间，以 0：00 区分。

各级调度命令应保管1年。

铁路局与国铁集团调度命令号码不得重复，具体由铁路局规定。

国铁集团高速铁路调度命令号码分为：计划调度命令号码6001～6999；行车调度命令号码7001～7999；动车调度命令号码8001～8999；备用命令号段9001～9999。

六、常用行车调度命令模板节选

1. 封锁区间

____站至____站间____行线因____，自接令时（____次列车到____站）起（至____时____分止），区间封锁。

2. 开通封锁区间

根据____站报告，____站至____站间____行线____完毕，（区间已空闲，）自接令时起区间开通。

3. 向封锁区间开行救援列车

（自接令时起，____站至____站间____行线区间封锁。）

准许____站（利用____机车）开____次列车，进入____站至____站间____行线封锁区间____ km ____ m处进行救援，将____次列车推进（拉回）至____站（，返回开____次列车）（，按救援负责人的指挥办理）。

4. 向封锁区间开行路用列车（施工维修除外）

（自接令时起，____站至____站间____行线区间封锁。）

准许____站开____次列车，进入____站至____站间____行线封锁区间____ km ____ m处停车，按作业负责人的指示进行作业（返回开____次列车），限____时____分前到达____站。

5. 利用动车组从前部对区间故障动车组进行救援

准许____站开____次列车，将列控车载设备转入隔离模式，进入____站至____站间____行线封锁区间，将停于____ km ____ m处的____次拉回____站，返回开____次时将隔离模式退出，转换为列控车载设备方式行车。

6. 利用动车组从尾部对区间故障动车组进行救援

准许____站开____次列车，进入____站至____站间____行线（封锁区间），将尾部停于____ km ____ m处的____次拉回____站，返回开____次时将列控车载设备转入隔离模式（，到____站后将隔离模式退出，转换为列控车载设备方式行车）。

7. 停用基本闭塞法，改用电话闭塞法

自接令时（____次列车到____站）起，____站至站间____行线停用基本闭塞法，改用电话闭塞法行车。

8. 恢复原行车闭塞法

自接令时（____次列车到____站）起，____站至____站间____行线，恢复基本闭塞法行车。

9. 停止基本闭塞法发出列车

因____站至____站间____行线停用基本闭塞法改电话闭塞法，现查明____站至____站间____行线区间空闲，准许____次列车由____站发往____站。

10. 双线反方向行车

自接令时（____次到____站）起，准许____次（、____次……）列车在____站至____站间利用____行线反方向运行。

11. 双线改为单线行车

自接令时（____次列车到____站）起，____站至____站间____行线改按单线行车。

12. 恢复双线行车

自接令时（____次列车到____站后）起，恢复____站至____站间双线行车。

13. 动车组在区间被迫停车后，返回后方站

准许____次列车返回____站。返回开行____次列车，并将列控车载设备转入隔离模式。

14. 动车组在区间被迫停车后，退行至后方站

准许____次列车退行至____站，并将列控车载设备转入隔离模式，区间限速15km/h。

15. 在车站、区间临时停车上、下人员

准许____次列车在____站（____站至____站间____行线____ km ____ m处）停车上人，在____站（____站至____站间____行线____ km ____ m处）停车下人。

16. 列车需临时降弓运行

自接令时起，____站至____站间____行线（站内____道）____ km ____ m至____ km ____ m处，降弓（限速____ km/h）运行。

17. 站内或区间临时限速

自接令时（____时____分）起至另有命令时（____时____分）止，____站至____站间____行线____ km ____ m至____ km ____ m处限速____ km/h。

____次列车运行至____站至____站间____行线____ km ____ m至____ km ____ m处限速____ km/h。

18. 列车临时限速

____次列车因____，（____站至____站间）限速____ km/h运行。

19. 动车组列车空调失效需打开部分车门限速运行

____次列车因空调失效打开部分车门限速60km/h运行，通过邻靠高站台的线路时限速40km/h运行。

20. 调度命令作为列车越过进站信号机的行车凭证

准许____次列车越过____站____行进站信号机。

21. 调度命令作为列车由车站进入闭塞分区的行车凭证

准许____次列车由____站发车。

22. 加开救援列车

____站至____站间加开____次列车，（限速____ km/h，）____站____时____分开，按现时分办理。

23. 列车将列控车载设备转入隔离模式

准许____次列车将列控车载设备转入隔离模式。（运行至____站后将隔离模式退出，转换为列控车载设备方式行车。）

24. 列控车载设备由隔离模式退出，转换为列控车载设备方式行车

准许____次列车将隔离模式退出，转换为列控车载设备方式行车。

25. 由列控车载设备方式行车转换为 LKJ 方式行车

准许____次列车（在站）由列控车载设备方式行车转换为 LKJ 方式行车。（运行至____后，由 LKJ 方式行车转换为列控车载设备方式行车。）

26. 由 LKJ 方式行车转换为列控车载设备方式行车

准许____次列车（在站）由 LKJ 方式行车转换为列控车载设备方式行车。

26. 接触网有计划停电

根据供电调度____号申请，自接令时（____次列车到____站）起，准许____站（含）至____站（含）间____行线（____ km ____ m 到____站至____站间____ km ____ m）接触网停电。

27. 接触网故障停电

根据供电调度____号通知，自接令时起，____站（含）至____站（含）间____行线（____ km ____ m 到____站至____站间____ km ____ m）接触网已停电。

28. 接触网送电

根据供电调度____号通知，____站（含）至____站（含）间____行线（____ km ____ m 到____站至____站间____ km ____ m）接触网已恢复供电。

29. 正线、到发线接触网停电后准许登顶作业

根据供电调度____号通知，____站（含）至____站（含）间____行线____ km ____ m 至____ km ____ m 接触网已停电，自接令时起，准许采取安全措施后进行登顶作业。

30. 动车组列车按隔离模式运行需以不超过 80km/h 的速度越过接触网分相

准许____次列车按隔离模式以不超过 80km/h 的速度越过____站至____站间____行线____ km ____ m 至____ km ____ m 处接触网分相。

任务五　高速铁路调度分析

调度工作分析是通过日常运输综合分析发现问题，制订措施，不断提高调度工作质量，促进运输生产的有效方法。各级调度必须配备调度分析人员，由具有较强业务水平和实践经验的人员负责本单位的调度分析工作。

调度工作分析，可分为日常分析、定期分析和专题分析。

一、日常分析

日常分析是指铁路局调度所于一日工作结束之后，对日计划执行情况进行分析。通过日常分析，能够及时正确地查明计划的完成情况，对于未完成计划的情况能及时查明原因，从而迅速采取措施，及时解决工作中的问题。

（1）运量（旅客发送人）分析。

（2）旅客列车正晚点（惯性晚点）分析。

（3）施工及维修天窗兑现率分析。

（4）铁路车辆运行安全监控系统运行情况分析。

（5）临时旅客列车开行、旅客列车甩挂车辆、折返、停运分析。

（6）牵引供电运行情况统计分析。

（7）行车设备故障统计及对运输影响情况分析。

（8）调度安全情况分析。

（9）调度工作质量分析。

二、定期分析

根据日常运输及安全工作情况，收集、积累有关资料，按时作出旬、月、季、半年、年度分析，并提出改进日常运输组织和安全工作的意见和建议，以便及时采取措施，提高运输工作质量。

三、专题分析

专题分析是针对某一问题、某一项指标进行的专门分析。分析人员要深入实际，调查研究，善于发现问题，及时做出必要的专题分析，并提出改进意见或措施。

项目四　高速铁路正常行车组织

行车组织是铁路运输工作的重要组成部分，是综合运用各种技术设备，合理组织列车运行，完成旅客运输的工作过程。高速铁路行车组织工作，应根据《技规》规定办理。铁路局应根据《技规》规定的原则，结合管内行车设备、运输条件、自然环境、地理位置等实际情况，具体细化落实规定的方式和方法，制订高速铁路《行车组织细则》。

有关技术设备和行车作业组织在高速铁路《行车组织细则》中规定。《行车组织细则》可以按线路分别制订，也可以将设备、行车组织方式相同或相似的几条线路合并制订。《行车组织细则》应包括以下主要内容：《技规》授权由铁路局规定或批准的事项；国铁集团未作统一规定铁路局需要补充的行车办法；铁路局针对管内技术设备规定的特殊要求和注意事项；生产实践中创造的普遍推广的先进经验和行之有效的安全生产措施等。

集控站不编制《车站行车工作细则》，非集控站是否编制《车站行车工作细则》由铁路局根据具体情况规定。

任务一　高速铁路编组列车

高速铁路运行的列车主要包括动车组列车、动车组列车以外的旅客列车、为施工维修需要开行的路用列车，一般不开行货物列车。所以不同于普速铁路，高速铁路列车编组的依据仅有《技规》和列车运行图。《技规》规定了编组列车是指车辆编入列车的技术条件、自动制动机作用、编挂要求、列车尾部挂车条件、编入列车的机车编挂位置等，列车运行图规定了列车牵引重量、长度等。高速铁路车站基本不办理货运业务，主要办理客运业务。所以，列车长度除应考虑区段内各站到发线有效长外，还应考虑各站旅客站台长度，保证搭乘旅客的车辆可停靠站台。

一、动车组列车编组

动车组为固定编组，不办理编组顺序表交接。动车组驾驶室与旅客乘坐席间的门须锁闭，以避免动车组列车司机的工作受干扰。动车组检修作业执行特定的检修规程，因此动车组运行（含回送）途中不进行客列检作业。

（一）动车组固定编组

动车组为固定编组，由动车和拖车组成，不能任意分解和与其他机车车辆混编运行。

单组动车组运用状态下不得解编，两组短编组同型动车组可重联运行。救援等特殊情况下，两组不同型号的动车组可重联运行。动车组禁止加挂各型机车车辆（无动力调车时的调车机车、救援机车、无动力回送时的本务机车及回送过渡车除外），禁止编入其他列车。遇有特殊情况须采用机车牵引方式挂运时，应使用过渡车钩整列挂运。

动车组实行以走行公里周期为主、时间周期为辅的计划性预防修。超过了检修期限的，其各部技术状态将会发生变化，可能产生不易发现的隐患，直接威胁行车和人身安全，因此禁止上线运行，但为使动车组尽早入厂、段施修，经车辆部门鉴定走行部等良好后，可上线回送。因此，超过检修期限的动车组禁止上线运行（经车辆部门鉴定的回送动车组除外）。

（二）动车组摘挂

1. 动车组摘挂分工

动车组采用机车调车作业时，须加装过渡车钩。调车人员负责车钩连结与摘解、制动软管摘结。过渡车钩和专用风管的安装与拆卸、电气连接线的连接与摘解并打开车门均由随车机械师负责，在动车段（所）内调车而无随车机械师时由动车段（所）指派胜任人员负责。

动车组无动力回送或被救援时，过渡车钩、专用风管的安装与拆卸由随车机械师负责，司机配合。

列车机车连挂动车组时，机车与动车组连挂时，须加装过渡车钩。列车机车与动车组过渡车钩的连接与摘解、软管摘结、电气连接线的连接与摘解，由随车机械师负责。

2. 动车组重联或解编

两列动车组重联或解编时，由动车组机械师负责引导，司机确认。

动车组重联时，须重新配置动车组控制系统数据，被控动车组应退出占用，动车组控制系统的网络单元才能重新配置成功。主控动车组使用调车模式与被控动车组连接。

解编操作时，主控动车组转换为调车模式后，必须一次移动5m以上方可停车。以避免重联动车组解编后关闭导流罩时，因距离过近损坏导流罩。

（三）动车组试运行

为保证动车组运行安全，上线运营的动车组须符合出所质量标准，包括车体及车端连接、转向架、高压牵引系统、辅助电气系统、供风及制动系统、网络控制系统、旅客信息系统、车内环境控制系统、给排水及卫生系统、车内设施、驾驶设施等系统质量符合标准。

1. 动车组须试运行的情况

遇下述情况时，须安排动车组试运行，再安排动车组正式上线运营。

（1）新型动车组运营、新线开通前。

新型动车组运营、新线开通前须安排动车组进行模拟试运行，主要对动车组与线路、站台设施、接触网供电、通信、信号设备等正式运营线路环境的适应性进行进一步检验，对机务、车务、电务、车辆、客运等运营各专业有关人员进行业务培训，并为开展作业演练、检验作业流程、磨合结合部、优化作业组织提供条件。

（2）动车组新造出厂、高级检修修竣后。

动车组新造出厂后须安排进行新造试运行，是在线路上以动车组最高允许速度进行的试运行。主要是调试、整定动车组相关参数，检查各系统功能是否正常，是否满足合同技术规格要求。

（3）临修更换转向架、轮对、万向轴、主变压器、牵引电机后。

动车组高级检修修竣后须安排进行检修试运行，三级检修试运行主要是对动车组走行及专项检修改造部件进行检验，重点检查动车组转向架、制动系统、网络控制系统以及车端连接部位，检验动车组轮对轴箱、牵引电机、齿轮箱、电务车载设备运行状态；四级、五级检修试运行主要是对转向架、制动系统、牵引系统、行车安全设备、电务车载设备、网络系统、空调、供电照明、车载设备、给水、卫生、信息等系统及门、窗、座椅等设备及改造部件进行检验。

（4）重要部件、软件加装、升级后。

动车组临修更换转向架、轮对、万向轴、主变压器、牵引电机后须安排进行临修试运行，主要是为了确认动车组主要部件更换后的运转性能符合正式上线运营要求。

动车组重要部件、软件加装、升级后须安排进行专项试运行，是指经国铁集团审批同意进行动车组部件改造、软件升级后，按国铁集团批准的专项试验大纲开展的动车组试运行，目的是对重要部件、软件加装、升级后的动车组安全可靠性进行检验和验证。

2. 动车组试运行办理手续

动车（车辆）段根据有关文电、试运行方案等，于试运行前一日的12：00前向调度所动车调度员提出申请（影响列车运行标尺及铁路局规定需发布文电的其他情形，还应有铁路局有关文电）。

铁路局管内开行时，经调度所动车调度员与机车调度员（动车司机调度员）审核、值班副主任批准后，计划调度员纳入高速铁路调度日计划。

跨局开行时，经调度所动车调度员与机车调度员（动车司机调度员）审核、值班副主任批准后，由调度所计划调度员向国铁集团高速铁路计划调度员提出申请。国铁集团高速铁路计划调度员发布调度命令，调度所计划调度员纳入高速铁路调度日计划。

（四）动车组制动试验

动车组制动装置是保证动车组运行安全的关键设备。在动车组制动试验时，要认真确认动车组制动作用是否良好，制动主管压力是否正常，以便发现故障及时处理。动车组制动试验分为全部试验、简略试验两种。其试验项目、方法和技术要求按照各型动车组制动试验办法执行。

（1）动车组在出段（所）前或折返地点停留出发前需要进行全部制动试验，一级检修作业后的动车组在出发前不再进行全部制动试验。

（2）动车组列车在始发前需在操纵端进行简略制动试验。

（3）动车组列车更换动车组司机（同向换乘除外）或操纵端后，需进行简略制动试验。

（4）动车组列车在途中重联或解编后，开车前需在操纵端进行简略制动试验。

（5）动车组列车使用紧急制动停车后，开车前需进行简略制动试验。

（6）动车组在采用机车救援、无动力回送连挂机车或回送过渡车时，按动车组无动力回送作业办法进行制动性能确认。

二、动车组以外的列车编组

（一）动车组以外的旅客列车编组

列车应按《铁路技术管理规程》和列车运行图规定的编挂条件、重量或长度编组。

动车组以外的旅客列车按列车编组表编组，行李车、邮政车、发电车等非乘坐旅客的车辆应分别挂于机车后第一位和列车尾部。

旅客列车、回送客车底不准编挂货车，编入的客车车辆最高运行速度等级必须符合该列车规定的速度要求。

旅客列车中，与机车相连接的客车端门及编挂在列车尾部的客车后端门须加锁。动车组驾驶室与旅客乘坐席间的门须锁闭。

（二）禁止编入列车的机车车辆

（1）插有扣修、倒装色票的及车体倾斜超过规定限度的。

（2）曾经发生冲突、脱轨、火灾、爆炸或曾编入发生特别重大、重大、较大事故列车内以及在自然灾害中损坏，未经检查确认可以运行的。

（3）装载货物超出机车车辆限界，无挂运命令的。

（4）装载跨装货物（跨及两平车的汽车除外）的平车，无跨装特殊装置的。

（5）平车及敞车装载货物违反装载和加固技术条件的。

（6）未关闭侧开门、底开门以及平车未关闭端、侧板的（有特殊规定者除外）。

（7）由于装载的货物需停止自动制动机的作用，而未停止的。

（8）企业自备机车、车辆、自轮运转特种设备和城市轨道车辆、进出口机车车辆过轨时，未经铁路机车车辆人员检查确认的。

（9）缺少车门的（检修回送车除外）。

（10）超过定期检修期限的客车车辆（经车辆部门鉴定的回送客车除外）禁止编入旅客列车。

（三）机车编挂

工作机车应挂于列车头部，正向运行（牵引路用、救援列车的机车除外）。双机或多机牵引时，本务机车的职务由第一位机车担当。

走行部和制动装置良好的客运机车（出入厂、段的修程机车除外）需附挂旅客列车跨铁路局回送时，按国铁集团调度命令办理。回送机车，应挂于本务机车次位，挂有重联机车时为重联机车次位。禁止办理机车专列回送。不得办理铁路救援起重机回送作业（在高速铁路救援时除外）。

（四）机车车辆摘挂

1. 车钩连挂要求

动车组以外的列车中相互连挂的车钩中心水平线的高度差，不得超过75mm。

2. 列车中车辆连挂及软管连结分工

列车中车辆的连挂，由调车作业人员负责。软管的连结，有列检作业的始发列车由列检人员负责；无列检作业的，由调车作业人员负责。

3. 机车与第一辆车的摘挂分工

列车机车与第一辆车的连挂，由机车乘务员负责。单班单司机值乘的由列检人员负责；无列检作业的列车，由车辆乘务员负责；无车辆乘务员的列车，由车站人员负责。

列车机车与第一辆车的车钩摘解、软管摘结，由列检人员负责。无列检作业的列车，车钩、软管摘解由机车乘务员（单班单司机值乘的由车辆乘务员）负责，软管连结由车辆乘务员负责；无车辆乘务员的列车，由机车乘务员（单班单司机值乘的由车站人员）负责。

列车机车与第一辆车电气连接线的连结与摘解由客列检作业人员负责，无客列检作业人员时，由车辆乘务员负责。

4. 旅客列车在途中摘挂车辆分工

旅客列车在途中摘挂车辆时，车辆的摘挂和软管摘结，由调车作业人员负责，密封风挡和电气连接线的连结与摘解由车辆乘务员负责，其他由列检作业人员负责，无列检作业人员时，由车辆乘务员负责，必要时打开车门，以便于调车作业。装有密接式车钩的客车车辆摘挂时，过渡车钩的安装与拆卸由列检人员负责，无列检人员时由车辆乘务员负责。

（五）列尾装置的摘挂及运用

动车组以外的旅客列车应安装列尾装置。特殊情况下，无法安装或使用列尾装置时，应制订具体办法。

旅客列车列尾装置尾部主机的安装与摘解、风管及电源的连结与摘解，由车辆部门负责。

列尾装置在使用前，必须按规定进行检测，合格后方可投入运用。

路用列车尾部可不挂列尾装置。

（六）列车中车辆的检查

列检作业应按规定范围和技术作业过程进行。应建立车辆故障诊断指导组，对途中车辆故障进行远程诊断、指导和故障处置确认。

车辆编入列车须达到运用状态。主要部件必须作用良好，符合质量要求。自动制动机、人力制动机和货车的自动制动机空重车调整装置状态良好、位置正确。

在有列检作业的车站，发现列车中有技术不良的车辆，因条件限制不能修理时，应由列车中摘下修理。在其他车站发现列车中有技术不良的车辆，因特殊情况不能摘下时，如能确保行车安全，经车辆调度员同意，可回送到指定地点进行处理。

装有密接式车钩的客车回送时，原则上应附挂旅客列车回送。

运用中的车辆应按规定的周期检修。扣修和出入厂、段的车辆应建立定时取送制度，并纳入车站日班计划。

（七）动车组以外的列车自动制动机试验

1. 全部试验

（1）列检作业场对运行途中自动制动机发生故障的到达列车。

（2）旅客列车库内检修作业。

（3）在有客列检作业的车站折返的旅客列车。

站内设有试风装置时，应使用列车试验器试验，连挂机车后只做简略试验。对装有空气弹簧等装置的旅客列车应同时检查辅助用风系统的泄漏。

2. 简略试验

（1）客列检作业后和旅客列车始发前。

（2）更换机车或更换机车乘务组时。

（3）无列检作业的始发列车发车前。

（4）列车软管有分离情况时。

（5）列车停留超过 20min 时。

（6）列车摘挂补机，或第一机车的自动制动机损坏交由第二机车操纵时。

（7）机车改变司机室操纵时。

（8）列车进行摘、挂作业开车前。

在站简略试验：有列检作业的由列检人员负责，无列检作业的由车辆乘务员负责，无车辆乘务员的由车站人员负责。挂有列尾装置的列车由司机负责（挂有列尾装置的旅客列车，始发前、摘挂作业开车前及在途中换挂机车站、客列检作业站，有列检作业的由列检人员负责，无列检作业的由车辆乘务员负责）。

3. 持续一定时间的全部试验

旅客列车出库前应进行持续一定时间的全部试验，在接近长大下坡道区间的车站，是否进行持续一定时间的全部试验，由铁路局规定。

长大下坡道为：线路坡度超过 6‰，长度为 8km 及以上；线路坡度超过 12‰，长度为 5km 及以上；线路坡度超过 20‰，长度为 2km 及以上。

（八）动车组以外的旅客列车编组顺序表交接

（1）在始发站由车站人员按列车编组顺序表核对现车，无误后，与司机办理交接。

（2）中途换挂机车时，到达司机与车站间、车站与出发司机间办理交接。仅更换机车乘务组时，机车乘务组之间办理交接。

（3）途中摘挂车辆时，车站负责修改列车编组顺序表。

（4）列车到达终到站后，司机与车站办理交接。

车站与司机的交接地点均为机车停留位置。

（九）关门车编挂

列车中的机车和车辆的自动制动机，均应加入全列车的制动系统。

路用列车中因装载的货物规定需停止制动作用的车辆，自动制动机临时发生故障的车辆，准许关闭截断塞门（简称关门车），编入路用列车的关门车数不得超过现车总辆数的 6%（尾数不足一辆按四舍五入计算）。关门车不得挂于机车后部三辆车之内；在列车中连续连挂不得超过两辆；列车最后一辆不得为关门车；列车最后第二、三辆不得连续关门。

旅客列车不准编挂关门车。在运行途中（包括在站折返）如遇自动制动机临时故障，在停车时间内不能修复时，准许关闭一辆，但列车最后一辆不得为关门车，120km/h 速度等级及编组小于 8 辆的 140km/h、160km/h 速度等级列车按规定关门时需限速运行，车辆乘务员须向司机递交限速证明书。

任务二　高速铁路调车工作

调车工作是铁路运输生产过程中的基本环节，是车站、动车段（所）工作的主要内容之一。高速铁路调车工作主要包括动车组的转线、重联或解编作业，旅客列车车底取送、转线、编组、解体、摘挂作业，以及施工路用列车（机车、自轮运转特种设备及其他施工路用列车）的转线、编组、解体、摘挂等作业。调车工作对及时办理动车组出入段（所）、转线及旅客列车车底取送等作业，按需要调动机车车辆，完成列车技术检查、整备作业，保证按运行图行车、安全正点发车，全面提高服务质量，完成铁路运输的数量与质量指标任务，都有着十分重要的意义。

一、与普速铁路相似的调车要求

（一）调车作业人员的职责

1. 参加调车作业的人员

车站、动车段（所）的调车工作，应按列车运行图、车站或动车段（所）的技术作业过程及调车作业计划进行。参加调车作业有关人员应完成如下任务：

（1）及时办理动车组出入段（所）、转线及车底取送等作业，保证按列车运行图的规定时刻发车，不影响接车。

（2）充分运用一切技术设备，采用先进工作方法，用最少的时间完成调车任务。

（3）认真执行作业标准，保证调车有关人员的人身安全及行车安全。

2. 调车长

调车长在调车作业前，必须亲自并督促组内人员充分做好准备，认真进行检查。调车长在作业中应完成如下职责：

（1）组织调车人员正确及时地完成调车任务。

（2）正确及时地显示信号（发出指令），指挥作业。

（3）负责调车人员的人身安全和行车安全。

3. 调车司机

（1）组织动车组（机车、自轮运转特种设备）乘务人员正确及时地完成调车任务。

（2）负责操纵动车组（机车、自轮运转特种设备），做好整备，保证机车、自轮运转特种设备质量良好。

（3）时刻注意确认信号，不间断地进行瞭望，认真执行呼唤应答制，正确及时地执行信号显示（作业指令）和调车速度的要求，没有信号（指令）不准动车，信号（指令）不清立即停车。

（4）负责调车作业的安全。

（二）调车作业的信号显示

1. 使用无线调车灯显设备

使用机车进行调车作业时，应使用无线调车灯显设备（机车摘挂、转线等不进行车辆摘挂的作业除外），并使用规定频率，其显示方式须符合有关要求。无线调车灯显设备应与列车运行监控装置配合使用，无线调车灯显设备的使用、维修及管理办法由铁路局规定。

无线调车灯显设备正常使用时停用手信号，对灯显以外的作业指令采用通话方式；无线调车灯显设备发生故障时，改用手信号作业。

2. 信号显示

（1）调车作业时，调车人员必须正确及时地显示信号；机车乘务人员要认真确认信号，并回示。

（2）推进车辆连挂时，要显示十、五、三车的距离信号，没有显示十、五、三车的距离信号，不准挂车，没有司机回示，应立即显示停车信号。

（3）推送车辆时，要先试拉。车列前部应有人瞭望，及时显示信号。

（4）当调车指挥人确认停留车位置有困难时，应派人显示停留车位置信号。

3. 调车进路的确认分工

调车作业中，机车、自轮运转特种设备运行或牵引车辆运行时，前方进路的确认由司机负责；推进车辆运行时，前方进路的确认由调车指挥人负责，如调车指挥人所在位置确认前方进路有困难时，可指派调车组其他人员确认。

4. 调车作业人员数量限制

除机车、自轮运转特种设备转线外，调车作业应有足够的调车人员。调车人员不足2人，不准进行调车作业。

（三）调车作业速度及安全距离

（1）在空线上牵引运行时，不准超过40km/h；推进运行时，不准超过30km/h；动车组后端操作时，不准超过15km/h。

（2）调动乘坐旅客车辆时，不准超过15km/h。

（3）接近被连挂的车辆时，不准超过5km/h。

（4）在尽头线上调车时，距线路终端应有10m的安全距离；遇特殊情况，必须近于10m时，要严格控制速度。

（5）电力机车、动车组在有接触网终点的线路上调车时，应控制速度，距接触网终点标应有10m的安全距离；遇特殊情况，必须近于10m时，要严格控制速度。

（6）旅客未上下车完毕，除本务机车、补机摘挂作业外，不得进行旅客列车（车底）的连挂作业。

（7）遇天气不良等非正常情况，应适当降低速度。

（四）调车作业计划编制及下达办法

（1）调车领导人应正确及时地编制、布置调车作业计划。

（2）调车指挥人应根据调车作业计划制定具体作业方法，连同注意事项，亲自向司机交递和传达；对其他有关人员，应亲自或指派连结员进行传达。

（3）调车指挥人确认有关人员均已了解调车作业计划后，方可开始作业。

（五）调车作业前的准备工作

（1）提前核对计划及相关调度命令，确认进路。

（2）进行车辆摘挂、转线的作业，提前检查线路、道岔（集中联锁区除外）、停留车及车辆防溜等情况。

(3) 准备足够的良好防溜器具。

(4) 无线调车灯显设备试验良好。

(六) 在正线、到发线上的调车作业

(1) 在正线、到发线上调车时，须经过列车调度员（车站控制时为车站值班员）准许。

(2) 接发列车时，应按高速铁路《行车组织细则》规定的时间，停止影响列车进路的调车作业和对列车运行安全有影响的其他作业。

(3) 接发旅客列车时，与接发列车进路没有隔开设备或脱轨器的线路，不准向能进入接发列车进路的方向调车。本务机车在停留线路内摘挂除外。

二、与普速铁路不同的调车要求

(一) 一般要求

1. 调车通信设备

高速铁路调车作业时，应使用机车综合无线通信设备、调度台（车站）FAS终端或注册的GSM-R手持终端进行联系。

调车作业过程中，有关作业人员例如列车调度员、司机、随车机械师、车站值班员及其他调车人员等之间的通信联系非常紧密、非常重要，也非常频繁。在通信工具上，高速铁路比普速铁路要先进和丰富许多，例如使用机车综合无线通信设备、调度台（车站）FAS终端或注册的GSM-R手持终端进行联系。有列车无线调度通信设备(450MHz)、无线对讲机或使用无线调车灯显设备作业的车站，也可使用列车无线调度通信设备（450MHz)、无线对讲机或无线调车灯显设备进行相关联系。

无线调车灯显设备适用于高速铁路的调车作业。考虑动车组列车是固定编组，日常调车作业基本限于转线或两列动车组重联、分解作业，而且是自走行作业，一般不设调车指挥人和调车人员。自轮运转特种设备主要担当施工、维修及相关配合作业，进行少量的转线和自身编组的施工、路用车辆的摘挂作业，且作业简单，一般是自配或雇用调车人员担当调车工作。因此，动车组和自轮运转特种设备调车作业不需使用无线调车灯显设备，其自身也未配备无线调车灯显设备控制器。

2. 保证调车安全的措施

高速铁路普遍坡度大，站场条件有限，列车运行速度高，安全标准和要求高。为保证调车作业中能够及时减速或停车，保证行车及人身安全，高速铁路调车时应遵守下列规定。

(1) 禁止溜放调车、手推调车和跟踪出站调车作业。

(2) 在作业中，调车作业人员须停车上下。

(3) 调车作业必须连结全部软管。

高速铁路坡度普遍较大、运行的是高速动车组列车和旅客列车，安全极其重要。因此高速铁路调车作业必须连结全部软管，以保证按要求减速或停车。

3. 调车信号机故障时的处理

调车信号机故障不能开放时，进路准备人员应将相关道岔操纵至所需位置并单独锁闭，在调车进路准备妥当后通知调车指挥人（司机）准许越过故障的调车信号机。

调车信号机故障不能开放时，调车指挥人（司机）无法从设备上确认进路和取得允许运行的信号。考虑调车作业是按计划进行，作业大多是在车站、动车段（所）的咽喉和线路间进行，故障发生后不宜长时间停留、等待，影响咽喉能力和调车任务。因此，允许进路准备人员通过 CTC 终端（非常站控时为集中联锁设备）将相关道岔操纵至所需位置并实施单独锁闭，确认调车进路准备妥当后通知调车指挥人（司机）越过故障的调车信号机，调车指挥人指挥司机或司机接到通知后越过故障的调车信号机，继续进行作业。

（二）调车领导及指挥

高速铁路调车工作是由动车组司机、随车机械师、列车调度员、车站值班员、车务应急值守人员、信号员、调车作业人员、机车或自轮运转特种设备乘务人员等共同完成的，多工种在不同的条件和环境下联合作业，为了安全、迅速、准确、协调地完成调车作业任务，必须有统一的领导人和指挥人。

1. 调车作业领导

车站调车作业由列车调度员（由车站负责办理调车进路时为车站值班员或车务应急值守人员）担当调车领导人。分场时的调车工作，由负责该场调车进路的列车调度员（车站值班员或车务应急值守人员）领导。

所有车站的调车工作，都应根据调车领导人的命令、计划办理；所有与调车工作有关的人员，必须认真执行调车领导人的命令、指示和工作计划。高速铁路均采用调度集中，绝大多数车站为集中控制，应根据具体情况确定调车领导人。

（1）CTC 中心操作方式的车站，车站调车作业由该区段列车调度员统一领导；由车站负责办理调车进路（CTC 车站调车操作方式、CTC 车站操作方式和非常站控模式）时为车站值班员或车务应急值守人员担当调车领导人。

（2）较大的枢纽站、多条高速铁路或高速铁路与普速铁路的交会站，一般划分多个场，例如高速场与普速场、城际场与高速场，或多条高速铁路按场分别组织行车，这类分场组织行车的车站的调车工作，由负责该场调车进路的列车调度员（车站值班员或车务应急值守人员）领导。

（3）高速铁路车站调车作业量小，一般不设车站调度员或调车区长。

2. 调车作业指挥

调车作业由调车长单一指挥，遇有特殊情况，可由经鉴定、考试合格的胜任人员担当指挥工作。动车组自走行调车作业、机车及自轮运转特种设备转线等作业由司机负责，不另设调车指挥人。

调车作业实行单一指挥的制度，是为了保证调车作业有关人员行动一致，密切配合，在保证安全的基础上，提高效率，更好地完成调车任务。调车作业单一指挥就是对每台担当调车作业的调车动力（动车组、机车或自轮运转特种设备）在同一时间内只准由调车指挥人（无调车人员时为司机）一人指挥。所有调车有关人员（调车组、司机）都必须按调车指挥人的指挥进行作业。

高速铁路调车指挥人的确定，按人员配备与作业要求的不同，有以下 3 种情况：

（1）调车组参与的调车作业，由调车长指挥。

（2）无调车组、未配调车长情况下，根据需要，必须进行调车时，可由经鉴定、考试合格的胜任人员担当调车指挥工作。

（3）动车组自走行调车作业、机车及自轮运转特种设备转线等作业由司机负责，不另设调车指挥人。

（三）调车作业计划

调车作业计划是调车人员的行动依据，调车领导人通过调车作业计划来实现对调车工作的领导，完成调车工作任务。调车领导人必须根据日计划、列车运行图和车站技术作业过程的任务要求，结合站内或有关区域内客车底、车辆、动车组分布情况，按动车组运用计划、旅客列车编组要求、旅客列车车底使用计划、车辆摘挂作业内容和检修车取送安排、接发列车与调车作业的进展情况等，正确及时地编制、布置调车作业计划。

1. 进行有车辆摘挂的调车作业时，应使用有示意图的“调车作业通知单”（示意图可另附）

高速铁路使用机车进行调车作业少，司机对车站、动车段（所）设备及停留车位置不够熟悉，规定进行有车辆摘挂的调车作业时，无论作业计划钩数多少，均使用有示意图的“调车作业通知单”（示意图可另附），以书面形式下达，为作业提供方便条件，确保作业安全有序进行。

在“调车作业通知单”上，应明确调车作业的机车（自轮运转特种设备）或车次、作业的计划开始与终了时间、使用的线路、摘挂的辆数，以及应注意的事项及经由的车场线路等。

“调车作业通知单”的填记必须准确、清楚。“注意事项”包括的内容、符号、填记方法，由铁路局规定，填记在记事栏内。编制调车计划的调车领导人应签名（打印时为有调车领导人姓名或代号）。

调车作业通知单应附有示意图。考虑目前大量采用计算机系统编制、传输调车作业计划，示意图难以植入系统，一些车站站场较大、线路复杂，调车作业通知单上的示意图受页面大小限制看不清，因此示意图可在调车作业通知单外另附。

2. 变更调车作业计划的规定

调车作业计划下达后或调车作业过程中遇特殊情况需变更调车作业计划时，调车领导人应通知调车指挥人（无调车指挥人时为司机）停止作业，重新编制调车作业计划并下达，待司机和有关人员清楚无误后，方可继续作业。调车指挥人应重新制定作业方法和分工，连同注意事项等一并向司机和有关调车人员传达。

3. 不编制书面调车计划的情况

动车组、路用列车及机车、自轮运转特种设备需转线时，司机根据需要向列车调度员（车站值班员或车务应急值守人员）提出申请。列车调度员（车站值班员或车务应急值守人员）可不编制书面调车计划，但须将作业办法、内容和注意事项向司机传达、布置清楚并听取复诵无误，在准备好进路后，通知司机开始作业。

此类转线作业简单，不需要其他调车人员参与，对此可不编制书面调车计划，以口头通知的形式进行布置、下达，双方如有疑义应联系清楚，在计划布置、下达完毕，进路准备好后，方可开始作业。

（四）调车人员的配备

调车作业是一项复杂的工作，涉及进路、信号的确认，停留车及线路的检查，车辆的摘挂、软管摘结、防溜措施的采取与撤除及机车车辆的移动等，一个人很难完成上述工作，除机车、自轮运转特种设备转线作业由司机负责完成作业外，其他调车作业应另配足够的调车人员，以确保调车作业顺利进行，确保作业安全和人身安全，更好地完成调车任务。因此，除机车、自轮运转特种设备转线外，调车作业应有足够的调车人员。

（1）施工路用列车、自轮运转特种设备调车作业时，由施工（使用）单位或所属单位提供调车动力和调车人员，具体办法由铁路局规定。

由于高速铁路车站基本不配属调车机车和专门的调车人员，而施工路用列车均自带动力（机车或自轮运转特种设备）进入高速铁路运行和作业，是有计划进行的，施工（使用）单位应根据施工计划和作业需要提前做好调车动力和调车人员的配备工作。施工路用列车、自轮运转特种设备调车作业时，施工（使用）单位或所属单位可以使用本单位的调车动力和调车人员；当施工（使用）单位或所属单位无调车动力和调车人员时，可向就近机务段和车务段（车站）租用调车动力和调车人员，也可向其他单位租用，具体办法由铁路局规定。

（2）其他调车作业，由车站人员担当调车人员或列车调度员指定单位派调车人员。

（五）在正线、到发线上的作业

车站的正线、到发线主要办理列车接发、通过、会让作业。列车调度员（车站控制时为车站值班员）负责掌握正线、到发线的使用，了解列车运行情况，对保证不间断地接发列车负有直接责任。因此，占用或影响正线、到发线的调车，必须经过列车调度员（车站控制时为车站值班员）的准许。在接发列车时，列车调度员（车站控制时为车站值班员）应掌握调车作业的实际情况，并应按高速铁路《行车组织细则》规定的时间，确认影响列车进路的调车作业和对列车运行安全有影响的其他作业已停止，再排列接发车进路，开放信号。

1. 同一股道只允许一端调车作业，禁止两端同时向同一股道排列调车进路

由于在高速铁路区段，调车作业大多在正线或到发线进行，且许多车站线路地面不设调车信号机，使用列车信号进行调车作业。为确保调车作业安全，对同一股道调车作业进行限制，禁止两端同时进行调车作业。

2. 调车作业中应执行钩钩联系制度

每钩作业前，司机（调车指挥人）应主动向列车调度员（车站负责办理调车进路时为车站值班员或车务应急值守人员）请求进路；进路准备妥当后，列车调度员（车站值班员或车务应急值守人员）方可通知司机（调车指挥人）。

（六）越出站界调车

越出站界调车是受车站调车设备的限制，须越过进站信号机或站界标进入区间调车的一种作业方法。由于是进入区间，不同一般的站内调车作业，为了保证列车运行和调车作业的安全，应作出相应规定。

1. 必须区间（自动闭塞区间正方向为第一个闭塞分区）空闲

越出站界调车时，必须区间（自动闭塞区间正方向为第一个闭塞分区）空闲，单线区间闭塞系统必须在发车位置。

2. 列车调度员发布调度命令

由列车调度员发布准许越出站界调车的调度命令后，方可进行，该调度命令交于司机并同时发给关系区间两端站（线路所）（列车调度员负责办理调车进路的除外）。

3. 控制列车进入同一区间

越出站界调车期间，相邻站（线路所）禁止向该区间放行列车。越出站界调车作业完毕，司机或调车指挥人应报告列车调度员（车站负责办理调车进路时为车站值班员或车务应急值守人员）。车站值班员、车务应急值守人员应及时报告列车调度员，列车调度员通知两端站（线路所）后方可组织行车。

4. 在未设调车信号机的线路上调车的作业办法

需在未设调车信号机的线路上调车作业时，根据需要可按越出站界调车作业办理，办理列车进路（进、出站信号机常态为灭灯时，应点灯），由列车调度员发布准许越出站界调车的调度命令，司机根据调度命令和进、出站信号机的显示进行调车作业。

反方向越出站界调车时，不需要停止基本闭塞法。

三、动车组调车的特殊要求

动车组调车除遵守上述规定外，还有些特殊要求。

（一）动车段（所）的调车工作

动车组在动车段（所）内有大量转线和出入洗刷、检修线及重联、解编作业，调车作业量较大。同时，动车段（所）设备及管理模式不尽相同，与车站调车工作存在一定的差异性。因此，动车段（所）的调车工作有自身的特点。

（1）动车段（所）设动车组地勤司机，负责动车组在动车段（所）内调车、试运行等调移动车组的作业。

（2）动车段（所）调车工作的领导及指挥、计划编制及下达办法由铁路局规定。

（二）动车组调车具体要求

1. 调车作业采用自走行方式

（1）动车组进行调车作业时，原则上采用自走行方式，凭地面信号机的显示运行。

这是由于动车组自带动力，基于安全、构造特点、作业方式等原因。遇故障救援、非电化区段调车等情况时，才采用动车组无动力调车方式。司机除了凭地面信号机的显示运行外，还要根据调车作业计划进行作业。

（2）动车组自走行调车作业由司机负责，不另设调车指挥人。

2. 动车组转线不编制书面调车作业计划

动车组需转线时，司机根据需要向列车调度员（车站值班员或车务应急值守人员）提出申请。列车调度员（车站值班员或车务应急值守人员）可不编制书面调车计划，但须将作业办法、内容和注意事项向司机传达、布置清楚并听取复诵无误，在准备好进路后，通知司机开始作业。

3. 禁止连挂其他机车车辆调车

动车组禁止连挂其他机车车辆（救援机车、附挂回送过渡车以及动车组无动力调车时的调车机车、公铁两用牵引车除外）调车。

这是因为动车组是固定编组、单独运用，一般情况下不具备与其他机车车辆连挂的条件，连挂时需使用过渡车钩。为减少使用过渡车钩影响作业效率，防止作业过程中机车车辆的碰撞、冲击对动车组造成损伤，动车组禁止连挂其他机车车辆调车。但是动车组故障时连挂救援机车，动车组连挂回送过渡车以及动车组无动力调车时的调车机、公铁两用牵引车，是特殊情况下的必要方式，不在此禁止之列。

4. 司机操作位置

动车组调车作业时，司机应在运行方向的前端操作，前方进路的确认由司机负责。在不得已情况下必须在后端操作时，应指派随车机械师或其他胜任人员站在动车组运行方向的前端指挥，发现危及行车或人身安全时，应立即使用紧急停车按钮（紧急制动装置）或通知司机停车。

5. 动车组后端操作时，不准超过15km/h

动车组调车作业司机在后端操作时，司机无法瞭望前方的进路和信号，只依靠前端负责瞭望的随车机械师或其他胜任人员指挥，而个人反应、通信联系等需要时间，一旦发生险情，司机制动的时机有可能延迟，容易造成事故。所以从调车速度上加以限制，速度不得超过15km/h。

四、机车车辆停留及防溜

（一）机车车辆停留

高速铁路主要运行高速动车组列车和旅客列车，为确保动车组列车运行安全和有关作业安全，对机车车辆在车站停留限制较为严格。

1. 正线、到发线停留机车车辆的规定

为了防止发生正线、到发线停留的机车车辆非正常进入动车组运行经路等情况，车站正线、到发线尽量不停留机车车辆。例如临时停留的客货车辆、施工机械、施工路用列车及车辆、自轮运转特种设备等应转入正线、到发线以外的线路。受车站线路条件限制及作业需要等特殊情况下确需在到发线停留时，铁路局制定办法和安全措施中，应明确停留期间机车车辆防溜、线路隔开、作业要求、人员机具管理及邻线行车限制等事宜。

（1）有动车组以外的旅客列车上线运行的高速铁路。

有动车组以外的旅客列车上线运行的高速铁路，在动车组运行时段，除动车组、旅客列车车底及本务机车外，车站正线、到发线不应停留其他机车车辆。特殊情况下确需在到发线停留时，由铁路局制定相应安全措施。

（2）仅运行动车组列车的高速铁路。

仅运行动车组列车的高速铁路，在动车组运行时段，车站正线、到发线不应停留动车组以外的其他机车车辆。特殊情况下确需在到发线停留时，由铁路局制订相应安全措施。

2. 临时停留公务车的规定

临时停留公务车线路上的道岔应开通不能进入该线的位置并加锁。集中联锁的道岔可在控制台上进行单独锁闭。

这是为了防止冲撞公务车，保证有关人员的正常工作和休息，并且不准利用该线进行与其无关的调车作业。将两端道岔置于不能进入该线的位置后，集中联锁的道岔在控制台上单独锁闭，非集中联锁及联锁失效的道岔需现场加锁。

3. 安全线上禁止停留机车车辆

（二）机车车辆防溜办法

我国动车组及其他铁路机车车辆绝大多数为滚动轴承，基本阻力小，在线路上停留时，在重力及风力、振动和冲撞等其他外力作用下，静止的动车组及其他机车车辆有可能溜走，必须采取有效的防溜措施。高速铁路车站基本上都是正线、到发线，即使有其他线路如存车线等，也基本上与正线、到发线相衔接。高速铁路列车运行速度高，且大多运行动车组列车，一旦发生机车车辆溜逸，将造成十分严重的后果，所以机车车辆防溜工作至关重要。

1）动车组防溜

动车组为固定编组，调车作业大多是自走行作业，除使用机车调车作业外不需要车站人员参与，而且动车组大多带有停放制动装置，可保证动车组无动力停留安全。特殊情况下人工防溜时也需使用动车组自配的专用止轮器。为减少作业环节、消除结合部隐患，统一动车组防溜办法，动车组防溜优先使用停放制动装置，动车组无停放制动装置或在坡度为20‰以上的区间无动力停留时由动车组随车机械师使用止轮器进行防溜。

（1）动车组无动力停留时，有停放制动装置的动车组，由司机负责将动车组处于停放制动状态；动车组无停放制动装置或在坡度为20‰以上的区间无动力停留时，由司机通知随车机械师进行防溜，防溜时应使用止轮器牢靠固定。

（2）重联动车组在设置止轮器防溜时，仅设置前列。这是考虑单列防溜能确保防溜效果，仅在前列设置止轮器防溜可减少作业环节和作业强度。

（3）如需在同一股道内停留两列不重联的动车组时，两列动车组间应间隔不小于20m的安全防护距离（动车段、动车所内的股道除外），并分别做好防溜。

（4）动车段（所）内动车组防溜办法由铁路局规定。

2）车辆防溜

各类车辆的防溜措施，均须确认止轮牢固可靠。使用人力制动机或人力制动机紧固器防溜时，须拧紧人力制动机或人力制动机紧固器；使用铁鞋、止轮器防溜时，鞋尖（止轮器）应紧贴车轮踏面，牢靠固定。

（1）车辆在车站停留时，应连挂在一起，拧紧两端车辆的人力制动机，并以铁鞋牢靠固定。特殊情况下分组停放时，应分别采取防溜措施。

在车站、动车段（所）停留车辆，无论是停在到发线、存车线还是其他线路上，也无论停留的线路是否有坡道，均应连挂在一起，拧紧两端车辆的人力制动机，并以铁鞋牢靠固定。特殊情况下不能连挂在一起时，应分组做好防溜措施。在分组采取防溜措施时，除两端车组外侧须至少采取二道防溜措施外，其余车组和两端车组内侧可采取一道防溜措施。

由于高速铁路均为电气化区段，部分车辆不能采用人力制动机防溜时，应使用人力制动机紧固器防溜。

人力制动机故障的车辆或车组不能按规定采取防溜措施时，应与人力制动机作用良好的车辆连挂在一起，禁止单独停留。

遇车组最外方车辆人力制动机故障时，可顺延使用下一车辆人力制动机，两端车组外侧仍须采取铁鞋防溜措施。

（2）一批作业中临时停留的车辆，须拧紧两端车辆的人力制动机或以铁鞋止轮。

（3）调车作业实行“谁作业、谁防溜（撤除）”的原则，防溜措施的设置和撤除由调车人员（机车及自轮运转特种设备为司机，其他无调车人员的为设备使用单位人员）负责。

（4）摘车时，必须停妥，按规定采取好防溜措施，方可摘开车钩；挂车时，没有连挂妥当，不得撤除防溜措施。

3）机车及自轮运转特种设备在车站停留时，由司机负责将其保持制动（防溜）状态，并按规定采取止轮措施。

4）施工路用车辆及自轮运转特种设备需在车站停留时，使用单位应派人负责看守。其他车辆在车站到发线停留时，由车站人员（车务应急值守人员或其他胜任人员）对其防溜措施进行检查、确认。

（三）车站防溜器具管理

防溜器具主要包括人力制动机紧固器、防溜铁鞋等，必须符合技术标准。车站防溜器具的使用、管理实行登记、交接制度，防溜器具确保数量齐全、状态良好。发生防溜器具丢失、损坏时，应及时补充、更换，办理备案登记手续。

1. 车站防溜器具的登记交接制度

车站行车室必须配备足够良好的防溜器具，由车站值班员（车务应急值守人员）负责保管和交接。有关作业人员领取、使用、交回时，须办理登记交接手续，领取（交回）人与保管人共同清点数量、编号无误，确认状态良好后分别签认。

2. 车站防溜器具签认制度

车站值班员（车务应急值守人员）须在行车室对停留车及其防溜情况进行揭示。作业人员采取或撤除防溜措施后，应立即告知车站值班员（车务应急值守人员），一批作业结束后双方进行签认。

3. 动车段（所）防溜器具的管理办法

动车段（所）防溜器具的管理办法由铁路局规定。

任务三　高速铁路行车闭塞

基本闭塞设备是控制一个区间（或闭塞分区）同一时间内，只准许一个列车运行的设备。通过调度所、相邻车站、线路所、闭塞分区的设备或人为控制，使列车与列车相互间保持一定间隔，以保证列车安全运行的行车方法，称为行车闭塞法。

列车运行是以车站、线路所所划分的区间及自动闭塞区间的通过信号机或区间信号标志牌所划分的闭塞分区作间隔。区间不设通过信号机设区间信号标志牌站内信号机常态灭灯的线路区段，动车组列控车载设备故障不能继续控制列车运行及动车组以外的列车行驶时，为保证行车安全，正向或反向运行，地面信号机应转为点亮状态，按站间组织行车。

车站均须装设基本闭塞设备，双线区段自动闭塞设备应具备正方向自动闭塞、反方向自动站间闭塞的功能。我国高速铁路采用的行车基本闭塞法有自动闭塞、自动站间闭塞两种。电话闭塞法是当基本闭塞法不能使用时所采用的代用闭塞法。

一 、自动闭塞

高速铁路自动闭塞区段，正方向行车，列车按自动闭塞运行；反方向行车，列车按自动站间闭塞运行。高速铁路闭塞分区的划分，应满足动车组列控车载设备按照目标距离模式控车和未装备列控车载设备的列车按四显示自动闭塞行车的要求。通过信号机或区间信号标志牌应设在闭塞分区或所间区间的分界处，不应设在牵引供电分相的处所。在高速铁路区段以动车组列车运行为主，在交流电力牵引区段的牵引供电分相处有无电区，列车一旦在此停车，有可能造成列车无牵引动力。

（一）发车预告的办理

调度集中区段，一个调度区段内可不办理发车预告手续，因一个调度区段内的列车运行均按列车运行调整计划组织行车。

两相邻调度集中的调度区段间或调度集中区段车站（线路所）向非调度集中区段车站（线路所）发车时，由系统自动办理发车预告。遇设备故障无法自动办理时，人工办理发车预告；相邻调度区段列车运行调整计划一致时，虽然无法办理自动预告，但考虑到相邻调度区段列车调度员已进行了相互联系和确认，能够确保列车运行调整计划的一致性，因此可不办理发车预告。

非调度集中区段车站（线路所）向调度集中区段车站（线路所）发车时，车站值班员应向列车调度员（车站控制时为车站值班员）办理发车预告。这是由于非调度集中区段车站（线路所）是由车站值班员（信号员）人工开放信号，开放的时机是根据列车实际运行时刻来确定的，是动态的，设备上无法控制自动办理发车预告，只能人工办理发车预告。

（二）正常情况的行车凭证

1. 动车组列车在完全监控、引导或部分监控模式下运行

在高速铁路自动闭塞区段，动车组列车在完全监控、引导或部分监控模式下运行时，动车组通过轨道电路或无线闭塞中心接收到行车许可信号，并在列控车载设备上自动显示允许运行的速度值。通过列控车载设备能够控制列车与前行列车间有必要的空间间隔，对于同一自动闭塞区间内开行多列追踪运行的列车，既保证了行车安全又提高了区间通过能力。

使用自动闭塞法行车，动车组列车在完全监控、引导或部分监控模式下运行时，行车凭证为列控车载设备显示的允许运行的速度值，如图 4-1 所示。

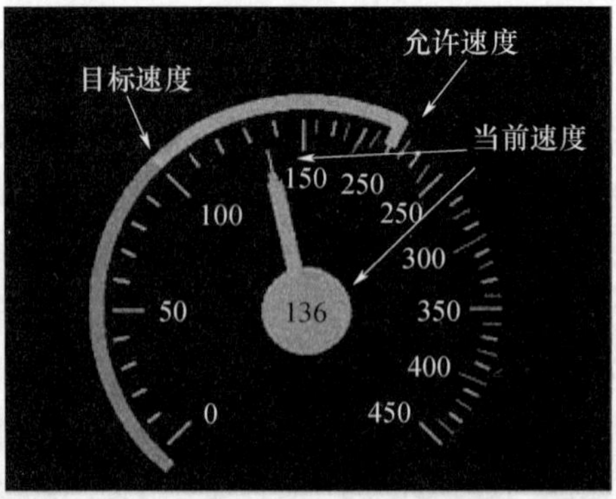

图 4-1　列控车载设备显示的允许运行的速度值

2. 动车组列车按 LKJ 方式运行及动车组以外的列车

（1）信号机常态点灯的区段。

动车组列车按 LKJ 方式运行及动车组以外的列车，在信号机常态点灯的区段，进入闭塞分区的行车凭证为出站或通过信号机显示的允许运行的信号。

使用自动闭塞法行车，动车组列车按 LKJ 方式运行时及动车组以外的列车，在信号机常态点灯的区段，虽然列车运行监控装置上能显示机车信号，但机车信号不能作为行车凭证。列车是根据进出站信号机和通过信号机的显示运行的，在运行过程中通过轨道电路检查闭塞分区的占用与空闲，并通过信号机显示的不同颜色的灯光指示列车的运行，由此来自动完成闭塞作用。

（2）信号机常态灭灯区段。

在信号机常态灭灯的区段，进入区间的行车凭证为出站信号机或线路所通过信号机显示的允许运行的信号，信号机应点灯。

点亮信号灯的目的是让司机确认行车凭证，并按站间组织行车，以保证行车安全。

（三）特殊情况的行车凭证

在信号机常态点灯的 CTCS-2 级自动闭塞区段，特殊情况下办理发车的行车凭证规定见表 4-1；CTCS-3 级以及信号机常态灭灯的 CTCS-2 级自动闭塞区段，特殊情况下办理发车的行车凭证规定见表 4-2。

表 4-1　信号机常态点灯的 CTCS-2 级自动闭塞区段特殊情况的行车凭证

序号	特殊情况	控车方式	行车凭证	发给行车凭证的依据	附带条件
1	出站信号机（线路所通过信号机）故障时发出列车	LKJ（GYK）控车	调度命令	1. 确认第一个闭塞分区空闲； 2. 确认道岔位置正确及进路空闲	以不超过 20km/h（动车组列车为不超过 40km/h）速度运行至第一架通过信号机，按其显示的要求执行
2		隔离模式运行		1. 确认区间空闲； 2. 确认道岔位置正确及进路空闲	以不超过 40km/h 速度运行至前方站进站信号机（线路所通过信号机）
3	发车进路信号机故障时发出列车	LKJ（GYK）控车	调度命令	1. 确认发车进路空闲； 2. 确认道岔位置正确	以不超过 20km/h（动车组列车为不超过 40km/h）速度运行至次一信号机
4	发车进路信号机故障时发出列车	隔离模式运行	调度命令	1. 确认发车进路空闲； 2. 确认道岔位置正确	以不超过 40km/h 速度运行至次一信号机
5	区间一架及以上通过信号机故障时发出列车	CTCS-2 级控车	列控车载设备显示的允许运行的速度值	确认区间空闲	—
6		LKJ（GYK）控车	出站信号机（线路所通过信号机）显示的允许运行的信号		

续表

<table>
<tr><th>序号</th><th>特殊情况</th><th>控车方式</th><th>行车凭证</th><th>发给行车凭证的依据</th><th>附带条件</th></tr>
<tr><td>7</td><td rowspan="2">反方向发出列车</td><td>CTCS-2 级控车</td><td>列控车载设备显示的允许运行的速度值</td><td rowspan="2">1. 确认区间空闲；
2. 反方向行车的调度命令</td><td rowspan="2">—</td></tr>
<tr><td>8</td><td>LKJ（GYK）控车</td><td>出站信号机（线路所通过信号机）显示的允许运行的信号</td></tr>
</table>

表 4-2　CTCS-3 级以及信号机常态灭灯的 CTCS-2 级自动闭塞区段特殊情况的行车凭证

<table>
<tr><th>序号</th><th>特殊情况</th><th>控车方式</th><th>地面信号机状态</th><th>行车凭证</th><th>发给行车凭证的依据</th><th>附带条件</th></tr>
<tr><td>1</td><td rowspan="2">开放引导信号发出列车</td><td>CTCS-3 级控车
CTCS-2 级控车</td><td>灭灯</td><td>列控车载设备显示的允许运行的速度值</td><td>1. 确认第一个闭塞分区空闲（发车进路信号机开放引导信号时，为确认至次一信号机间空闲）；
2. 确认道岔位置正确及进路空闲</td><td rowspan="2">—</td></tr>
<tr><td>2</td><td>LKJ（GYK）控车</td><td>点灯</td><td>出站信号机（发车进路信号机、线路所通过信号机）显示的允许运行的信号</td><td>1. 确认区间空闲（发车进路信号机开放引导信号时，为确认至次一信号机间空闲）；
2. 确认道岔位置正确及进路空闲</td></tr>
<tr><td>3</td><td rowspan="2">出站信号机（线路所通过信号机）故障且引导信号不能开放时发出列车</td><td>LKJ（GYK）控车</td><td rowspan="2">点灯</td><td rowspan="2">调度命令</td><td rowspan="2">1. 确认区间空闲；
2. 确认道岔位置正确及进路空闲</td><td>—</td></tr>
<tr><td>4</td><td>隔离模式运行</td><td>以不超过 40km/h 速度运行至前方站进站信号机（线路所通过信号机）</td></tr>
<tr><td>5</td><td rowspan="2">发车进路信号机故障且引导信号不能开放时发出列车</td><td>LKJ（GYK）控车</td><td rowspan="2">点灯</td><td rowspan="2">调度命令</td><td rowspan="2">1. 确认发车进路空闲
2. 确认道岔位置正确</td><td>以不超过 20km/h（动车组列车为不超过 40km/h）速度运行至次一信号机</td></tr>
<tr><td>6</td><td>隔离模式运行</td><td>以不超过 40km/h 速度运行至次一信号机</td></tr>
</table>

续表

序号	特殊情况	控车方式	地面信号机状态	行车凭证	发给行车凭证的依据	附带条件
7	区间一个及以上闭塞分区轨道电路红光带时发出列车	CTCS-3级控车 CTCS-2级控车	灭灯	列控车载设备显示的允许运行的速度值	确认区间空闲	—
8		LKJ（GYK）控车	点灯	调度命令	1. 确认区间空闲 2. 确认道岔位置正确及进路空闲	
9	反方向发出列车	CTCS-3级控车 CTCS-2级控车	灭灯	列控车载设备显示的允许运行的速度值	1. 确认区间空闲 2. 反方向行车的调度命令	—
10		LKJ（GYK）控车	点灯	出站信号机（线路所通过信号机）显示的允许运行的信号		

表4-1中第1、2项以及表4-2中第3、4项，是在出站信号机不能开放（有引导信号且引导信号不能开放）时发出列车，此时发车进路与信号机间失去了联锁关系或无联锁关系。列车调度员（车站值班员）必须在做好下列工作后，方准发布调度命令，组织发出列车。

（1）确认第一个闭塞分区空闲，当按隔离模式运行时以及在CTCS-3级或信号机常态灭灯的CTCS-2级区段，须确认区间空闲。

（2）确认进路道岔位置正确及进路空闲。

表4-1中第3、4项以及表4-2中第5、6项，是指发车进路信号机（同一发车进路上一架或多架进路信号机）因故不能开放（有引导信号且引导信号不能开放）的情况下发出列车时，列车调度员（车站值班员）确认发车进路空闲、进路道岔位置正确后，发布调度命令发出列车的作业方式。

表4-1中第5、6项以及表4-2中第7、8项，是指区间一架及以上通过信号机故障或区间一个及以上闭塞分区轨道电路红光带时发出列车，列车调度员（车站值班员）确认区间空闲后，对ATP控车的列车，列车以列控车载设备显示的允许运行的速度值作为行车凭证；对LKJ（GYK）控车的列车，在信号机常态点灯的CTCS-2级区段，行车凭证为出站信号机（线路所通过信号机）显示的允许运行的信号，在CTCS-3级以及信号机常态灭灯的CTCS-2级区段，行车凭证为调度命令。

表4-1中第7、8项以及表4-2中第9、10项，是指列车在正方向运行线路上运行时，可自动追踪运行，在反方向线路上运行时，按站间间隔运行。由于我国铁路在双线区间实行左侧单方向行车制度，反方向行车时，应发布调度命令。在发车前必须确认反方向运行的线路上无迎面列车运行，区间空闲，在控制台上确认区间占用表示灯表示区间空闲后，办理改变列车运行方向手续，排列反方向发车进路，组织反方向发出列车。列车进入区间的行车凭证：对列控车载设备方式控车的列车，列车以列控车载设备显示

的允许运行的速度值作为行车凭证；对 LKJ（GYK）控车的列车，行车凭证为出站信号机（线路所通过信号机）显示的允许运行的信号。

表 4-2 中第 1、2 项，是能开放引导信号时，规定列控车载设备控车、LKJ（GYK）控车条件下发车的行车凭证和有关作业要求。

（四）总辅助按钮的使用

自动闭塞区间，遇轨道电路发生故障等情况，需使用总辅助按钮改变闭塞方向，由车站办理接发列车时，车站值班员确认区间空闲后，根据列车调度员命令，使用总辅助按钮改变闭塞方向，并在“行车设备检查登记簿”内登记；由列车调度员办理接发列车时，列车调度员确认区间空闲后，使用总辅助按钮改变闭塞方向，并在“行车设备检查登记簿”内登记。

调度集中区段，列车调度员使用总辅助按钮时不需要发布调度命令。

二、自动站间闭塞

自动站间闭塞须与集中联锁设备结合使用，由区间两端站的出站信号机（线路所通过信号机）和轨道检查装置构成联锁关系，采用轨道检查装置自动检查区间空闲，列车以站间（所间）区间为间隔运行，发车站（线路所）办理发车进路后即自动构成站间闭塞。列车到达接车站（线路所）或返回发车站（线路所）并出清区间后，自动解除闭塞。

自动站间闭塞发车前不需办理闭塞手续，排列发车进路开放出站信号后，即可发出列车，同时列车需按站间间隔行车。因此，发车站在人工办理发车进路前，须确认区间空闲和接车站（线路所）未办理同一区间的发车进路，否则不能开放信号形成自动站间闭塞。

（一）发车预告的办理

一个调度区段内可不办理发车预告手续。两相邻调度集中的调度区段间或调度集中区段车站（线路所）向非调度集中区段车站（线路所）发车时，应由系统自动办理发车预告，遇设备故障无法自动办理时，人工办理发车预告（相邻调度区段列车运行调整计划一致时可不办理发车预告）。非调度集中区段车站（线路所）向调度集中区段车站（线路所）发车时，车站值班员应向列车调度员（车站控制时为车站值班员）办理发车预告。

（二）正常情况的行车凭证

使用自动站间闭塞法行车，动车组列车在完全监控、引导或部分监控模式下运行时，行车凭证为列控车载设备显示的允许运行的速度值。

动车组列车按 LKJ 方式运行及动车组以外的列车，进入区间的行车凭证为出站信号机或线路所通过信号机显示的允许运行的信号（在信号机常态灭灯的区段，信号机应点灯）。

（三）特殊情况的行车凭证

在信号机常态点灯的 CTCS-2 级自动站间闭塞区段，特殊情况下办理发车的行车凭证规定见表 4-3；CTCS-3 级以及信号机常态灭灯的 CTCS-2 级自动站间闭塞区段，特殊情况下办理发车的行车凭证规定见表 4-4。

表 4-3　信号机常态点灯的 CTCS-2 级自动站间闭塞区段特殊情况行车凭证

<table>
<tr><th>序号</th><th>特殊情况</th><th>控车方式</th><th>行车凭证</th><th>发给行车凭证的依据</th><th>附带条件</th></tr>
<tr><td>1</td><td rowspan="2">出站信号机（线路所通过信号机）故障时发出列车</td><td>LKJ（GYK）控车</td><td rowspan="2">调度命令</td><td rowspan="2">1. 确认区间空闲；
2. 确认道岔位置正确及进路空闲</td><td>—</td></tr>
<tr><td>2</td><td>隔离模式运行</td><td>以不超过 40km/h 速度运行至前方站进站信号机（线路所通过信号机）</td></tr>
<tr><td>3</td><td rowspan="2">发车进路信号机故障时发出列车</td><td>LKJ（GYK）控车</td><td rowspan="2">调度命令</td><td rowspan="2">1. 确认发车进路空闲；
2. 确认道岔位置正确</td><td>以不超过 20km/h（动车组列车为不超过 40km/h）速度运行至次一信号机</td></tr>
<tr><td>4</td><td>隔离模式运行</td><td>以不超过 40km/h 速度运行至次一信号机</td></tr>
<tr><td>5</td><td rowspan="2">反方向发出列车</td><td>CTCS-2 级控车</td><td>列控车载设备显示的允许运行的速度值</td><td rowspan="2">1. 确认区间空闲；
2. 反方向行车的调度命令</td><td rowspan="2">—</td></tr>
<tr><td>6</td><td>LKJ（GYK）控车</td><td>出站信号机（线路所通过信号机）显示的允许运行的信号</td></tr>
</table>

表 4-4　CTCS-3 级以及信号机常态灭灯的 CTCS-2 级自动站间闭塞特殊情况行车凭证

<table>
<tr><th>序号</th><th>特殊情况</th><th>控车方式</th><th>地面信号机状态</th><th>行车凭证</th><th>发给行车凭证的依据</th><th>附带条件</th></tr>
<tr><td>1</td><td rowspan="2">开放引导信号发出列车</td><td>CTCS-3 级控车
CTCS-2 级控车</td><td>灭灯</td><td>列控车载设备显示的允许运行的速度值</td><td rowspan="2">1. 确认区间空闲（发车进路信号机开放引导信号时，为确认至次一信号机间空闲）；
2. 确认道岔位置正确及进路空闲</td><td rowspan="2">—</td></tr>
<tr><td>2</td><td>LKJ（GYK）控车</td><td>点灯</td><td>出站信号机（发车进路信号机、线路所通过信号机）显示的允许运行的信号</td></tr>
<tr><td>3</td><td rowspan="2">出站信号机（线路所通过信号机）故障且引导信号不能开放时发出列车</td><td>LKJ（GYK）控车</td><td rowspan="2">点灯</td><td rowspan="2">调度命令</td><td rowspan="2">1. 确认区间空闲；
2. 确认道岔位置正确及进路空闲</td><td>—</td></tr>
<tr><td>4</td><td>隔离模式运行</td><td>以不超过 40km/h 速度运行至前方站进站信号机（线路所通过信号机）</td></tr>
</table>

续表

序号	特殊情况	控车方式	地面信号机状态	行车凭证	发给行车凭证的依据	附带条件
5	发车进路信号机故障且引导信号不能开放时发出列车	LKJ（GYK）控车	点灯	调度命令	1. 确认发车进路空闲； 2. 确认道岔位置正确	以不超过20km/h（动车组列车为不超过40km/h）速度运行至次一信号机
6	发车进路信号机故障且引导信号不能开放时发出列车	隔离模式运行	点灯	调度命令	1. 确认发车进路空闲； 2. 确认道岔位置正确	以不超过40km/h速度运行至次一信号机
7	反方向发出列车	CTCS-3级控车 CTCS-2级控车	灭灯	列控车载设备显示的允许运行的速度值	1. 确认区间空闲； 2. 反方向行车的调度命令	—
8	反方向发出列车	LKJ（GYK）控车	点灯	出站信号机（线路所通过信号机）显示的允许运行的信号	1. 确认区间空闲； 2. 反方向行车的调度命令	—

三、电话闭塞

在办理接发列车时，遇行车设备故障、施工、自然灾害等情况造成基本闭塞法不能使用时，应停止使用基本闭塞法采用电话闭塞法行车。列车调度员详细了解现场情况后，按规定向车站发布停止使用基本闭塞法改按电话闭塞法行车的调度命令。

（一）采用电话闭塞法的时机

遇下列情况，应停止使用基本闭塞法，改用电话闭塞法行车：

（1）基本闭塞设备发生故障导致基本闭塞法不能使用时。

自动闭塞设备发生故障，不能保证列车按自动闭塞方式行车时，应停止使用改按电话闭塞法行车；自动站间闭塞设备故障，不能保证列车按自动站间闭塞方式行车时，应停止使用改按电话闭塞法行车。

（2）自动站间闭塞区间，出站信号机故障且引导信号不能开放时发车。

（二）电话闭塞法的行车办法

1. 行车凭证

（1）使用电话闭塞法行车时，列车占用区间的行车凭证为调度命令。

（2）列车调度员办理发车时，应查明区间空闲，接车站（线路所）为车站控制或邻台列车调度员控制时，还应取得其承认的电话记录号码（双线正方向首列后发车为取得前次列车到达的电话记录号码）；在发车进路准备妥当后，方可发布作为行车凭证的调度命令。

（3）车站值班员办理发车时，应查明区间空闲，并取得接车站（线路所）承认的电话记录号码，但双线正方向首列后发车为取得前次列车到达的电话记录号码（办理发车及接车的车站、线路所为同一车站值班员指挥时不办理电话记录号码），在发车进路准备妥当后，方可向列车调度员报告，请求发布作为行车凭证的调度命令。

2. 电话记录号码

办理电话闭塞时，下列各项应发出电话记录号码（办理发车及接车的车站、线路所为同一车站值班员或列车调度员指挥时除外），并做好记录：

（1）承认闭塞。

（2）列车到达。

（3）取消闭塞。

电话记录号码自每日00：00时起至24：00时止，按日循环编号，编号办法由铁路局规定。

3. 动车组列车的控车模式

基本闭塞法停用按电话闭塞法行车时，动车组列车司机应根据调度命令将列控车载设备转为LKJ方式运行，未装备LKJ的动车组列车转为隔离模式运行。

基本闭塞法停用按电话闭塞法行车时，由于基本闭塞设备停用，造成列控车载设备不能正常使用。对装备LKJ的动车组列车，由于LKJ设有电话闭塞行车相应的控车模式，因此可转为LKJ方式运行；对未装备LKJ的动车组列车，只能将列控车载设备隔离，根据调度命令转为隔离模式运行。

任务四 高速铁路接发列车

接发列车是车站行车工作的基本内容。不间断地接发列车，严格按列车运行图行车，是车站的基本任务之一，也是列车运行安全正点的重要保证。为保证车站接发列车的安全，必须按规定的程序办理。由于参加接发车工作的人员多，作业环节复杂，在接发列车工作中的任何疏忽或差错都可能造成列车晚点或行车事故。所以，所有参加接发车工作的有关人员，都必须认真执行规定的程序和用语，贯彻集中领导、统一指挥、逐级负责的原则，做到安全、迅速、准确、不间断地接发列车，严格按运行图行车。

一、集控站接发列车作业

（一）集控站

高速铁路车站分为集控站和非集控站。按调度集中基本操作方式，由列车调度员直接办理接发列车作业的车站（线路所）为集控站，其他车站（线路所）为非集控站。

集控站和非集控站是根据车站基本操作方式对应行车指挥人员的不同划分的，是车站性质的一种分类，不随车站调度集中设备控制状态的改变而改变。集控站由该区段列车调度员直接指挥行车。当集控站转为车站控制时，并不会转换为非集控站，仍然属于集控站，只是调度集中设备操作方式和控制状态的转换，由车站值班员直接办理接发列车作业。

（二）接发列车作业人员

1. 列车调度员

高速铁路设有调度集中设备，列车调度员可以利用设备直接操纵车站（线路所）的道岔和信号，可以适时了解区段内进路、道岔、信号和列车运行等情况。因此，在正常情况下，集控站由列车调度员负责指挥和办理接发列车。

2. 车站应急值守人员

集控站设车务应急值守人员，由车务具有车站值班员职名的人员担任。车务应急值守人员在车站行车室（设置有调度集中车站控制终端的处所）值守。具体值守工作制度由铁路局规定。车务应急值守人员主要起两方面的作用：①在设备故障、施工维修、非正常等情况下协助列车调度员办理相关作业；②在集控站转为车站控制时，根据列车调度员指示，担当车站值班员，负责指挥和办理车站有关行车作业。

在正常情况下，车务应急值守人员不参与行车工作。在设备故障、施工维修、非正常行车等情况下，根据列车调度员指示，车务应急值守人员负责办理以下行车作业：

（1）向司机等相关人员递交书面调度命令。

（2）组织相关人员现场准备进路。

（3）组织相关人员对故障设备进行检查、确认。

（4）按规定对站内到发线停留车辆的防溜措施进行检查、确认。

（5）在特殊情况下与司机办理故障车、事故车有关随车运输票据和回送单据的交接、保管工作。

（6）组织应急救援，完成信息传递和其他需现场了解、检查确认的工作。

电务、工务人员应根据车务应急值守人员指示，协助办理（2）（3）（6）项有关作业。

采用车站调车操作方式的车站，车务应急值守人员还应担当调车领导人并负责办理调车进路。

3. 车站值班员

集控站转为车站控制及非集控站，由车站值班员办理接发列车作业。此时，只有车站人员能够操纵车站的道岔和信号。

（三）转为非常站控模式的作业办法

1. 可转为非常站控模式情况

（1）调度集中设备故障。

遇调度集中设备故障或通信中断等情况导致列车调度员（车站值班员）不能通过调度集中设备办理进路时，应将调度集中设备转为非常站控模式，使用联锁设备办理进路。

（2）行车设备施工、维修需要时。

遇更换 CTC 设备软件、开行轨道车等行车设备施工、维修，可根据需要转入非常站控模式，使用联锁设备或现场人工方式办理进路。

（3）发生危及行车安全的情况需要时。

车务应急值守人员发现或接到列车线路上有障碍物等危及行车安全的报告，来不及报告列车调度员须立即对信号设备进行应急处置操作时，可直接按下非常站控按钮转入非常站控模式。

2. 转为非常站控模式的作业办法

（1）指派胜任人员赶赴现场。

在非正常情况下，集控站转为车站控制时，车务应急值守人员应报告站段指派胜任人员赶赴现场，协助做好非正常行车工作。

（2）经调度所值班主任（值班副主任）准许。

除因危及行车安全必须立即转换为非常站控外，列车调度员提出需转为非常站控时，须经调度所值班主任（值班副主任）准许。

由于调度集中设备具备的防错办、防止电力机车进无电区等功能已无法实现，此时涉及车站行车指挥权的交接、车站行车有关事项的交接等，原接发列车作业组织流程发生了变化，容易出现疏漏，办理接发列车存在一定的风险，须对模式转换严格控制。

（3）登记“CTC 控制模式转换登记簿”

转为非常站控时，车务应急值守人员和列车调度员须在“CTC 控制模式转换登记簿”内登记，记明转换的原因，见表 4-5；车务应急值守人员与列车调度员核对设备状况、站内停留车情况、列车运行计划、邻站（线路所）控制模式及与本站（线路所）有关的调度命令等情况。转为非常站控后，应通知司机车站（线路所）转为非常站控。

转为非常站控的原因消除后，双方在“CTC 控制模式转换登记簿”内登记，并及时转回。

表 4-5　CTC 控制模式转换登记簿（规格 190mm×265mm）

顺号	分散自律转为非常站控的原因	转入非常站控				转回分散自律				备注
		月 日	时 分	列车 调度员	车站 值班员	月 日	时 分	列车 调度员	车站 值班员	

二、动车组列车开关车门与出发

普速铁路接发列车作业包括办理闭塞、布置进路（包括听取进路准备妥当的报告）、开闭信号、交接凭证、接送列车、发车六项内容。在高速铁路，接发列车不再办理接送列车和发车作业，发车条件的确认由客运人员和司机负责。

（一）动车组列车开关车门

动车组列车车门具备集中控制和手动控制两种，有的车型车门集中控制按钮设置在司机操作台上，有的设置在随车机械师乘务室内。

1. 关闭车门

（1）由列车长确认旅客上下完毕。

（2）车门集中控制按钮设置在司机操作台上的动车组，列车长通知司机关闭车门；按钮不在司机操作台上的，由列车长通知随车机械师关闭车门。

2. 打开车门

车门集中控制按钮设置在司机操作台上的动车组，列车进站停车时，司机按动车组停车位置标停车，确认列车停稳、对准停车位置后开启车门；按钮不在司机操作台上的，列车到站停稳后，由随车机械师开启车门。

3. 故障或特殊情况

自动开关门装置故障或特殊情况需单独开关车门时，由司机通知列车工作人员手动开关车门。

（二）出发办法

1. 动车组列车

动车组列车在车站出发，动车组列车司机在确认行车凭证和开车时间，车门关闭后，即可起动列车。

2. 动车组以外的列车

（1）不办理客运业务时。

动车组以外的其他列车在车站出发，司机确认行车凭证正确，发车条件完备后，直接起动列车。正常情况下必须确认出站信号机显示的允许运行的信号；使用调度命令作为行车凭证时，应确认调度命令内容正确。

（2）办理客运业务时。

办理客运业务时，车站客运人员确认旅客乘降、上水、行包装卸完毕后，通过无线对讲设备通知司机，司机须得到车站客运人员的报告后，方可起动列车。

三、人工办理接发列车办法

（一）接发列车作业内容

车站应不间断地接发列车，严格按列车运行图行车。车站值班员办理接发列车（列车调度员人工办理接发列车）时，应亲自办理闭塞、布置进路（包括听取进路准备妥当的报告）、开闭信号、交接凭证。由于设备或业务量关系，车站值班员除布置进路（包括听取进路准备妥当的报告）外，其他各项工作可指派信号员或其他人员办理；列车调度员人工办理接发列车时，除办理闭塞、布置进路（包括听取进路准备妥当的报告）外，其他各项工作可指派车务应急值守人员或其他人员办理。

（二）人工准备进路

1. 办理进路前须确认的条件

人工办理进路接车前，必须亲自或通过有关人员确认接车线路空闲、影响进路的调车作业已经停止后，方可准备进路、开放进站信号机，准备接车；人工办理进路发车前，确认影响进路的调车作业已经停止后，方可准备进路、开放出站信号机，交付行车凭证。

2. 下达准备进路的命令要求

下达准备接发车进路命令时，必须简明清楚，正确及时，讲清车次和占用线路（一端有两个及以上列车运行方向或双线反方向行车时，应讲清方向、线别），并要求受令人复诵，核对无误。

3. 开放信号的时机

人工办理时，开放信号机的时机在高速铁路《行车组织细则》中规定。

4. 人工准备进路办法

人工准备进路时，应严格按照接发列车命令、调车作业计划执行。

在扳动道岔、操纵信号时，认真执行“一看、二扳（按）、三确认、四显示（呼唤)”制度；对进路上不该扳动的道岔，也应认真进行确认。

其他人员接发列车进路准备完了后，应及时报告车站值班员或列车调度员（能从设备上确认的除外）。

5. 无联锁线路接发列车的道岔加锁

在无联锁的线路上接发列车时，除严格按接发列车手续办理外，并应将进路上无联锁的道岔及邻线上防护道岔加锁。进路上无联锁的分动外锁闭道岔无论对向或顺向，均应对密贴尖轨、斥离尖轨和可动心轨加锁。具体加锁办法，由铁路局规定。

四、其他与普速铁路相似的接发列车办法

（一）相对方向同时接车和同方向同时发接列车

进站信号机外制动距离内，进站方向为超过6‰的下坡道，而接车线末端无隔开设备时，禁止办理相对方向同时接车和同方向同时发接列车（仅运行动车组列车的区段除外）。

在接发列车的同时，接入列控车载设备及列车运行监控装置均故障的动车组列车、制动力部分切除的动车组列车、列车运行监控装置或轨道车运行控制设备故障的其他列车，而接车线末端无隔开设备时，禁止办理相对方向同时接车和同方向同时发接列车。

相对方向不能同时接车时，应先接不适于在站外停车的列车、停车后起动困难的列车或后面有续行列车的列车。

遇两列车不能同时接发时，原则上应按列车运行计划顺序接发。

（二）取消发车进路办法

出站信号机已开放或行车凭证已交付，如需取消发车进路，列车调度员（车站控制时为车站值班员）应与司机联系，确认列车尚未起动，收回行车凭证后，再取消发车进路。

（三）接发列车的线路使用

接发列车应在正线或到发线上办理，并应遵守下列原则：

（1）旅客列车应接入规定线路。

（2）动车组列车在车站办理客运业务时，须固定股道、站台、停车位置。动车组列车遇特殊情况需变更办理客运业务的固定股道时，须经调度所值班主任（值班副主任）准许。

（3）通过列车原则上应在正线办理。原规定为通过的旅客列车由正线变更为到发线接车及动车组列车、特快旅客列车遇特殊情况必须变更基本进路时，须经列车调度员准许，并预告司机；如来不及预告时，应使列车在站外停车后，开放信号机，再接入站内。

（4）动车组列车按列控车载设备方式行车时，禁止在未设置列控信息的股道及进路上接发。

（四）站内无空闲线路接发列车

列车调度员（车站控制时为车站值班员）应保证有不间断接车的空闲线路。

在站内无空闲线路的特殊情况下，只准许接入为排除故障、事故救援、疏解车辆等所需要的救援列车、不挂车的单机及重型轨道车。上述列车均应在进站信号机外停车，由列车调度员（车站控制时为车站值班员）指定的胜任人员向司机通知事由后，以调车手信号旗（灯）将列车领入站内。

（五）列车停留位置

列车进站后，应停于接车线警冲标内方。在设有出站（进路）信号机的线路，列车头部不得越过出站（进路）信号机。

如列车尾部停在警冲标外方或压轨道绝缘时，列车调度员（车站控制时为车站值班员）应使用列车无线调度通信设备等通知司机，使列车向前移动。

（六）列车在站内临时停车的开车办法

列车在站内临时停车，待停车原因消除且继续运行时，应按下列规定办理：

（1）司机主动停车时，自行起动列车。

（2）其他列车乘务人员使用紧急制动装置（紧急制动阀）停车时，由随车机械师（车辆乘务员）通知司机开车。

（3）列车调度员（车站值班员）使列车在站内临时停车时，由列车调度员（车站值班员）通知司机开车。

（4）其他原因的临时停车，列车调度员（车站值班员）应组织司机、随车机械师（车辆乘务员）等查明停车原因，在列车具备运行条件后，由列车调度员（车站值班员）通知司机开车。

上述第（1）（2）（4）项列车停车后，司机应立即报告列车调度员（车站值班员），并说明停车原因。

五、接发动车组列车的特殊要求

（一）可办理相对方向同时接车和同方向同时发接列车的情况

仅运行动车组列车的区段，当进站信号机外制动距离内，进站方向为超过6‰的下坡道，而接车线末端无隔开设备时，可以办理相对方向同时接车和同方向同时发接列车。

高速铁路采用了先进的动车组列车和列控系统。根据有关研究结论，动车组列车在列控车载设备（或列车运行监控装置）、制动系统工作正常情况下，能保证列车不超速、不冒进，列车进站停车时可安全停在规定的区域内，设备正常时无须延续进路起防护作用。所以，在仅运行动车组列车的区段，进站方向为超过6‰下坡道的接车线末端不再设置延续进路。

（二）接发列车线路使用

（1）动车组列车在车站办理客运业务时，须固定股道、固定站台、固定停车位置。

动车组列车运行速度及运行等级高，因此对列车运行图公布的动车组列车均须明确固定股道、固定站台、固定停车位置。各站接发办理客运业务动车组列车的固定股道，应在列车运行图文件中一并公布。

（2）动车组列车遇特殊情况需变更办理客运业务的固定股道时，须经调度所值班主任（值班副主任）准许。

办理客运业务的动车组列车，应按固定股道办理接发，遇设备故障、自然灾害、列车晚点等不可抗力原因需调整股道时，必须经调度所值班主任（值班副主任）准许，不发布调度命令。

（3）动车组列车按列控车载设备方式行车时，禁止在未设置列控信息的股道及进路上接发。

动车组列车按列控车载设备方式行车时，必须要在设置有列控信息的股道及进路上接发。因为当股道及进路上未设置列控信息时，会造成列控车载设备收不到控车信息，从而触发制动，危及动车组运行安全。

任务五　高速铁路列车运行

列车由司机负责指挥，在乘务作业中，应严格执行《技规》和操作规程等规定，良好地完成铁路运输任务。同时负责组织处理列车运行中特殊情况，与车站、调度所进行联系等工作。为保证司机有良好的工作条件，确保列车运行安全，应严格控制司机以外人员登乘机车、动车组司机室。机车乘务组以外人员登乘机车时，除铁路机车运用管理规则指定的人员外，须凭登乘机车证登乘。登乘动车组司机室须凭动车组司机室登乘证。登乘机车、动车组司机室的人员，在不影响乘务人员工作的前提下，经检验准许后方可登乘。

一、乘务组在列车运行中的职责

列车应设有列车乘务组。列车乘务组包括：动车组列车应有动车组司机，其他列车应有机车乘务人员；动车组列车应有随车机械师，其他旅客列车应有车辆乘务人员；旅客列车应有客运乘务组（一般由列车长、列车广播员、列车员、列车行李员及餐车工作人员等组成）。

（一）动车组列车乘务组职责

1. 动车组列车司机在列车运行中的职责

（1）开车前司机要选定机车综合无线通信设备通信模式和运行线路，机车综合无线通信设备、GSM-R手持终端按规定注册列车车次，并确认正确。装备列车运行监控装置的动车组列车还应按规定输入监控装置有关数据。

机车综合无线通信设备有450MHz和GSM-R两种通信模式，与列车当时所在的线路相对应，在同一时间只有采用相同通信模式的无线通信设备方能进行无线通信，因此开车前司机要选定所在区段的通信模式，这样才能保证与列车调度员、车站值班员等进行无线通信。在GSM-R区段，列车调度员（车站值班员）通过拨打车次号或机车号与司机进行无线通信，因此司机开车前要按规定注册机车综合无线通信设备及GSM-R手持终端的列车车次号并确认正确。装备列车运行监控装置的动车组列车，司机还应在列车运行监控装置中输入车次、列车种类、重量、计长、交路号等有关数据，以便列车运行监控装置能够及时准确记录及控制列车运行。

（2）遵守列车运行图规定的运行时刻和各项允许及限制速度。彻底瞭望，确认信号，认真执行呼唤应答制度，严格按信号显示要求行车，确保列车安全正点。遇有信号显示不明或危及行车和人身安全时，应立即采取减速或停车措施。

为了安全、迅速、准确地完成运输任务，动车组列车司机应服从命令，听从指挥，牢固树立安全、正点意识。严格遵守运行图规定的运行时刻和动车组、线路、桥隧、信号容许速度，道岔、曲线和慢行地段等限制速度，以及ATP或LKJ设定的限制速度。在操纵列车时，必须做到运行不超速，区间不运缓，彻底瞭望，确认信号和执行呼唤应答制度。

信号是指示列车运行的命令，应严格按信号显示的要求行车。遇有信号显示不明、不正确时，必须立即减速或停车，严禁臆测行车。列车运行中，如发现危及行车和人身安全时，也要立即采取减速或停车措施。

（3）机车信号、机车综合无线通信设备、列车运行监控装置、列控车载设备必须全程运转，严禁擅自关机、隔离。

机车信号、列车运行监控装置、列控车载设备是控制列车运行、保证列车安全的重要设备，必须全程运转，严禁擅自关机、隔离。机车综合无线通信设备是列车运行时列车调度员（车站值班员）与司机联系的基本通信设备，为保证列车安全和行车信息的传递，要求全程运转，严禁擅自关机。

（4）起动稳，加速快，精心操纵，停车准确，按规定鸣笛。

（5）注意操纵台各种仪表及车载信息监控装置的显示。

动车组操纵台各种仪表及车载信息监控装置能够显示重要运行部件和功能是否良好、列车允许和实际运行速度、行车许可、列车牵引和制动能力等重要信息，因此规定司机在列车运行中要密切注意。

（6）正常情况在列车运行方向最前端司机室操纵，非操纵端司机室门、窗及各操纵开关、手柄均应置于断开或锁闭位。关闭非操纵端司机室机车综合无线通信设备电源。

动车组两端有司机室，正常情况司机在列车运行方向最前端司机室操纵，非操纵端的机车综合无线通信设备如果不按操作规程规定注销车次功能号码，可能会影响其他列车的机车综合无线通信设备正常运用，因此对非操纵端司机室的机车综合无线通信设备应关闭其供电电源，不得使用。为防止旅客进入非操纵端司机室，因此要求非操纵端司机室门、窗及各操纵开关、手柄均应置于断开或锁闭位。

（7）动车组列车停车后，必须使列车保持制动状态，以防止动车组发生溜逸。更换动车组司机（同向换乘除外）或司机室操纵端、使用紧急制动停车、重联或解编后再开车前，必须进行相关试验，以确认列车制动功能良好。

（8）等、会列车时，不准关闭辅助电源装置，并应按规定显示列车标志。保证动车组照明、电热饮水机、空调装置、通风机等设备的正常使用，并保证列车安全。

（9）向列车有关乘务人员传达列车调度员的有关命令、指示。

（10）将列车运行中发生的问题及使用紧急制动装置的情况，及时报告列车调度员。

2. 随车机械师在列车运行中的职责

随车机械师应配备GSM-R手持终端和无线对讲设备及响墩、火炬、短路铜线、信号旗（灯）等防护用品（只在仅运行动车组列车的线路上运行时可不配备响墩、火炬）。

（1）监控动车组设备技术状态。

随车机械师应按技术作业过程的规定检查动车组；在列车运行途中，应监控动车组设备技术状态，及时处理车辆故障，经处置确认无法正常运行时，通知司机选择维持运行或停车。

动车组随车机械师是保障动车组设备安全可靠运行的重要行车岗位，主要担负运行动车组（运营、试验、回送动车组）随车乘务工作，负责保证动车组安全的运行状态，维护正常的车内硬件环境，掌握和传递动车组设备的动态运行信息，应急处理和维修运行中的设备故障，对动车组设施进行日常状态检查和质量交接。在动车组运行途中，对发生影响行车的故障加强与司机联系，积极进行应急处理，及时将情况和运行要求通报司机。运行中因动车组故障或其他原因在区间被迫停车时，动车组随车机械师应加强与司机联系，掌握情况，并在司机指挥下做好行车及安全防护相关工作。动车组列车始发前，随车机械师应按技术作业过程的规定项目对动车组进行检查；在列车运行途中，应监控动车组设备技术状态，及时处理车辆故障，经处置确认无法正常运行时，通知司机选择维持运行或停车。

（2）遇紧急制动的处理。

列车发生紧急制动停车后，联系司机，检查车辆技术状态，可继续运行时通知司机开车；向司机通报使用紧急制动装置的情况，并协助司机处理有关行车事宜。

（二）动车组列车以外的乘务组职责

1. 司机在列车运行中的职责

（1）列车在出发前输入监控装置有关数据；按规定对列车自动制动机进行试验，在制动保压状态下列车制动主管的压力 1min 内漏泄不得超过 20kPa，确认列尾装置作用良好。

装备机车综合无线通信设备的机车，开车前司机要选定机车综合无线通信设备通信模式和运行线路。在 GSM-R 区段运行时，机车综合无线通信设备、GSM-R 手持终端按规定注册列车车次，并确认正确。

（2）遵守列车运行图规定的运行时刻和各项允许及限制速度。彻底瞭望，确认信号，认真执行呼唤应答制度，严格按信号显示要求行车，确保列车安全正点。遇有信号显示不明或危及行车和人身安全时，应立即采取减速或停车措施。

（3）机车信号、列车无线调度通信设备、列车运行监控装置（轨道车运行控制设备）和列尾装置必须全程运转，严禁擅自关机。

（4）起动稳，加速快，精心操纵，停车准确，按规定鸣笛，防止列车冲动和断钩。

（5）随时检查机车总风缸、制动主管的压力。检查内燃机车柴油机的润滑油压力、冷却水的温度及其转数等情况。注意电力机车的各种仪表的显示及接触网状态。

（6）在区间内列车停车进行防护、分部运行、装卸作业或使用紧急制动阀停车后再开车时，司机必须检查试验列车制动主管的贯通状态，确认列车完整，具备开车条件后，方可起动列车。

（7）单机、自轮运转特种设备在自动闭塞区间紧急制动停车或被迫停在调谐区内后，司机须立即通知后续列车司机、向列车调度员（两端站）报告停车位置（具备移动条件时司机须先将机车移动不少于 15m），并在轨道电路调谐区外使用短路铜线短接轨道电路。

（8）等会列车时，不准关闭空气压缩机，并应按规定显示列车标志。

（9）将列车运行中发生的问题及使用紧急制动阀的情况，及时报告列车调度员。

2. 车辆乘务人员职责

车辆乘务人员应按技术作业过程的规定检查车辆，并参加制动试验。在列车运行途中，应监控车辆运用状态，及时处理车辆故障，并将本身不能完成的不摘车检修工作，预报前方站列检。前方站列检应积极组织人力修复车辆故障，保持原编组运用。是否摘车检修，由当地列检决定并处理。

车辆乘务员应配备GSM-R手持终端和无线对讲设备及响墩、火炬、短路铜线、信号旗（灯）等防护用品，在值乘中还应做到：列尾装置故障时，列车出发前、停车站进站前和出站后，应按规定与司机核对列车尾部风压；列车发生紧急制动停车后，联系司机，检查车辆技术状态，可继续运行时通知司机开车；向司机通报使用紧急制动阀的情况，并协助司机处理有关行车事宜。

3. 使用紧急制动阀（紧急制动装置）

车辆乘务员、客运乘务组等列车乘务人员发现下列危及行车和人身安全情形时，应使用紧急制动阀（紧急制动装置）停车：

（1）车辆燃轴或重要部件损坏。

（2）列车发生火灾。

（3）有人从列车上坠落或线路内有人死伤。

（4）其他危及行车和人身安全必须紧急停车时。

使用车辆紧急制动阀时，不必先行破封，立即将阀手把向全开位置拉动，直到全开为止，不得停顿和关闭。遇弹簧手把时，在列车完全停车以前，不得松手。在长大下坡道上，必须先看制动主管压力表，如压力表指针已由定压下降100kPa时，不得再行使用紧急制动阀（遇折角塞门关闭时除外）。

动车组列车遇上述情况时，随车机械师、客运乘务组等列车乘务人员应立即报告司机采取停车措施；来不及报告时，应使用客室紧急制动装置停车。

列车乘务人员应将使用紧急制动阀（紧急制动装置）的情况报告司机。

二、列车运行办法

（一）动车组列车紧急制动距离

动车组紧急制动距离是动车组重要技术指标，其大小反映了动车组的制动性能。一般来说，紧急制动距离小的，其常用制动距离也相对短；紧急制动距离大的，其常用制动距离也相对长。其长短对信号机布置和线路通过能力有重要的影响，特别是在满足旅客舒适度条件下实现设计追踪间隔时间有重要影响，但同时动车组制动又会产生相关制动设备发热、磨耗等问题，与维修量有关系。

制动距离限值的取值参考因素包括：①理论计算，根据动车组性能和技术参数，计算紧急制动距离；②动车组试验，根据试验值大小确定；③参考国外的值。有了上述数值后，制动距离限值可取相应速度级性能最差的动车组列车的紧急制动距离，并留一定余量后综合确定。

动车组在平直道的紧急制动距离限值为：当动车组列车制动初速度为200km/h时，紧急制动距离限值为2000m；当制动初速度为250km/h时，紧急制动距离限值为3200m；当制动初速度为300km/h时，紧急制动距离限值为3800m；当制动初速度为350km/h时，紧急制动距离限值为6500m。

（二）邻线列车限速的情况

1. 开行路用、救援列车

在动车组列车运行时段内，特殊情况需开行路用、救援列车（利用动车组、单机担当救援时除外）时，列车调度员口头通知邻线会车范围内运行的动车组列车司机以限速 160km/h 运行，这是因为动车组在高速铁路上运行时速度高。而特殊情况开行路用、救援列车时，货物、机具装载加固等方面存在的问题可能影响邻线高速动车组列车的运行安全。

2. 列车在区间停车需下车处理

列车在区间被迫停车后，司机、车辆乘务员（随车机械师）或其他乘务人员需下车处理时，由于邻线列车运行速度高，为了确保下车人员的人身安全，列车调度员发布邻线列车限速 160km/h 及以下的调度命令，限速位置按停车列车位置前后各 1km 确定。司机在接到列车调度员已发布相关调度命令的口头指示后，通知有关作业人员办理。

须组织旅客疏散时，由于旅客疏散控制难度大，如果邻线再运行列车时，势必危及旅客人身安全，所以必须扣停邻线列车。司机在接到列车调度员已扣停邻线列车的口头指示后，通知有关作业人员办理。

（三）动车组列车按隔离模式运行办法

隔离模式是列控车载设备控制功能停用的模式。列车停车后，根据规定，司机操作隔离装置使列控车载设备转入隔离模式。

1. 动车组列车按隔离模式运行的情况

（1）基本闭塞法停用按电话闭塞法行车时，未装备 LKJ 的动车组列车。

（2）动车组列控车载设备故障不能恢复正常运行时，未装备 LKJ 的动车组列车。

（3）按 LKJ 方式运行的动车组列车遇机车信号或 LKJ 故障在车站出发。

（4）进站（出站、进路）信号机、线路所通过信号机故障或车站（线路所）道岔失去表示、轨道电路非列车占用红光带，未装备 LKJ 的动车组列车越过信号机。

（5）动车组列车退行。

（6）动车组列车由区间返回。

（7）担当救援的动车组在故障动车组前部救援。

2. 动车组列车按隔离模式运行的要求

（1）动车组列车转入或退出隔离模式（被救援时除外）须发布调度命令。

（2）动车组列车按隔离模式由车站（线路所）开往区间时，须按站间组织行车，列车按地面信号显示运行，待该列车到达前方站（线路所）后方可放行后续列车。

（3）动车组列车按隔离模式运行时，运行速度不超过 40km/h。在越过接触网分相有困难的特殊情况下，列车调度员可根据司机请求发布调度命令，列车以不超过 80km/h 的运行速度越过接触网分相。

（四）动车组通过小半径曲线和小号码道岔的规定

动车组一般情况下不得通过半径小于 250m 的曲线，通过曲线半径为 300m 的曲线时，限速为 35km/h；通过曲线半径为 250m 曲线时，限速为 30km/h；通过曲线半径为 200m 曲线时，限速为 25km/h；不得侧向通过小于 9 号的单开道岔和小于 6 号的对称双开道岔。

三、列车跨线运行

（一）未装备 LKJ 的动车组列车在 CTCS-0/1 级区段运行

机车信号模式是装备 CTCS-3 级列控车载设备的动车组在 CTCS-0/1 级区段运行时使用的模式。经司机操作后，列控车载设备转为最高限速 80km/h 控车模式。在机车信号模式下，按地面信号显示运行。

当未装备 LKJ 的动车组列车在 CTCS-0/1 级区段按机车信号模式运行时，列车按地面信号机显示运行，最高运行速度不超过 80km/h。遇地面信号机未开放或显示不明时，及时采取停车措施。低于 80km/h 的限速按运行揭示或临时限速调度命令执行，线路允许速度低于 80km/h 的区段由司机控制列车运行速度。

（二）级间自动转换失败时的处理

高速铁路设有级间转换应答器，动车组列车按列控车载设备方式行车时，能够自动实现级间转换。

动车组列车在运行过程中遇级间自动转换失败时，应根据不同情况进行处置。

1. CTCS-2 级与 CTCS-0/1 级间

（1）动车组列车在 CTCS-2 级区段与 CTCS-0/1 级区段级间自动转换失败时，司机应立即报告列车调度员（车站值班员）。

CTCS-2 级区段与 CTCS-0/1 级分界处，设置了级间转换应答器，当应答器故障或动车组自身原因造成在 CTCS-2 级区段与 CTCS-0/1 级区段级间自动转换失败时，司机应立即报告列车调度员或车站值班员。

（2）由 CTCS-2 级区段向 CTCS-0/1 级区段运行时，停车后根据调度命令手动转换。

由 CTCS-2 级区段向 CTCS-0/1 级区段运行时，由于动车组还是在列控车载设备方式控车下，进入 CTCS-0/1 级区段后地面没有控车信息，会触发紧急制动，因此规定司机应停车后根据调度命令手动转换。

（3）由 CTCS-0/1 级区段向 CTCS-2 级区段运行时，可维持按 LKJ 方式继续运行。

由 CTCS-0/1 级区段向 CTCS-2 级区段运行时，当列车进入 CTCS-2 级区段运行时，因为列车仍可按 LKJ 方式运行，因此规定可维持按 LKJ 方式继续运行。

2. CTCS-3 级与 CTCS-2 级间

（1）动车组列车在 CTCS-3 级区段与 CTCS-2 级区段级间自动转换失败时，司机应立即报告列车调度员（车站值班员）。

CTCS-3 级区段与 CTCS-2 级分界处，设置了级间转换应答器，当应答器故障或动车组自身原因造成在 CTCS-3 级区段与 CTCS-2 级区段级间自动转换失败时，司机应立即报告列车调度员或车站值班员。

（2）由 CTCS-3 级区段向 CTCS-2 级区段运行时，停车后手动转换。

由 CTCS-3 级区段向 CTCS-2 级区段运行时，由于动车组还是在 CTCS-3 级列控车载设备方式控车下，是通过无线闭塞中心向动车组传送行车许可，进入 CTCS-2 级区段后不是无线闭塞中心覆盖的范围，动车组列车无法收到行车许可，会触发紧急制动，因此规定司机应停车后手动转换。

由CTCS-3级方式人工转换为CTCS-2级方式行车时，列车调度员不发布调度命令。

(3) 由CTCS-2级区段向CTCS-3级区段运行时，维持CTCS-2级方式继续运行。

由CTCS-2级区段向CTCS-3级区段运行时，当列车进入CTCS-3级区段运行时，因为列车还是按CTCS-2级列控车载设备方式控车，能按照司机控制台显示的目标距离、目标速度控制列车运行，因此可维持按CTCS-2级继续运行。

(三) 向不同等级线路发出列车的行车凭证

高速铁路车站（线路所）向衔接的其他线路车站（线路所）发出列车时，有关行车凭证按高速铁路规定执行；高速铁路衔接的其他线路车站（线路所）向高速铁路车站（线路所）发出列车时，有关行车凭证按其他线路规定执行。

四、动车组回送组织

动车组检修及修竣后返回、变更配属、借用等均会产生回送，动车组回送分为有动力回送和无动力回送。动车组回送不进行客列检作业，因为动车组均安装自检系统，一旦发生故障会自动报警。8辆编组的动车组可两列重联回送。

(一) 动车组回送手续

1. 动车组回送申请

动车组回送申请单位应根据有关文电、检修计划、运用交路调整、试验方案等，于回送前一日的14：00前（因故障等临时产生的回送不受该时间限制）向始发站所在铁路局动车调度员申请。

动车组回送时，相关动车段（所）、造修单位应提出限速、回送方式（有动力、无动力）、可否折角运行等注意事项，明确编组辆数、牵引总数、全长、随车机械师担当，建议回送日期与时刻、回送区段、回送要求、回送径路等。

例如：某动车所向某铁路局动车调度员提出如下动车组回送申请。

因动车组运用检修需要，申请CRH2A-2447动车组由A站回送至D站，到后入D动车所。具体要求如下：

(1) 2019年11月1日，A站至D站间开行0D2301次列车，经由A站、B站、C站、D站。

(2) 列车编组：CRH2A-2447，编组8辆，总重372.1t，全长201.4m。

(3) 回送要求：有动力回送。

(4) 乘务担当：司机由D机务段担当，随车机械师由D动车段担当。

(5) 回送时间：A站15：00开，按现时分运行，遇抵触列车调度调整。

(6) 未尽事宜按《动车组回送作业办法》(铁总运〔2015〕157号）文件办理。

2. 固定回送径路

动车组回送应固定运行径路，铁路局管内由铁路局公布，跨局由国铁集团公布。遇特殊情况需经非固定运行径路或运行条件有特定要求时（有关规章文电已明确时除外），铁路局管内由铁路局、跨局由国铁集团以文电形式明确。

回送径路发生变化时，须由相关路局对弓网、电务设备等匹配条件进行核准确认。

3. 回送的准许方式

铁路局管内回送时，经调度所动车调度员与机车调度员（动车司机调度员）审核、值班副主任批准后，计划调度员纳入高速铁路调度日计划；因故障产生的临时回送来不及纳入高速铁路调度日计划时，由计划调度员发布调度命令，列车调度员按规定发布相关调度命令。

跨局回送时，经调度所动车调度员与机车调度员（动车司机调度员）审核、值班副主任批准后，调度所计划调度员向国铁集团高速铁路计划调度员提出申请。国铁集团高速铁路计划调度员“商得国铁集团”机车调度员后发布调度命令，调度所计划调度员纳入高速铁路调度日计划；来不及纳入高速铁路调度日计划时，由计划调度员发布调度命令，列车调度员按规定发布相关调度命令。

（二）值乘人员作业分工

动车组回送运行时，须安排动车组司机及随车机械师值乘。无动力回送时，安排机车司机值乘，使用回送过渡车时安排押运员。

1. 动车组司机

负责连挂端激活（退出）、司机室占用，操作受电弓、主断路器、司机警惕装置、车载列控设备，自动开启头罩，牵引制动试验。运行中监控总风压力、蓄电池电压及列车运行状态，配合随车机械师拆卸过渡车钩和专用风管。

2. 随车机械师

负责拆装过渡车钩和专用风管，连接与摘解电气连接线的，操作动车组截断塞门，开关车门，确认连挂状态，手动操作开闭机构，操作连挂及解编作业中的其他开关，运行途中动车组状态监控等。

3. 机车司机

负责机车与回送过渡车的连挂和回送过渡车与机车间车钩、软管摘解（单班单司机值乘由车辆乘务员负责），机车折角塞门的操作，其他按照《铁路技术管理规程》规定执行。

4. 回送过渡车押运员

负责加送过渡车与机车间软管连接，回送车折角塞门操作。单班单司机值乘时负责回送过渡车与机车间车钩、软管摘解和机车与回送过渡车的连挂。其他按照《铁路技术管理规程》规定执行。负责运行过程中过渡车运行状态的监控与车上设备的操作。

（三）有动力回送要求

动车组回送按旅客列车办理，原则上采用自走行方式。

动车组有动力回送时，所配属的铁路局依据调度命令规定的回送径路，负责确认车载电务设备相关数据。有动力回送区段超过配属动车组司机乘务交路担当区段时，非担当区段应指派带道人员。

新造或检修出厂的动车组回送前，造修单位负责组织列控车载设备单位对列控车载设备、列车运行监控装置（LKJ）、机车综合无线通信设备（CIR）状态进行检查确认，保证状态良好。新造动车组出厂回送时，造修单位及列控车载设备生产厂家应派员押运。

有动力回送前，动车组技术状态及车载行车安全设备技术性能均需满足上线运行的条件。回送途中，动车组采用列控车载设备或列车运行监控装置（LKJ）控车，按动车组标尺速度运行。

安装 CTCS-3 级列控车载设备的动车组新造出厂时按 CTCS-2 级模式行车，在测速雷达没有标定时，为防止速度跳变触发制动，最高速度为 250km/h。

（四）无动力回送要求

未装备 LKJ 的动车组需在 CTCS-0/1 级区段回送时，应采取无动力回送方式。

1. 车钩高度差限制

使用统型过渡车钩时，须确认相互连挂的车钩中心水平线高度差不得超过 50mm。如超过限度，由随车机械师调整过渡车钩高度。

2. 回送限速

动车组无动力回送，制动可用时限速 120km/h，制动不可用时限速 5km/h。动车组使用非统型车钩无动力回送时，CRH3、CRH380B（L）、CRH380CL 型动车组通过的线路坡度不应大于 20‰，CRH3 型动车组重联无动力回送限速 80km/h。

动车组无动力回送时，列车管压力为 600kPa。动车组安装过渡车钩回送时，按规定限速运行。尽可能避免实施紧急制动，以防止发生车钩断裂等问题。动车组无动力回送时，发生紧急制动后，本务司机必须通知随车机械师，经随车机械师检查过渡车钩状态良好后方可继续运行。

3. 加挂回送过渡车

CRH2A/2B/2C/380A（L）/380A（统型）/380AM 型动车组无动力回送时间在 2h 以内时，可使用机车直接连挂动车组的方式回送；无动力回送时间超过 2h 时，必须加挂能向蓄电池供电的回送过渡车。

动车组无动力回送时，使用客运机车牵引，回送过渡车须挂于机后第一位。使用回送过渡车时，回送过渡车比照客车车辆管理。担当回送过渡车值乘任务的押运员要具备车辆乘务员资质，由回送过渡车所属主机厂委派。

项目五　高速铁路非正常行车组织

随着高速铁路技术设备的智能化发展和运营管理模式的不断优化，列车高速度、高密度运行成为现实。在正常情况下，列车在技术设备的保障下按照有关规章及列车运行图有序运行，运行稳定性好，安全保障程度高。一旦正常运行条件发生变化，高速铁路必须对应采取高效安全并有别于正常情况的行车组织方式。

任务一　限速管理

列车应按列车运行图规定的线路允许速度和机车车辆构造速度运行，需要临时限速的情形大致有以下五种情况。

（1）固定设备不良，例如线路基础、轨道、道岔、桥隧、站台等引起的线路限速，信号通信及接触网供电设备不良、邻线施工作业等引起的限速等。

（2）移动设备不良或达不到规定的技术条件，例如机车车辆故障，动车组牵引力或制动力切除、空气弹簧故障、车窗玻璃破损密闭失效等需自身限速运行。

（3）灾害天气、天气不良等情况下，例如地震、大风、雨天、冰雪等引起的限速。

（4）例如塌方、落石、树木倒伏等影响列车正常运行安全的各种异物侵限引起的限速。

（5）其他情形，例如列车中特殊车辆、装载货物需要限速，动车组使用过渡车钩无动力回送等需要列车限速运行。

上述第（1）（3）（4）种情况需对所有通过该区段的列车限速，第（2）（5）种情况对本列车限速。

一、临时限速管理

高速铁路的临时限速与普速铁路不同。普速铁路遇特殊情况需要使列车临时限速，向列车司机发布临时限速调度命令即可。而高速铁路遇临时限速的情形，除了向司机发布临时限速调度命令外，还需要通过 CTC 系统设置列控限速以便实现列控系统控制列车的运行速度。

（一）通过临时限速调度命令及列控限速管理

（1）需临时限速时，应由有关单位（人员）提出限速申请或由自然灾害及异物侵限监测系统报警提示。

（2）列车调度员应按规定发布临时限速调度命令，并设置列控限速（针对某一列车的限速除外）。

列车调度员接到申请或报警提示后，应立即采取措施使相关列车限速运行，即按规定发布临时限速调度命令并设置列控限速。由于列控限速是通过列控系统对某一范围（区段）内采用列控车载设备（ATP）控制运行的列车实施限速控制，因此，列车状态不良、挂有需限速的机车车辆、逐级逐列提速等对某一列车的限速不设置列控限速。

（3）来不及时口头通知列车限速运行。

来不及发布临时限速调度命令或设置列控限速时，列车调度员应立即通知司机限速运行，司机按列车调度员通知的限速要求控制列车运行。此时列车调度员口头通知司机的限速值是实际限速值，司机按要求人工控制列车限速运行。

（4）限速要求不一致时按最低限速值发布命令。

为确保列车运行或作业安全，在多种限速条件（要求）下，列车限速应按就低的原则执行。在同一处所（地段），当多个单位、自然灾害及异物侵限监测系统提出的限速要求不一致时，列车调度员按最低限速值发布临时限速调度命令。

（二）纳入运行揭示调度命令管理

1. 超过24h的临时限速纳入运行揭示调度命令

对于24h内不能取消的临时限速，限速登记单位或设备管理单位应提出限速申请，报告主管业务处，由主管业务处审核后提交调度所发布运行揭示调度命令。列车调度员确认在途列车司机已收到该运行揭示调度命令后，方可不再向该列车司机发布临时限速调度命令。

这样规定的理由如下：临时限速须向所有相关列车的司机发布临时限速调度命令，如果临时限速时间过长，LKJ或GYK方式控车的列车由司机根据调度命令人工控制列车限速运行，不利于列车运行安全控制，并且会增加列车调度员、车站值班员和列车司机的工作量和劳动强度，也存在漏传、漏交调度命令等安全隐患。因此，较长时间的临时限速应纳入运行揭示调度命令，写入IC卡，采取设备控制手段，来保证行车安全。

2. 纳入运行揭示调度命令的限速发生变化

需变更已纳入运行揭示调度命令管理的限速时，设备管理单位应及时登记，同时向铁路局主管业务处提出新的限速条件或恢复常速申请，调度所根据主管业务处提出的申请，重新发布运行揭示调度命令。

二、列控限速管理

（一）列控限速的概念

1. 列控限速的概念

用于列车运行控制系统的限速设置（数据格式）称为列控限速。列控限速由列车调度员通过CTC进行设置或取消，并采用双重口令，由列控系统执行。

列控限速是由列控系统对某一范围（区段）内采用列控车载设备控制运行的动车组列车实施限速控制的手段。一旦设置了列控限速，所有通过该范围（区段）的列控车载设备控车的动车组列车均受到速度约束。

2. 列控限速数据

列控限速数据包括线路号、相关受令车站、限速位置、限速值、限速执行方式、限速开始和结束时间等，侧线列控限速应增加车站号信息。

线路号宜按下行正线、上行正线、下行侧线、上行侧线的顺序编号，若线路号需扩展，宜遵守以下限定：下行线用奇数号标识，上行线用偶数号标识；线路号3～9应仅限于分配给站场侧线分区（侧线区指除正线及正线间渡线道岔外的区域，若侧线区超过7个，须对相邻侧线区号归并）。

上述车站号不是铁路运输管理信息系统（TMIS）的编号，是列控系统设备和相关设备编号中的车站代码。在列控系统设备中，国家铁路按一定原则划分若干大区，每个大区分成若干分区，每个分区包含若干车站（含区间）。车站、中继站及线路所应编制独立车站编号（代码）。车站代码及单元编号由铁路局和工程设计部门按应答器编号规则纳入工程设计，并报国铁集团运输局核备。车站代码由二位十进制表示，编号范围为1～60。一个分区内的车站数量一般按不超过55个进行分配；原则上按分区内线路的下行方向顺次编号；多个线别合并在一个分区时，线别之间车站代码留出适当余量；既有分区内增减车站时，不得影响其他车站代码。

限速位置包括起点与终点里程。列控限速的起点与终点位置应按线路正方向设置，并不得设置在线路短链点内。

限速执行方式包括定时开始、立即执行两种。

限速开始和结束时间包括定时结束，持续有效两种。

3. 限速区设置

列控中心控制的每个有源应答器只管辖一定范围内的限速，限速区可以设置在区间、站内正线、站内侧线或区间跨站内正线。

（二）列控限速设置

1. 列控限速按挡分为不同的限速等级，最低为45km/h

列控限速按挡分为不同的限速等级。各高速铁路由于建设时间不同，执行的标准有差异，列控限速的挡级及设置方式也不相同。区间及站内正线临时限速一般按线路正方向设置，限速值按挡设置，最低45km/h，最长限速区长度为临时限速服务器对应的调度台管界范围。

侧线临时限速以上、下行侧线（不含正线）分别按区设置，临时限速值一般设45km/h、80km/h两挡。

高速铁路一般设有临时限速服务器，每个有源应答器的单向正线临时限速管辖范围内最多允许同时设置3处临时限速。侧线限速可按区同时设置。

正线上不得设置区域重叠的限速，出现区域限速重叠时应分段设置。

2. 低于45km/h的限速按45km/h设置

设置列控限速时，应按照不高于限速值的原则选择相应限速等级进行设置，但低于45km/h的限速按45km/h设置。

3. 列控限速的设置和取消按规定流程办理

列控限速的取消命令为立即下达方式。临时限速取消命令须与要取消的临时限速设置命令参数一致，不得对某一限速区进行分段取消或覆盖取消。

列控限速命令应由命令拟定调度台下达、取消和删除。

跨调度台界的临时限速命令需由两侧调度台按管辖分界人工拆分后分别下达。

设置任何列控限速不能影响已存在的临时限速，取消限速命令不能影响其他临时限速。

列控限速的设置和取消，一是要按列控限速命令管理的规定流程办理，二是在CTC终端操作时须按系统规定的流程办理。

（三）列控限速与调度命令不一致的处理

当调度命令的限速值低于列控车载设备显示的目标速度时，动车组列车司机应按调度命令控制列车运行。遇实际限速与运行揭示调度命令（临时限速调度命令）限速相符，而列控限速归挡造成列控限速与运行揭示调度命令（临时限速调度命令）限速不符时，列车调度员不再向动车组列车司机发布临时限速调度命令。

由于列控系统有固定的速度等级，实际设置列控限速时按照不高于限速值的原则选择相应限速等级（归挡）进行设置，这就可能造成调度命令的限速值低于列控车载设备显示的目标速度。还有可能是列车调度员来不及设置列控限或者虽已设置列控限速但列控车载设备未收到和执行等。

（四）对低于45km/h的限速处置

1. 装备LKJ的动车组列车

（1）限速命令已写入IC卡。

对低于45km/h的限速，装备列车运行监控装置（LKJ）的动车组列车，限速命令已写入IC卡时，动车组列车司机应根据调度命令在限速地段前一站停车改按列车运行监控装置（LKJ）方式运行，司机按限速调度命令和列车运行监控装置（LKJ）设置控制列车通过限速地段。

对于低于45km/h的限速，动车组列车司机按实际限速调度命令的限速值控制列车运行。临时限速已纳入运行揭示命令管理的，已将限速纳入运行揭示和写入IC卡。根据设备控制优先的原则，对于装备列车运行监控装置（LKJ）的动车组列车，列车调度员确认司机已收到运行揭示命令、限速命令已写入IC卡后，发布改按列车运行监控装置（LKJ）方式运行的调度命令。司机在限速地段前一站停车改列车运行监控装置（LKJ）方式控车，按限速调度命令和列车运行监控装置（LKJ）设置的控制列车限速运行。

（2）限速命令未写入IC卡。

对于虽装备列车运行监控装置（LKJ）但限速命令未写入IC卡的动车组列车，低于45km/h的限速未写入IC卡时，动车组列车司机应根据限速调度命令人工控制列车通过限速地段。

2. 未装备LKJ的动车组列车

未装备列车运行监控装置（LKJ）的动车组列车，动车组列车司机应根据限速调度命令人工控制列车通过限速地段。

（五）列控限速设置不成功时的处理

为确保动车组列车不超速进入限速地段，列控限速应在动车组列车进入该限速地段前一站前设置完成。列车调度员设置列控限速不成功时，列控车载设备不会收到和执行限速，存在动车组列车超速的隐患，必须采取措施确保动车组列车运行安全。

1. 对于装备LKJ的动车组列车

对装备列车运行监控装置（LKJ）的动车组列车，列控限速设置不成功时，列车调度员应关闭（车站控制时为通知车站值班员关闭）进入该限速地段前一站的出站信号，发布动车组列车改按列车运行监控装置（LKJ）方式行车的调度命令。司机在该站停车转换为列车运行监控装置（LKJ）方式，按以下方式运行：

（1）动车组列车司机在出乘前已收到该限速的运行揭示调度命令时，列车调度员与司机核对限速的运行揭示调度命令无误后，方可放行列车，司机按运行揭示调度命令和列车运行监控装置（LKJ）设置控制列车运行速度，通过限速地段。

（2）动车组列车司机在出乘前未收到该限速的运行揭示调度命令时，列车调度员应向司机发布限速调度命令（最高不超过40km/h），核对无误后方可放行列车。司机按限速调度命令人工控制列车通过限速地段。

2. 对未装备LKJ的动车组列车

对未装备列车运行监控装置（LKJ）的动车组列车，当限速设置不成功时，列车调度员应关闭（车站控制时为通知车站值班员关闭）进入该限速地段前一站的出站信号，向司机发布限速调度命令（最高不超过40km/h），核对无误后，方可放行列车。司机按限速调度命令人工控制列车通过限速地段。

此处列车调度员向司机发布最高不超过40km/h的限速调度命令的前提是列控限速设置不成功，此刻抛开了原限速值，是对动车组列车采取的进一步安全速度，必须不超过40km/h并且不高于原限速值。

任务二　灾害天气行车

铁路是一个地域广阔的开放系统，铁路运输生产不可能脱离自然环境，自然灾害、恶劣天气对铁路运输安全的影响不可忽视。高速铁路运行的列车速度高、密度大，大风、大雨、大雪、大雾、异物侵限、地震，都有可能破坏列车的正常运行，甚至危及行车安全。因此，必须及早预防，提前制订应对措施。高速铁路要想保证灾害天气的行车安全，首先是进行灾害预警，然后控制列车降速或停车。

高速铁路应设置自然灾害及异物侵限监测系统（简称灾害监测系统），根据线路沿线的气象条件、地理环境及具体工程情况，合理设置风、雨、雪、地震及异物侵限监测设施。设计速度200km/h及以上区段应设置风、雨、雪、地震及上跨铁路的道岔桥梁侵限监测系统，设计速度200km/h以下区段应设置雪量监测系统。灾害监测系统应采用铁路局中心系统、现场监测设备两级架构，包括铁路局中心系统、现场监测设备及系统网络等。铁路局中心系统应包括服务器、存储、网络及安全、时间同步、监测终端、复示终端等设备。现场监测设备应设置在铁路沿线，包括监控单元及现场采集设备。

遇有暴风雨雪天气或地震，工务、电务、供电等设备管理单位应加强对重点地段和设备的检查，提高设备质量，降低设备在恶劣天气环境下发生故障的概率。在天窗时间外，因高速铁路列车运行速度高，为保证检查人员的人身安全，规定检查人员不得进入路肩和桥面范围内，必要时应封锁或限速，在调度所（车站）设联络员、现场设防护员后再检查。检查人员发现影响行车安全时，须及时报告列车调度员，并采取限速运行或封锁线路等安全措施。

一、大风天气行车

高速运行的列车，在大风特别是侧向风环境中，运行稳定性降低，车体侧向偏移量加大且不利于行车安全，有关部门与人员必须根据不同的风速采取相应的安全措施。

（一）接到大风报警信息的处置

接到自然灾害及异物侵限监测系统风速监测子系统大风报警信息时，列车调度员应及时处置。

1. 对列车采取限速措施

遇风速监测子系统提示大风报警信息时，列车调度员根据报警提示向相关列车发布限速运行的调度命令。对于已进入或即将进入限速区段而来不及发布调度命令的列车，立即通知司机限速运行。司机接到调度命令或通知后，应立即采取降速措施。

2. 接到禁止运行报警信息的处置

遇大风天气，当风速监测子系统发出禁止运行的报警信息时，列车调度员应及时关闭有关信号（车站控制时，为通知车站值班员关闭有关信号）并通知司机停车。司机接到通知后，应立即采取停车措施。

关闭有关信号可将列车扣停在站内，对于区间运行的列车则立即通知司机停车。

3. 列车运行途中遇大风的处置

列车运行途中，遇大风，司机根据情况控制列车运行速度，并报告列车调度员。列车调度员通知后续首列列车司机在该地段注意运行；列车通过该地段后，司机应及时向列车调度员报告。

列车调度员对风速监测子系统报警的处置需要一定的时间。风速监测子系统监测点是固定设置，没有全部覆盖监测所有地点。为确保列车运行安全，列车运行途中遇大风时，司机应自行控制列车运行速度，并报告列车调度员以便及时通知后续首列车注意运行。司机控制列车驶离大风区域后，应及时向列车调度员报告情况，以便列车调度员掌握大风区域和风速情况，组织后续列车安全运行。

4. 风速不稳或同一地段多处风速报警的处置

遇大风天气，列车调度员按风速监测子系统报警提示发布限速调度命令，遇风速不稳或同一地段多处风速报警时，列车调度员可合并设置，按最低限速值发布限速调度命令，以消除限速重叠、不一致和交叉的问题，迅速进行处置。

5. 解除警报

风速监测子系统限速报警解除后，列车调度员应及时取消前发限速调度命令，恢复正常行车。

（二）大风天气限速要求

动车组列车在无挡风墙区段运行时，需要对大风天气不同风速下的运行速度做出限制。

目前，既有自然灾害及异物侵限系统风速计安装在轨面以上 4m 左右，监测的风速数据为 3s 滑动平均瞬时风速，未考虑风向的因素，该监测风速数据暂作为环境风速值采用。同时，既有自然灾害及异物侵限系统中大风报警及解除时限暂采用以下阈值设定：风速值达到报警门限10s报警，风速值低于报警门限10min解除报警。

1. 动车组列车在不同风速下的限速

（1）在环境风速不大于15m/s时，可以正常速度运行。

（2）环境风速不大于20m/s时，运行速度不大于300km/h。

（3）环境风速不大于25m/s时，运行速度不大于200km/h。

（4）环境风速不大于30m/s时，运行速度不大于120km/h。

（5）环境风速大于30m/s时，严禁动车组列车进入风区。

2. 动车组在邻靠站台的线路上运行时限速

动车组高速运行时，受线路平纵面及风力等影响，车体会有一定的侧向偏移。高速铁路均为1250mm的高站台，并且正线、到发线中心线距站台边缘大多为1750mm。动车组在邻靠站台的线路上运行时，存在与站台接触摩擦危及行车安全的风险，所以必须根据站台限界情况限制列车运行速度。

在线路中心线距站台边缘为1750mm的正线、到发线办理动车组列车通过时，环境风速不同，限速值也不同。

（1）在环境风速不大于15m/s时，速度不得超过80km/h。

（2）当环境风速超过15m/s时，动车组运行速度不得超过45km/h，并注意运行。

对于线路中心线距站台边缘为1800mm的正线、到发线，不受上述速度限制。

（三）风速监测系统故障时的处置

自然灾害及异物侵限监测系统风速监测子系统故障时，例如调度监控终端黑屏、灰屏、死机、通信中断、风速风向现场监测设备故障等，将不能检测和提供大风报警及限速、禁止运行等报警信息，一方面要立即组织修复，另一方面要按照天气预报信息继续组织列车运行，具体信息由工务部门提供。

1. 登记“行车设备检查登记簿”

列车调度员发现风速监测子系统故障时，应立即通知设备管理单位，并在“行车设备检查登记簿”内登记。设备管理单位应立即查明原因，尽快修复。

设备管理单位在日常检测、使用过程中，发现风速监测子系统故障时，应立即报告列车调度员，并在调度所“行车设备检查登记簿”内登记，并且迅速组织查明原因、尽快修复。

2. 故障期间的行车办法

（1）按天气预报信息组织行车。

风速监测子系统故障期间，故障区段如遇天气预报7级及以上大风天气时，工务部门应及时向列车调度员提交天气预报信息，列车调度员按照天气预报的最大风级向相关列车发布限速调度命令。

（2）列车限速值。

①当最大风速达7级时，运行速度不大于300km/h。

②当最大风速达8级、9级时，运行速度不大于200km/h。

③当最大风速达10级时，运行速度不大于120km/h。

④当最大风速达11级及以上时，禁止列车进入风区。

（3）限速里程由工务部门根据故障情况以及天气预报信息确定后，通知列车调度员。

（四）风速监测子系统报警处置实例

某CTCS-3级高速铁路自动闭塞区段，因风速监测子系统报警限速运行。

15时21分，A站至B站间风监测子系统四级报警，该地段限速300km/h，B站报警侧线限45km/h。

15时22分，列车调度员确认风速监测子系统报警后，立即呼叫已进入该限速地段的下行列车G7201次、G7023次、G7025次、G7165次及上行列车G7102次将速度降至300km/h。

15时24分，列车调度员向相关列车发布限速运行的调度命令。

15时27分，列车调度员在调度集中系统（CTC）设置该地段上行线列控限速（因无列车进B站侧线，未设置侧线列控限速）。

15时28分，列车调度员在调度集中系统（CTC）设置该地段下行线列控限速（因无列车进B站侧线，未设置侧线列控限速）。

15时42分，风速监测子系统恢复正常。

15时45分，列车调度员向G7165次、G7102次、G7025次列车发布调度命令取消限速。

15时46分，列车调度员在CTC取消上、下行列车限速。

二、雨天行车

遇强降雨天气时，路基、桥隧、通信信号、供电等铁路基础设施会受到影响，可能危及行车安全，必须根据不同的雨量采取相应的安全措施。

（一）接雨量报警信息的处置

接到自然灾害及异物侵限监测系统雨量监测子系统报警信息时，列车调度员应及时进行处置。

1. 发布限速调度命令

遇雨量监测子系统提示雨量监测报警信息时，列车调度员根据报警提示向相关列车发布限速运行的调度命令。

列车调度员除了及时组织列车临时限速运行外，还应通知工务、电务、车辆、供电等专业调度，及时通知有关设备管理单位检查设备。

2. 来不及通知司机限速运行

对已进入或即将进入限速区段而来不及发布调度命令的列车，立即通知司机限速运行。司机接到调度命令或通知后，无论列控限速设置与否，均应立即采取措施。

（二）列车通过防洪重点地段的处置

工务部门应根据现场环境、气候特点、设备状况等并结合历年防洪经验，确定并公布防洪重点地段，防洪重点地段多是汛期灾害多发区域，例如洪水、泥石流、山体滑坡、塌方落石等，线路、桥隧、路基、道床等稳定性会受到影响。日常当列车通过防洪重点地段时，司机要加强瞭望，并随时采取必要的安全措施。

1. 积水高于轨面时

动车组列车运行中，司机发现积水高于轨面时，应立即停车，根据现场情况与随车机械师共同确认行车条件或请求救援，并立即报告列车调度员（车站值班员），车站值班员报告列车调度员。列车调度员（车站值班员）立即通知已进入区间的后续列车停车（避免停在隧道内），不再向该区间放行列车。

2. 洪水漫到路肩或有障碍物危及行车安全时

（1）当洪水漫到路肩时，列车应按规定限速运行。

司机立即报告列车调度员或车站值班员，车站值班员报告列车调度员。列车调度员（车站值班员）立即通知已进入区间的后续列车注意运行。

（2）遇有落石、倒树等障碍物危及行车安全时，司机应立即停车，排除障碍并确认安全无误后，方可继续运行。

司机应报告列车调度员。列车调度员立即通知已进入区间的后续列车停车，并禁止向该区间放行列车。经救援或检查、排除障碍并确认安全无误后，方可恢复运行。

3. 遇到线路塌方、道床冲空等突发情况时

列车遇到线路塌方、道床冲空等危及行车安全的突发情况时，司机应立即采取应急性安全措施，并立刻通知追踪列车、邻线列车及列车调度员（邻近车站）。配备列车防护报警装置的列车应立即使用列车防护报警。

追踪列车、邻线列车司机得到通知或接收到防护报警后应根据本列车位置和报警列车位置立即采取措施。列车调度员得到报告应立即通知后续、邻线列车采取停车等相应的安全措施。邻近车站值班员或应急值守人员得到报告应立即报告列车调度员并通知后续、邻线列车采取停车等相应的安全措施。

（三）雨天行车限速要求

1. 不同降雨量下的列车限速

遇有降雨天气，重点防洪地段在1h降雨量不同的条件下，列车限速也有所不同。

（1）1h降雨量达到45mm及以上时，列车限速120km/h。

（2）1h降雨量达到60mm及以上时，列车限速45km/h。

（3）当1h降雨量降至20mm及以下、且持续30min以上时，可逐步解除限速。

2. 取消限速或解除封锁

列车调度员在得到工务及其他相关专业调度台检查无异常的报告后，及时取消限速或解除线路封锁。

雨停或降雨减小等情况下，有关设备管理单位对有关设备进行检查确认，具备提速、取消限速、解除线路封锁等条件时，应及时报告相关专业调度台，列车调度员应根据工务及其他相关专业调度台检查无异常的报告后，及时提高限速、取消限速或解除线路封锁。

（四）雨量监测系统故障时的处置

自然灾害及异物侵限监测系统雨量监测子系统故障时，例如调度监控终端黑屏、灰屏、死机、通信中断、雨量现场监测设备故障等，将不能提供雨量报警及限速运行的信息，一方面要立即组织修复，另一方面要根据工务部门提供的降雨信息组织列车运行。

1. 登记"行车设备检查登记簿"

列车调度员发现雨量监测子系统故障时，应立即通知设备管理单位，并在"行车设备检查登记簿"内登记。设备管理单位应立即查明原因，尽快修复。

设备管理单位日常检测、使用过程中，发现雨量监测子系统故障时，应立即报告列车调度员，并在调度所“行车设备检查登记簿”内登记，迅速组织查明原因、尽快修复。

2. 故障期间的处置

雨量监测子系统故障期间，由工务部门根据降雨情况在调度所“行车设备检查登记簿”内登记限速或封锁。列车调度员根据工务部门的登记组织列车限速运行或封锁线路。

（五）雨量监测子系统报警处置实例

某CTCS-3级高速铁路自动闭塞区段，雨量监测子系统报警限速运行。

某日4：33，防灾系统雨量监测子系统雨量超标二级报警，影响范围为A站至E站间上下行线。此时DJ5622次列车尚未进入报警区段。列车调度员核对影响区段后，呼叫DJ5622次列车说明情况要求限速运行，取消A站的DJ5622次列车发车进路自动触发功能，向DJ5622次列车发布限速调度命令，并设置列控限速，之后恢复A站的DJ5622次列车进路自动触发。

4：47，同一地段雨量监测子系统雨量超标一级报警，限速80 km/h。列车调度员再次取消A站的DJ5622次列车发车进路自动触发功能，再次电话通知DJ5622次列车限速80km/h，发布调度命令取消前发限速，重新发布限速80km/h的调度命令，取消刚才设置的列控限速，再次设置80km/h的列控限速，确认司机签收后，再次恢复A站DJ5622次列车进路自动触发。

7：29，防灾系统雨量监测子系统报警解除，恢复常速。

7：42，工务人员通知取消限速，恢复常速。列车调度员发布调度命令取消前发限速，并取消列控限速。

三、冰雪天气行车

冰雪天气下，设备积雪或结冰等会导致稳定性降低，动车组下部积雪、结冰降低了转向架高速运行的性能，脱落时会击打地面设备，地面应答器、接触网受流、车地通信等会受到影响，动车组高速运行中还可能出现被冰雪击打等情况，影响列车运行和行车安全，必须根据不同的情况采取相应的安全措施。遇冰雪天气下各种不良情况，相关单位、人员应积极应对、及时处置。

（一）积雪时的行车办法

列车调度员接到自然灾害及异物侵限监测系统雪深监测子系统报警信息、有关设备管理单位或司机、随车机械师等有关人员的冰雪天气报告后，应进行快速、准确地处置，加强信息传递、相互联系和协作配合，确保列车运行安全。

1. 列车限速运行

自然灾害及异物侵限监测系统雪深监测子系统报警雪深值达到警戒值时，列车调度员应根据报警信息和限速提示及时向相关列车发布限速运行的调度命令。对来不及发布调度命令的列车，应立即通知司机限速运行。

未安装雪深监测子系统的区段或雪深监测子系统故障时，工务、电务部门根据降雪情况和需要，在调度所“行车设备检查登记簿”内登记限速申请，并可根据积雪量变化情况，提出提速或进一步限速的申请，列车调度员要及时发布调度命令。

道床积雪时，在高速运行列车的带动下，可能影响动车组列车车地通信（例如应答器和应答器信息接收单元）和电子监测设备正常使用。列车运行中遇道床积雪影响行车时，司机应先采取减速措施，并及时向列车调度员汇报，列车调度员通知工务、电务、车辆、供电等有关专业调度，专业调度及时通知有关设备管理单位，设备管理单位及时查明情况，按规定提出限速申请，列车调度员及时发布限速调度命令。

2. 遇中雪及以上时车站固定接发列车进路

我国高速铁路在设计、建设时都考虑了降雪问题，在车站列车进路上的道岔及其联动道岔，根据需要设置电加热的道岔融雪装置。道岔融雪装置不得影响道岔和轨道电路的正常工作，并具备手动和自动控制功能。降雪时，应根据线路积雪情况及时启用道岔融雪装置，以便及时清除道岔积雪，使道岔转换灵活，车站能够使用规定股道接发列车。

但是，遇持续、较大的降雪时，对于没有道岔融雪装置的车站或道岔融雪装置作用有限，会引起车站道岔转动困难。高速铁路的列车运行速度高，人员上线人工操纵道岔的话需封锁或限速，既不利于人身安全又影响列车运行。所以，当降雪量较大、达到中雪及以上（实际上列车已经按冰雪天气规定进行了限速，运输秩序已经受到影响），车站道岔转动困难时，为减少道岔扳动，车站采取固定接发车进路的方式办理接发列车作业。

（1）上、下行各固定一条接发车进路。

同时要减少列车在中间站会让、越行，不办理客运业务的会让站固定上、下行正线，保证不间断接发（通过）列车。对于办理客运业务的车站，上、下行各固定一条可以办理旅客乘降的到发线。

（2）始发、终到列车较多的车站执行有困难时，可选择交叉干扰少、道岔位置改变少的几条线路相对固定办理接发车作业。

（3）较大客运站尽量停靠便于上水、吸污的线路。

（二）人工上道除雪

需人工上道除雪时，上、下道应执行登记签认制度。由指定单位驻调度所联络员在调度台（车站控制方式的车站为驻站联络员在车站）登记申请和防护，列车调度员应根据相关单位的申请，停止本线接发列车及调车作业，邻线列车限速160km/h及以下。

由于扫雪时需频繁转动道岔，集控站可根据需要转为车站控制。

上线除雪作业完毕、人员及工具撤离后，由申请登记单位人员办理销记手续，列车调度员确认作业完毕的销记后方可恢复本线行车、撤销邻线限速。

（三）动车组结冰或被击打的处置

1. 动车组列车运行途中

安装动车组运行故障动态图像检测系统（TEDS）的区段，TEDS监控中心要加强对动车组转向架结冰、积雪等情况的监测分析，发现动车组转向架结冰需限速运行时，应立即将车次及限速要求等按规定报告动车调度员。动车调度员通知列车调度员进行处置。由列车调度员通知相关列车司机限速运行。司机接到通知后应立即按要求限速运行，并通知随车机械师。

列车运行过程中，随车机械师发现动车组车底异响、动车组被击打等异常情况需要列车限速时，应立即通知司机限速。司机根据随车机械师的限速要求运行，并向列车调度员报告被击打地点里程，列车调度员不再发布限速调度命令。列车调度员通知动车调度员，提示后续首列列车司机、随车机械师在该被击打地点注意列车运行状态；动车调度员应立即通知前方 TEDS 监测点进行重点监测。列车通过该被击打地点后，司机、随车机械师应及时上报有关运行情况。以便列车调度员组织后续列车运行。

2. 动车组列车在始发、折返站

随车机械师在始发、折返站发现动车组转向架结冰、受电弓无法升起、动车组被击打等异常情况需要处理时，应及时通知司机，由司机报告列车调度员，列车调度员通知动车调度员，动车调度员根据随车机械师反映情况和车辆运用情况提出更换车底或限速申请，并组织入库动车组除雪融冰。

（四）接触网结冰处置

1. 列车运行途中的处置

接触网结冰会引起动车组或电力机车受电弓取流不畅，产生电流电压不足、瞬间断电、电弧等问题，影响正常受电和牵引运行。

列车运行中遇接触网结冰受电弓取流不畅时，司机应先采取减速措施，并及时向列车调度员汇报，列车调度员通知工务、电务、车辆、供电等有关专业调度，专业调度及时通知有关设备管理单位，设备管理单位及时查明情况，按规定提出限速申请，列车调度员及时发布限速调度命令。

2. 供电部门的处置

作为供电设备管理单位，供电部门应加强降雪天气下的设备巡视检查，掌握接触网导线结冰情况，需要列车限速时，应立即登记“行车设备检查登记簿”，向列车调度员提出限速申请，列车调度员及时发布限速调度命令。

需要接触网除冰时，供电部门应登记“行车设备检查登记簿”，向列车调度员提出除冰申请，列车调度员应按登记要求和条件及时安排接触网除冰车辆上线运行。

冰雪天气，接触网导线覆冰时，接触网长时间停电会加重导线覆冰。因此，遇接触网导线覆冰时，可根据需要取消天窗停电作业，并在天窗时间内开行动车组、单机，通过接触网导线与受电弓的摩擦、受流进行热滑融冰。

（五）雪后恢复常速

降雪结束后，提出限速的设备管理单位应做好对有关行车条件的检查确认，及时恢复常速运行。在具备提速条件或限速情况消除时，应向列车调度员提出申请，列车调度员及时发布相关调度命令。雪后恢复常速运行的具体程序和办法由铁路局规定。

（六）雪深监测系统故障处置

自然灾害及异物侵限监测系统雪深监测子系统故障时，例如调度监控终端黑屏、灰屏、死机、通信中断、雪深现场监测设备故障等，系统将不能检测和提供降雪报警及限速运行的信息，一方面要立即组织修复，另一方面要根据降雪信息组织列车运行，具体信息由工务、电务部门提供。

列车调度员发现雪深监测子系统故障时，应立即通知设备管理单位，并在“行车设备检查登记簿”内登记；设备管理单位发现雪深监测子系统故障时，应立即报告列车调度员，并在调度所“行车设备检查登记簿”内登记。

（七）冰雪天气限速要求

当运行区段降中雪或积雪覆盖轨枕板或道砟面时，无砟轨道区段限速 250km/h 及以下，有砟轨道区段限速 200km/h 及以下；当运行区段降大雪、暴雪时，无砟轨道区段限速 200km/h 及以下，有砟轨道区段限速 160km/h 及以下。中雪、大雪、暴雪的界定，以气象部门公布或观测为准。

（1）当无砟轨道区段轨枕板积雪厚度 100mm 以上时，限速 200km/h 及以下；有砟轨道区段道砟面积雪厚度 50mm 以上时，限速 160km/h 及以下。

（2）接触网导线结冰受电弓取流不畅时，限速 160km/h 及以下。

（3）动车组转向架结冰需要列车限速时，无砟轨道区段限速 250km/h 及以下，有砟轨道区段限速 200km/h 及以下。

四、异物侵限报警

异物侵限子系统通过现场监测设备对上跨铁路的道路桥梁等处所进行实时监测。一旦监测到异物侵入限界时，异物侵限子系统会发出异物侵限灾害报警信息，并联动触发信号系统，使报警地点所在的轨道电路显示红光带，防护该地段的信号机显示红灯、运行至此的动车组列车的列控车载设备收到禁止运行的信号。

（一）接到异物侵限报警的处置

接到自然灾害及异物侵限监测系统异物侵限子系统灾害报警信息时，列车调度员接到报警信息或相关人员的报告后，应及时采取相应的安全措施。

1. 通知设备管理单位

列车调度员接到异物侵限子系统异物侵限灾害报警信息后，应立即通知区间内已进入报警地点及尚未经过报警地点的列车立即停车，不再向该区间放行列车，同时向调度所值班主任（值班副主任）汇报，值班主任（值班副主任）应立即通知工务、电务、供电等相关设备管理单位赶赴现场检查处理。

2. 设备管理单位到达报警点前的行车办法

在设备管理单位检查人员到达报警点前，列车调度员通过视频监控系统查看现场情况，有异状或不能确认时，必须经设备管理单位检查处理并具备放行列车条件后，方可组织列车运行。列车调度员通过视频监控系统查看现场无异状时，可组织列车恢复运行。

（1）列车调度员通知列车逐列恢复运行。

列车调度员确认报警地点次一个闭塞分区空闲后，对区间内已进入报警地点及尚未经过报警地点的列车，口头通知司机逐列恢复运行，以遇到障碍能随时停车的速度（动车组列车最高不超过 40km/h，其他列车最高不超过 20km/h）越过报警点所在闭塞分区，指示后列恢复运行前必须确认前列已完整越过报警点次一个闭塞分区并得到前列无异状的报告。

(2) 列车在报警点前停车再限速通过。

司机在报警点所在闭塞分区通过信号机（区间信号标志牌）前停车等候 2min 后，以遇到障碍能随时停车的速度（动车组列车最高不超过 40km/h，其他列车最高不超过 20km/h）越过该闭塞分区，按次一通过信号机显示（列控车载设备显示）运行。司机应加强瞭望，发现异状立即停车，并报告列车调度员；如无异状，司机确认列车完全越过报警点次一个闭塞分区后应及时报告列车调度员。

司机在停车等候的同时，必须与列车调度员联系，如确认前方闭塞分区内有列车时，不得进入。这是因为虽然列车调度员已确认前列已完整越过报警点次一个闭塞分区并得到前列无异状的报告，但现场异物侵限报警尚未撤除、有关设备管理单位正在组织检查，行车条件仍有变化的可能。

(3) 区间空闲后，在报警点所在闭塞分区红光带取消前，按站间组织行车。

设备管理单位未登记允许取消报警点所在闭塞分区红光带前，不得取消报警地点所在轨道电路红光带。

3. 设备管理单位检查处理后故障修复前的处置

设备管理单位检查人员到达报警点现场检查处理后，在故障修复前，可根据实际情况组织列车运行。

(1) 根据设备管理单位的签认组织行车。

经现场检查处理后，设备管理单位应迅速明确具体行车限制条件，在“行车设备检查登记簿”内登记，列车调度员根据设备管理单位在“行车设备检查登记簿”内登记的行车限制条件组织列车运行。

(2) 取消异物侵限灾害报警红光带。

为减少设备故障对运输组织的影响，提高运输效率，在现场处理故障的过程中，具备取消报警点所在闭塞分区红光带的条件时，由设备管理单位人员在“行车设备检查登记簿”内登记，列车调度员根据设备管理单位允许取消报警点所在闭塞分区红光带的登记，使用临时行车按钮取消异物侵限灾害报警红光带，恢复区间列车追踪运行。

(3) 发布限速 120km/h 及以下的调度命令。

在报警点所在闭塞分区红光带取消后，列车调度员应下达限速 120km/h 及以下注意运行的调度命令，限速位置为报警点所在闭塞分区。司机应加强瞭望，有异状时立即报告列车调度员。

(4) 在故障未修复前，设备管理单位须派人在现场看守，并及时向列车调度员报告现场情况。

4. 故障修复后的处置

故障修复后，由设备管理单位人员在“行车设备检查登记簿”内登记恢复正常行车，列车调度员根据设备管理单位的登记，将自然灾害及异物侵限监测系统中复原按钮解锁，使系统恢复到正常状态，从而恢复正常行车组织。

（二）异物侵限系统一路电网断线报警处置

自然灾害及异物侵限监测系统异物侵限子系统一路电网断线，属于电网断线故障引起的，属双电网的一路供电中断。

当双电网的一路电网断线时，异物侵限子系统发出异物侵限传感器故障报警信息，自然灾害及异物侵限监测系统不向列控系统发送灾害报警信息，不影响正常行车。列车调度员接到异物侵限子系统一路电网断线报警信息后，应按正常组织行车，并立即通知设备管理单位检查处理。

（三）异物侵限系统故障处置

异物侵限子系统故障主要是指异物侵限现场采集设备（双电网传感器、现场控制器）、监控单元、相关电缆等设备故障。因为异物侵限子系统对现场的监测主要是通过异物侵限现场采集设备和监控单元来实现的，当有异物侵入使双电网传感器两路电网断线时，监控单元至现场采集设备间（双电网传感器、现场控制器）电路中断，监控单元内继电器落下，联动触发信号系统，相关轨道电路出现红光带，此时在相应列调台上也可看见轨道电路状况。因此，异物侵限现场采集设备（双电网传感器、现场控制器）、监控单元、相关电缆等设备出现故障时，异物侵限子系统不能反映现场情况，对现场情况将无法进行监测。

自然灾害及异物侵限监测系统异物侵限子系统故障导致系统不能反映现场情况时，通常表现为异物侵限子系统调度监控终端黑屏、灰屏、死机、通信中断等现象，列车调度员应立即通知设备管理部门，设备管理部门应立即确认工务终端显示情况并查找原因。

1. 通知设备管理单位

列车调度员发现异物侵限子系统故障导致系统不能反映现场情况时，应立即通知设备管理单位，并在“行车设备检查登记簿”内登记；设备管理单位发现异物侵限子系统故障时，应立即报告列车调度员，并在调度所“行车设备检查登记簿”内登记。

如果仅仅是异物侵限子系统调度监控终端故障，工务终端显示正常时，工务部门应立即报告列车调度员，并及时在调度台“行车设备检查登记簿”内登记，列车调度员根据登记不再发布限速 120km/h 及以下注意运行的调度命令，由工务部门通过工务终端监控现场情况，发现异物侵限报警时及时报告列车调度员。如果工务终端也不能反映现场情况时，列车调度员应下达限速命令。

2. 看守人员未到达异物侵限监测点前的处置

故障修复前，设备管理单位必须派人在现场看守。

在看守人员未到达异物侵限监测点前，是否异物侵限只能由列车司机注意观察确认。为确保列车运行安全，列车调度员应下达限速 120km/h 及以下（异物侵限监测点为隧道口时，限速 40km/h 及以下）注意运行的调度命令，限速位置为监测点所在闭塞分区，司机在该处注意运行。异物侵限监测点为隧道口时，瞭望条件差，所以规定列车限速 40km/h 及以下并注意运行。

3. 故障未修复前的处置

异物侵限子系统故障未修复前，设备管理单位须派人在现场看守，并及时向列车调度员报告现场情况。列车调度员应下达限速 120km/h 及以下注意运行的调度命令，限速位置为监测点所在闭塞分区，司机应加强瞭望。遇有异物侵限时，看守人员应立即通知列车调度员，列车调度员呼叫列车停车。这时，异物侵限信息完全依靠现场看守人员提供，看守人员通知列车调度员、司机现场情况也需要一定的时间。为确保高速运行列车的安全，列车在报警点所在闭塞分区限速 120km/h 及以下并注意运行。但是，看守人员到达现场后应及时报告列车调度员，对异物侵限监测点为隧道口的情况，列车调度员应及时取消该处限速40km/h及以下的调度命令，发布限速120km/h及以下的调度命令。

（四）异物侵限系统故障处置实例

某日某CTCS-3级高速铁路自动闭塞区段，防灾系统异物侵限监测子系统故障限速运行。

19时10分，A站至B站间防灾系统异物侵限监测子系统故障。

19时11分，列车调度员通知工务部门。

19时35分，列车调度员通知C2594次列车在A站至B站间上行线限速120km/h运行。

19时38分，列车调度员设置上下行列控限速。

19时41分，列车调度员通知C2593次列车在A站至B站间下行线限速120km/h运行。

19时46分，列车调度员向C2594次、C2593次发布限速120km/h运行的调度命令。

20时10分，工务销记设备恢复正常。

20时12分，列车调度员发布调度命令取消上下行限速。

20时13分，列车调度员取消上下行列控限速。

五、地震监测报警

地震是危害极大的自然灾害，发生地震时，高速铁路轨道、路基、道床、边坡、挡墙、桥隧、通信及信号设备极可能受到损害，列车运行稳定性降低，直接危及行车安全，必须立即停车，采取应急处置措施。

列车调度员接到地震监测子系统地震监控报警信息或接到现场地震报告后，应立即关闭有关信号（车站控制时为通知车站值班员关闭有关信号），通知相关列车停车。

司机接到通知应立即停车，根据现场实际情况尽可能避免停在危险地段。停车后，由列车司机会同随车机械师（车辆乘务员）和组织列车乘务人员根据现场实际情况，采取应急处置措施，例如组织旅客疏散等，最大限度规避危险、减少损失。

列车调度员立即报告调度所值班主任（值班副主任），通知工务、电务、供电、通信、房建等设备管理单位检查。设备管理单位检查处理后，根据设备管理单位登记的行车限制条件组织行车。

六、天气恶劣难以辨认信号行车

遇天气恶劣，信号机显示距离不足200m时，司机或车站值班员须立即报告列车调度员。列车按地面信号显示运行时，列车调度员应及时发布调度命令，改按天气恶劣难以辨认信号的办法行车。

列车按机车信号的显示运行。当接近地面信号机时，司机应确认地面信号，遇地面信号与机车信号显示不一致时，应立即采取减速或停车措施。

当无法辨认出站（进路）信号机显示时，在列车具备发车条件后，司机凭机车信号的显示起动列车，在确认出站（进路）信号机显示正确后，再行加速。

天气转好时，应及时报告列车调度员发布调度命令，恢复正常行车。

任务三　设备故障行车

技术设备保持良好的状态是高速铁路列车运行安全的基础。高速铁路设备复杂，相互联系紧密，设备故障后采取非正常办法行车时，一般准备时间较长、列车运行速度低、行车安全技术保障程度差，既不利于安全，也不利于运输效率的提高。

一、行车设备（列车设备除外）故障处置原则

1. 原则上先处理故障后组织行车

遇发生影响行车的设备故障（列车设备故障除外）时，原则上应先处理故障，后组织行车。一般常见的设备故障，大多较为简单，修复时间较短（比非正常行车组织的准备时间短），待修复后再恢复行车，从安全、效率等方面都较为合适。所以规定设备故障时，原则上应先处理故障，待故障修复后再组织行车。但列车设备故障时，仅影响本次列车运行，在确保安全和可维持继续运行的情况下，为减少对其他列车运行的影响、方便故障处置和旅客乘降，应尽量维持运行至前方站进行处理，所以，列车设备故障除外。

2. 设备故障期间根据签认的条件行车

设备故障暂时无法修复，确需组织行车时，应根据有关行车限制条件组织行车。

遇设备故障，设备管理单位暂时无法修复，甚至需要设备厂商派人处置故障时，为尽量减小故障对列车运行的影响，可根据需要和设备实际情况，采取非正常行车办法组织行车。此时，有关设备管理单位应登记注明限速、禁止使用的设备、禁止或允许采用的行车方式等有关行车限制条件，部分设备故障可根据有关规章规定的行车限制和行车方式组织行车。

二、信号及通信设备故障行车

（一）列控车载设备不能正常使用

列控车载设备负责接收列控系统地面设备提供的信息，按照目标距离模式，生成速度控制曲线，监控列车安全运行。当列控车载设备由于故障等原因不能正常使用时，列车运行控制系统无法发挥作用。

1. 处置办法

（1）司机报告列车调度员并通知随车机械师。

动车组列车运行中遇列控车载设备故障并导致列车停车后，为了使列车调度员（车站值班员）掌握该列车的运行情况，及时调整列车运行，司机应报告列车调度员或车站值班员，车站值班员接到报告后应报告列车调度员。为了使随车机械师掌握动车组列车停车情况及做好相关配合工作，司机应通知随车机械师。

同时，由于在列控车载设备故障的情况下，装备列车运行监控装置（LKJ）的动车组列车与未装备列车运行监控装置（LKJ）的动车组列车的行车办法不同，部分动车组列车装备有列车运行监控装置（LKJ），为了便于列车调度员（车站值班员）正确掌握动车组列车是否装备列车运行监控装置（LKJ），采用正确的行车办法，司机还应报告

列车调度员或车站值班员动车组列车是否装备了列车运行监控装置（LKJ）。

（2）启动冗余设备或断电重启。

动车组列车列控车载设备均设有冗余设备，遇列控车载设备故障可采用转换冗余切换开关启动冗余设备（开关不在司机室时，司机通知随车机械师进行转换）。

或者将列控车载设备断电 30s 后重新启动，列控车载设备重启后进行系统重新检测和复位，有可能使系统恢复正常。断电 30s 后重新启动是为了保护车载安全计算机，防止造成车载安全计算机损坏。

设备恢复正常时，报告列车调度员，继续运行。

（3）不能恢复正常的动车组列车在区间运行。

已在区间内运行的动车组列车列控车载设备故障不能恢复正常运行但能提供机车信号时，司机应报告列车调度员或车站值班员，车站值班员报告列车调度员。列车调度员（车站值班员）根据动车组列车是否装备了列车运行监控装置（LKJ）以及其运行区间的信号设备不同，采用不同的行车办法。

① 装备 LKJ 的动车组列车。

对于装备列车运行监控装置（LKJ）的动车组列车，采用列车运行监控装置（LKJ）设备控车。

在信号机常态点灯的 CTCS-2 级区段，列车调度员发布改按列车运行监控装置（LKJ）方式行车的调度命令，动车组列车按地面信号显示运行，后续按列控车载设备方式控车的动车组列车可以继续追踪运行。

在 CTCS-3 级及信号机常态灭灯的 CTCS-2 级区段，由于区间未设地面通过信号机，为保证列车运行安全，列车调度员在确认该列车至前方站（线路所）间空闲后，发布改按列车运行监控装置（LKJ）方式行车的调度命令，动车组列车改按列车运行监控装置（LKJ）方式运行（前方车站进站信号机或线路所通过信号机需点灯），后续按列控车载设备方式控车的动车组列车可以继续追踪运行。

② 未装备 LKJ 的动车组列车。

未装备列车运行监控装置（LKJ）的动车组列车在列控车载设备故障情况下，只能改按隔离模式运行。而动车组列车按隔离模式运行时一般情况下最高运行速度不超过 40km/h，而在高速铁路上列车运行速度高，例如动车组列车正常情况下运行速度一般为 200km/h 以上，速度差异过大。因此，列车调度员（车站值班员）不再向该区间放行列车，并通知已进入区间的后续列车立即停车。该区间后方站（线路所）为车站控制时，列车调度员还应通知车站值班员不再向该区间放行列车。

确认该列车至前方站（线路所）间空闲后，列车调度员发布改按隔离模式运行的调度命令，列车改按隔离模式，按地面信号显示以不超过 40km/h 的速度运行至前方站（线路所）。

该列车到达前方站（线路所）后，列车调度员方可通知后续列车恢复运行。

（4）不能恢复正常的动车组列车由车站出发。

动车组列控车载设备故障不能恢复正常运行在车站出发时，根据动车组列车是否装备列车运行监控装置（LKJ）进行相应的处理。在 CTCS-3 级及信号机常态灭灯的 CTCS-2 级区段，信号机应点灯。

对于装备列车运行监控装置（LKJ）的动车组列车，列车调度员发布改按列车运行监控装置（LKJ）方式运行的调度命令，动车组列车按列车运行监控装置（LKJ）方式运行。

对于未装备列车运行监控装置（LKJ）的动车组列车，列车调度员发布改按隔离模式运行的调度命令，动车组列车按隔离模式运行。

（5）动车组列车列控车载设备因故障级间转换。

因设备故障，动车组列控车载设备在 CTCS-3 级与 CTCS-2 级间进行转换时，为了让列车调度员掌握动车组列车运行情况，组织列车运行，司机应报告列车调度员。

2. 列控车载设备故障处置流程

列控车载设备发生故障后处置流程如图 5-1 所示。在信号机常态点灯的 CTCS-2 级区段，按列车运行监控装置（LKJ）控车时确认前方闭塞分区空闲即可，按隔离模式控车时要确认区间空闲（列车在区间运行时确认列车至前方站或线路所间空闲）；在 CTCS-3 级及信号机常态灭灯的 CTCS-2 级区段，信号机要转为点亮状态，列车无论按 LKJ 方式还是隔离模式控车，在区间运行时均确认本列至前方站（线路所）间空闲，由车站发车时按站间组织行车。

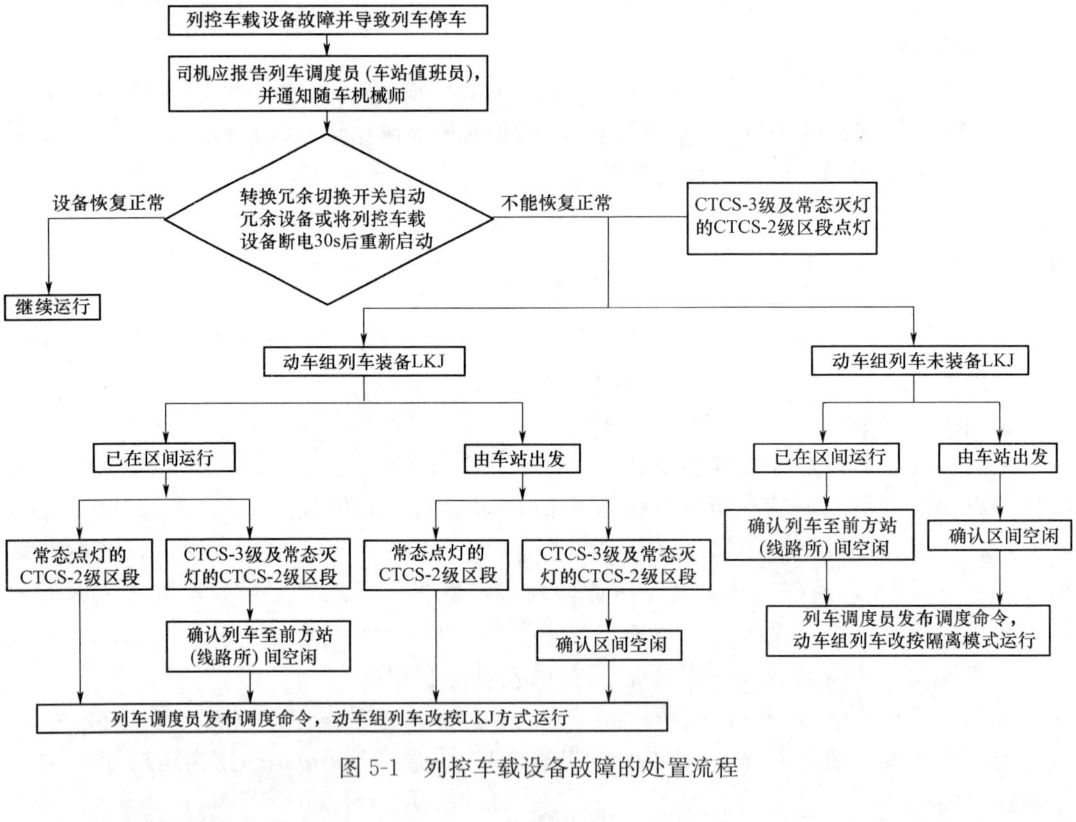

图 5-1　列控车载设备故障的处置流程

3. 列控车载设备故障处置实例

某 CTCS-3 级高速铁路自动闭塞区段，列控车载设备故障按隔离模式运行。

11 时 08 分，G1709 次列车因列控车载设备故障停于 D 站至 E 站间下行线区间，列车调度员立即扣停区间内后续列车 G4611 次，不再往区间放行列车。

11 时 10 分，客服调度员了解 G1709 次列车的车型（CRH380BL-5506）、旅客人数（定员

1005 人，车内人数 986 人)、担当区段、乘务人员所属单位、列车长姓名及联系方式等。

11 时 13 分，随车机械师报告车辆无异常，列控车载设备死机。

11 时 14 分，热备动车组准备出动。

11 时 18 分，G1709 次列车司机报告重启列控车载设备并且 2 系倒 1 系后不能修复。

11 时 26 分，G1709 次列车司机报告 1 系倒 2 系仍不能修复，请求救援。

11 时 27 分，确定救援方案。

11 时 32 分，列车调度员发布调度命令改按隔离模式运行。

11 时 40 分，确认担当救援任务的热备动车组（CRH380AL-2608）状态及救援进度。

11 时 40 分，G1709 次列车按隔离模式由区间开车。

11 时 43 分，京广高速铁路列调通知动车司机调度 G1709 次 11 时 40 分区间开车。

11 时 50 分，客服调度员通知 G1709 次列车长提前做好 B 站同台换乘准备工作。

12 时 41 分，G1709 次列车到达 E 站。旅客换乘至热备动车组，由热备动车组接续运行，故障动车组返回配属地。

（二）LKJ、GYK、机车信号故障

最高运行速度不超过 160km/h 的机车，机车信号设备与列车运行监控装置（LKJ）结合使用，轨道车等自轮运转特种设备使用轨道车运行控制设备（GYK）。列车运行监控装置（列车运行监控装置（LKJ））具有监控、记录、显示及报警等功能。轨道车运行控制设备（GYK）具有轨道电路信息接收、运行监控、警醒、数据记录、语音记录及人机交互等功能。

1. 动车组列车

动车组列车改按列车运行监控装置（LKJ）方式运行，在自动闭塞区间内遇机车信号或列车运行监控装置（LKJ）故障时，动车组列车不能通过列车运行监控装置（LKJ）设备控车。为了保证列车运行安全，司机应报告列车调度员（车站值班员），车站值班员报告列车调度员。

列车调度员（车站值班员）不再向该区间放行列车，并通知已进入区间的后续列车立即停车。该区间后方站（线路所）为车站控制时，列车调度员还应通知车站值班员不再向该区间放行列车。列车调度员确认该列车至前方站（线路所）间空闲后通知司机，列车按地面信号显示以不超过 40km/h 的速度运行至前方站（线路所），运行中司机要加强对地面信号显示的确认。该列车到达前方站（线路所）后，列车调度员方可通知后续列车恢复运行。

按列车运行监控装置（LKJ）方式运行的动车组列车遇机车信号或列车运行监控装置（LKJ）故障在车站出发时，改按隔离模式运行。列车调度员发布改按隔离模式运行的调度命令，动车组列车按隔离模式运行，运行速度不超过 40km/h。在 CTCS-3 级及信号机常态灭灯的 CTCS-2 级区段，信号机应点灯。

2. 动车组以外的列车

动车组以外的列车，只有列车运行监控装置（LKJ）或者轨道车运行控制设备（GYK）一种列车运行控制设备，在自动闭塞区间内运行遇机车信号或列车运行监控装置（LKJ）或者轨道车运行控制设备（GYK）故障时，司机应立即报告列车调度员（车站值班员），车站值班员报告列车调度员。

列车调度员（车站值班员）不再向该区间放行列车，并通知已进入区间的后续列车立即停车。列车调度员确认该列车至前方站（线路所）间空闲后通知司机，列车按地面信号显示以不超过 20km/h 的速度运行至前方站停车处理或更换机车。前方为线路所时，需在确认线路所至下一站（线路所）间空闲后，开放线路所通过信号机，将列车放行到下一站（线路所），直至到达车站后方可进行停车处理或更换机车。该列车到达前方站（线路所）后，列车调度员方可通知后续列车恢复运行。

（三）CTC 故障

1. 列车车次号错误或丢失

列车车次号是调度集中系统（CTC）实现调度指挥、列车运行追踪、自动排列进路的重要基础信息，应保证及时准确无误。正确的车次号是实现调度集中系统（CTC）自动排路、自动采点的必要前提。列车车次号错误，会造成不能自动排路、不能自动采点等问题。

调度集中系统（CTC）提供车次号的人工输入、修改、确认功能，当发生车次号与计划不一致、车次号丢失或产生假车次号时，系统应报警，应能通过调度终端或车务终端人工输入、修正、确认车次号。人工确认的车次号能作为自动排列进路的依据。当列车调度员发现调度集中系统（CTC）终端列车车次号错误或丢失时，应与列车运行计划进行核对确认，重新输入正确的车次号。车站值班员发现调度集中系统（CTC）终端列车车次号错误或丢失时，应报告列车调度员，与列车调度员核对确认后，重新输入正确的车次号。

2. CTC 不能下达列车运行计划

调度集中系统（CTC）是通过车站自律机将列车运行计划自动解析为进路命令发送给联锁系统，实现对列车的指挥和调度。列车运行计划是自律机自动排列进路的依据，如果调度集中系统（CTC）不能下达列车运行计划，车站自律机和联锁系统也就没有可以执行的对象，无法实现调度集中控制。

（1）列车调度员通知电务部门进行检查处理，并在“行车设备检查登记簿”内登记。

（2）通知车站转为非常站控。

（3）采取电话等方式下达列车运行计划。

3. CTC 不能自动触发进路

调度集中系统（CTC）不能自动触发进路时，列车调度员（车站控制时为车站值班员）应优先采取人工触发进路，人工触发进路不成功时采用人工办理进路方式办理，并通知电务部门进行处理，在“行车设备检查登记簿”内登记。

4. 转为非常站控

设备登记停用或全站表示信息中断未及时恢复时，应转为非常站控。

5. 所及车站调度集中系统（CTC）设备均不能正确显示列车占用状态

调度所及车站调度集中系统（CTC）设备均不能正确显示列车占用状态时，列车调度员已无法监视列车运行、进路排列及信号开放情况。因此，调度所及车站调度集中系统（CTC）设备均不能正确显示列车占用状态时，列车调度员应立即通知已进入区间的列车司机立即停车，通知电务部门进行处理。

调度集中系统（CTC）设备不能正确显示列车占用状态故障暂时无法修复，具备放行列车条件时，列车调度员根据电务部门登记的行车限制条件放行列车，通知车站转为非常站控。对已进入区间的列车，列车调度员确认列车至前方站（线路所）间空闲后，通知列车司机逐列恢复运行，指示后列恢复运行前必须确认前列已完整到达前方站（线路所）。司机按列控车载设备信号显示或地面信号显示运行，逐列运行至前方站（线路所）。

区间空闲后，按站间组织行车。

调度集中系统（CTC）设备不能正确显示列车占用状态故障修复，列车调度员根据电务部门的销记，通知有关列车司机恢复正常行车。

（四）车站（线路所）的信号机不能开放

进站、出站、进路信号机、线路所通过信号机故障或车站（线路所）道岔失去表示、轨道电路非列车占用红光带，都会造成信号机不能正常开放。

列车调度员（车站控制时为车站值班员）通知设备管理单位进行检查处理，在“行车设备检查登记簿”内登记。设备故障修复，列车调度员（车站控制时为车站值班员）根据设备管理单位的销记，开放进站（接车进路）信号办理接车。设备故障暂时无法修复，具备放行列车条件时，列车调度员（车站控制时为车站值班员）根据设备管理单位登记的行车限制条件组织行车。

列车调度员（车站控制时为车站值班员）应根据信号机是否安装了引导信号确定进路准备方式，能够开放引导信号的开放引导信号办理接发列车，不能开放引导信号的，按规定准备进路。

1. 进站（接车进路）信号机不能开放

（1）开放引导信号办理接车时。

进站、接车进路及线路所通过信号机，均应设引导信号。

① 进站（接车进路）信号机引导信号的开放条件。

进站（接车进路）信号机引导信号能够开放时，在确认接车进路空闲、进路准备妥当后，开放引导信号办理接车。

引导信号显示一个红色灯光及一个月白色灯光。

② 控车模式。

按列控车载设备方式行车的动车组列车，在进站建立引导进路后，按引导模式进站。

按列车运行监控装置（LKJ）或者轨道车运行控制设备（GYK）方式运行的列车按引导信号的显示进站，此时CTCS-3级及常态灭灯的CTCS-2级区段应将该信号机转为点亮状态。

③ 进站速度。

进站及接车进路信号机显示引导信号时，准许列车在该信号机前方不停车，以不超过20km/h（动车组列车不超过40km/h）的速度进站或通过接车进路，并须准备随时停车。

（2）引导信号不能开放时。

① 列车凭调度命令进站。

进站（接车进路）信号机引导信号不能开放时，由于进路正确性不能通过开放信号来保证，需采取人工方式准备、确认进路，司机也不能通过列控车载设备或地面信号的显示确认进路的正确，为了保证接发列车的安全，应通过严格的行车手续，在确认进路空闲、进路准备妥当后，列车调度员发布准许越过该信号机的调度命令，司机凭调度命令越过该信号机。

② 控车模式。

动车组列车在进站（接车进路）信号机前停车，装备列车运行监控装置（LKJ）的动车组列车将列控车载设备隔离，按列车运行监控装置（LKJ）方式运行；未装备列车运行监控装置（LKJ）的动车组列车改按隔离模式进站停车。动车组以外的列车按列车运行监控装置（LKJ）或者轨道车运行控制设备（GYK）方式运行。

③ 进站速度。

进站（接车进路）信号机引导信号不能开放时，为保证列车运行安全，列车应进站时应降低速度，并做好随时停车的准备，以防进路准备错误或进路上有障碍物时发生脱轨、冲突，司机发现异常情况后可以立即停车。

动车组列车，无论按列车运行监控装置（LKJ）方式运行还是按隔离模式运行，速度均不超过40km/h。动车组以外的列车按列车运行监控装置（LKJ）或者轨道车运行控制设备（GYK）方式运行，速度不超过20km/h。

（3）进站信号不能开放处置流程时。

遇进站信号机故障、道岔失去表示、轨道电路非列车占用红光带时，进站信号机不能开放，处置流程如图5-2所示。在高速铁路区段运行的动车组列车和非动车组列车，控车模式、进站速度等方面存在一定的差别。

2. 出站信号机不能开放

高速铁路在一般情况下，常态灭灯的CTCS-2级区段的出站信号机不设引导信号，CTCS-3级及常态灭灯的CTCS-2级区段的出站信号机设有引导信号。

出站信号机不能开放时，除按规定交付行车凭证外，对通过列车应预告司机。装有进路表示器或发车线路表示器的出站信号机，当该表示器不良时，由列车调度员（车站控制时为车站值班员）通知司机；司机发现表示器不良时，应及时报告列车调度员（车站值班员）。

（1）开放引导信号办理发车。

① 出站信号机引导信号的开放条件。

出站信号机的引导信号显示一个红色灯光及一个月白色灯光。

出站信号机设有引导信号且引导信号能够开放时，在确认满足列车运行间隔和发车进路空闲，进路准备妥当后，开放引导信号办理发车。

在自动站间闭塞区间，开放引导信号前确认区间空闲；在CTCS-3级及信号机常态灭灯的CTCS-2级自动闭塞区间开放引导信号，按列控车载设备控车的动车组列车确认第一闭塞分区空闲，按列车运行监控装置（LKJ）或轨道车运行控制设备（GYK）控车的列车确认区间空闲（此时信号机应点灯）。

② 控车模式及出站速度。

按列控车载设备方式行车的动车组列车，在进站建立引导进路后，按引导模式进站，最高限速40km/h。

按列车运行监控装置（LKJ）或者轨道车运行控制设备（GYK）方式运行的列车按引导信号的显示出站，此时CTCS-3级及常态灭灯的CTCS-2级区段应将该信号机转为点亮状态，表示准许列车由车站或动车段（所）以站间闭塞方式出发，发车进路列车速度不超过 20km/h（动车组列车不超过 40km/h），并须准备随时停车，表示前方区间空闲。

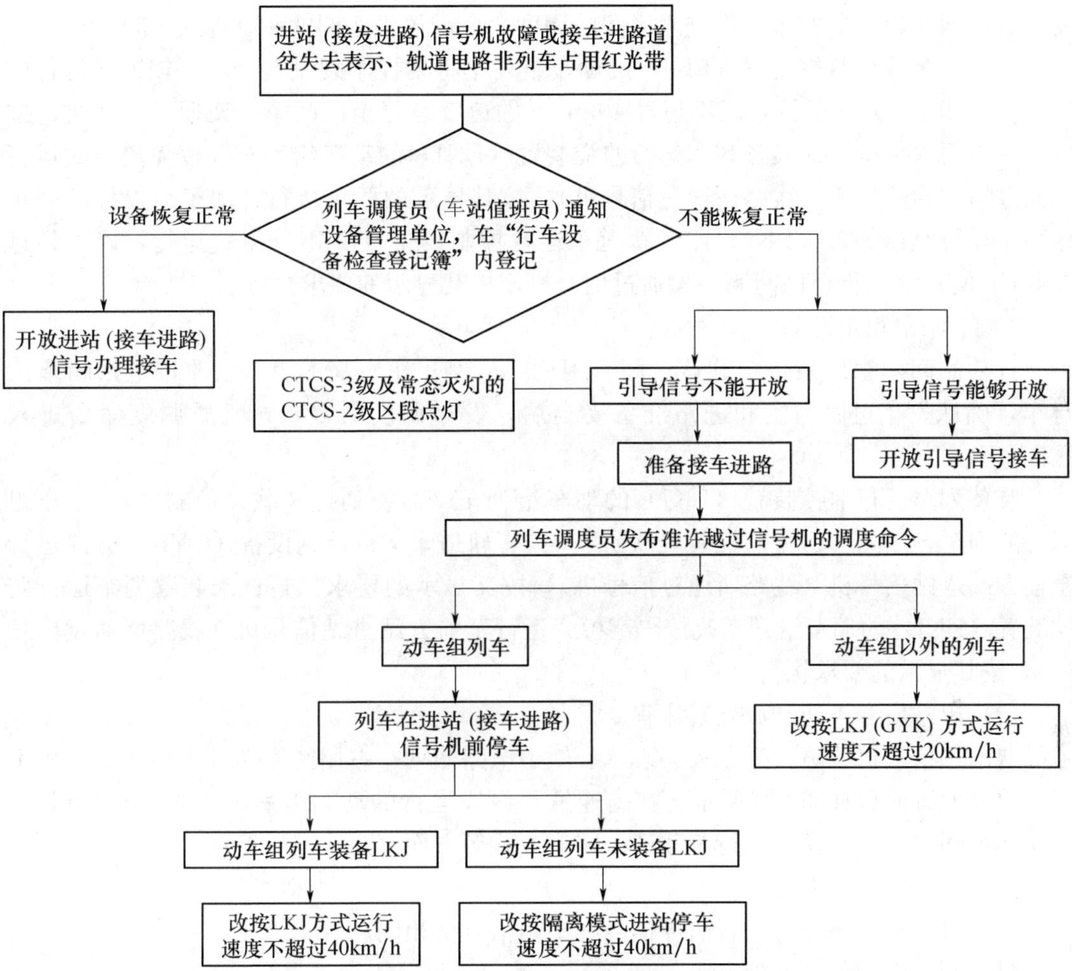

图 5-2　进站信号因故障不能开放的处置流程

（2）出站信号机未设引导信号或引导信号不能开放。

① CTCS-3 级及信号机常态灭灯的 CTCS-2 级自动闭塞区段。

在 CTCS-3 级及信号机常态灭灯的 CTCS-2 级自动闭塞区段，信号机应点灯，在确认区间空闲和发车进路空闲，进路准备妥当后，列车调度员发布准许进入区间的调度命令，司机凭调度命令进入区间。

装备列车运行监控装置（LKJ）的动车组列车将列控车载设备隔离，按列车运行监控装置（LKJ）方式运行至前方站进站信号机（线路所通过信号机），按其显示的要求执行；未装备列车运行监控装置（LKJ）的动车组列车改按隔离模式运行至前方站进站信号机（线路所通过信号机），按其显示的要求执行；动车组以外的列车按列车运行监控装置（LKJ）或者轨道车运行控制设备（GYK）方式运行，运行至前方站进站信号机（线路所通过信号机），按其显示的要求执行。

② 信号机常态点灯的CTCS-2级自动闭塞区段。

在信号机常态点灯的CTCS-2级自动闭塞区段，确认第一个闭塞分区空闲（未装备列车运行监控装置（LKJ）的动车组列车为确认区间空闲）和发车进路空闲，进路准备妥当后，列车调度员发布准许进入区间的调度命令，司机凭调度命令进入区间。

装备列车运行监控装置（LKJ）的动车组列车将列控车载设备隔离，按列车运行监控装置（LKJ）方式运行，以不超过40km/h的速度运行至区间第一架通过信号机，按其显示的要求执行；未装备列车运行监控装置（LKJ）的动车组列车改按隔离模式运行至前方站进站信号机（线路所通过信号机），按其显示的要求执行；动车组以外的列车按列车运行监控装置（LKJ）或者轨道车运行控制设备（GYK）方式运行，以不超过20km/h的速度运行至区间第一架通过信号机，按其显示的要求执行。

③ 自动站间闭塞区段。

自动站间闭塞区段，在确认区间空闲后，应停止使用基本闭塞法改按电话闭塞法行车，确认发车进路空闲和进路准备妥当后，发布调度命令，司机凭调度命令进入区间。

装备列车运行监控装置（LKJ）的动车组列车（需将列控车载设备隔离）、动车组以外的列车，按列车运行监控装置（LKJ）或者轨道车运行控制设备（GYK）方式运行至前方站进站信号机（线路所通过信号机），按其显示的要求执行；未装备列车运行监控装置（LKJ）的动车组列车改按隔离模式运行至前方站进站信号机（线路所通过信号机），按其显示的要求执行。

（3）出站信号不能开放处置流程。

遇出站信号机故障、道岔失去表示、轨道电路非列车占用红光带时，出站信号机不能开放，处置流程如图5-3所示。在高速铁路区段运行的动车组列车和非动车组列车，列车运行间隔、控车模式、行车凭证、闭塞方式等方面存在一定的差别。

3. 发车进路信号机不能开放

发车进路信号机是否设置引导信号和出站信号机相同。

（1）开放引导信号办理发车。

发车进路信号机能开放引导信号时，在确认发车进路空闲和进路准备妥当后，开放引导信号办理发车。

（2）发车进路信号机未设引导信号或引导信号不能开放。

列车由车站开往区间，发车进路信号机未设引导信号或引导信号不能开放时，在确认发车进路空闲和进路准备妥当后，列车调度员发布准许越过该信号机的调度命令，司机凭调度命令越过该信号机。

装备列车运行监控装置（LKJ）的动车组列车将列控车载设备隔离，按列车运行监控装置（LKJ）方式，以不超过40km/h的速度运行至次一信号机前停车，转回列控车载方式控车；未装备列车运行监控装置（LKJ）的动车组列车改按隔离模式，运行至次一信号机前停车，转回列控车载方式控车；动车组以外的列车按列车运行监控装置（LKJ）或者轨道车运行控制设备（GYK）方式，以不超过20km/h的速度运行至次一信号机，按其显示要求执行。

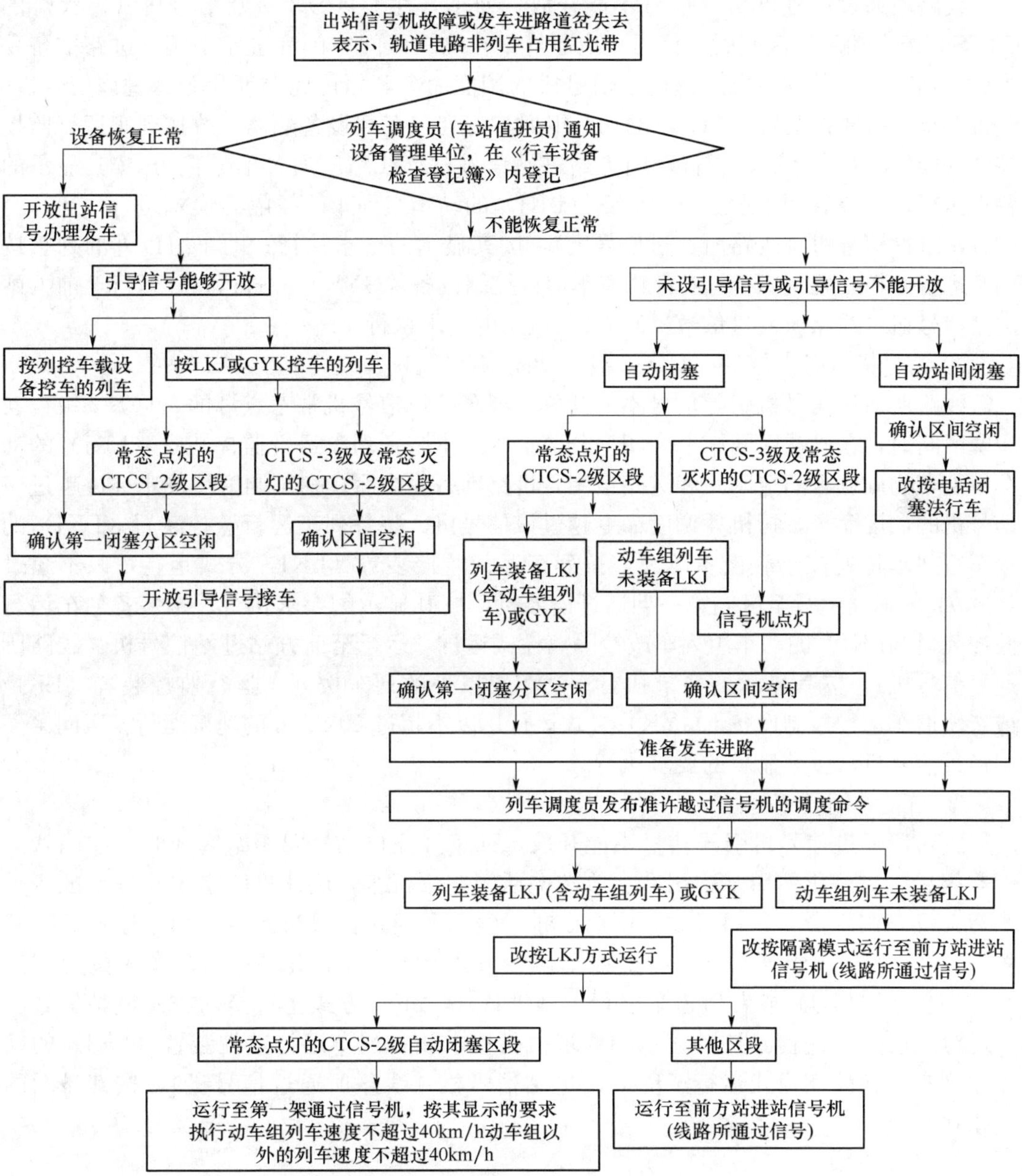

图 5-3　出站信号因故障不能开放的处置流程

4. 线路所通过信号机不能开放

（1）开放引导信号办理行车。

线路所通过信号机引导信号能够开放时，在确认第一个闭塞分区空闲（CTCS-3 级及信号机常态灭灯的 CTCS-2 级自动闭塞区间对 LKJ 或 GYK 控车的列车和自动站间闭塞区间为确认区间空闲）和进路空闲，进路准备妥当后，开放引导信号办理行车。

（2）线路所通过信号机引导信号不能开放。

① CTCS-3 级及信号机常态灭灯的 CTCS-2 级自动闭塞区段。

线路所通过信号机引导信号不能开放，列车开往 CTCS-3 级及信号机常态灭灯的 CTCS-2 级自动闭塞区间时，信号机应点灯，在确认区间空闲和进路空闲，进路准备妥当后，列车调度员发布准许越过该信号机的调度命令，司机凭调度命令越过该信号机。装备列车运行监控装置（LKJ）的动车组列车将列控车载设备隔离，改按列车运行监控装置（LKJ）方式运行，运行至前方站进站信号机（线路所通过信号机），按其显示的要求执行；未装备列车运行监控装置（LKJ）的动车组列车改按隔离模式运行，运行至前方站进站信号机（线路所通过信号机），按其显示的要求执行；动车组以外的列车按列车运行监控装置（LKJ）或者轨道车运行控制设备（GYK）方式运行，运行至前方站进站信号机（线路所通过信号机），按其显示的要求执行。

② 信号机常态点灯的 CTCS-2 级自动闭塞区段。

线路所通过信号机引导信号不能开放，列车开往信号机常态点灯的 CTCS-2 级自动闭塞区间时，在确认区间第一个闭塞分区空闲（未装备列车运行监控装置（LKJ）的动车组列车为确认区间空闲）和进路空闲，进路准备妥当后，列车调度员发布准许越过该信号机的调度命令，司机凭调度命令越过该信号机。装备列车运行监控装置（LKJ）的动车组列车将列控车载设备隔离，按列车运行监控装置（LKJ）方式运行，以不超过 40km/h 的速度运行至区间第一架通过信号机，按其显示的要求执行；未装备列车运行监控装置（LKJ）的动车组列车改按隔离模式运行，运行至前方站进站信号机（线路所通过信号机），按其显示的要求执行；动车组以外的列车按列车运行监控装置（LKJ）或者轨道车运行控制设备（GYK）方式运行，以不超过 20km/h 的速度运行至区间第一架通过信号机，按其显示的要求执行。

③ 自动站间闭塞区段

线路所通过信号机引导信号不能开放，列车开往自动站间闭塞区间时，在确认区间空闲后，应停止使用基本闭塞法改按电话闭塞法行车，确认进路空闲和进路准备妥当后，发布调度命令，司机凭调度命令越过线路所通过信号机。装备列车运行监控装置（LKJ）的动车组列车（需将列控车载设备隔离）、动车组以外的列车，按列车运行监控装置（LKJ）或者轨道车运行控制设备（GYK）方式运行至前方站进站信号机（线路所通过信号机），按其显示的要求执行；未装备列车运行监控装置（LKJ）的动车组列车改按隔离模式运行至前方站进站信号机（线路所通过信号机），按其显示的要求执行。

5. 注意事项

（1）引导接车办法。

进站、接车进路信号机不能使用时，应使用引导信号。引导信号无法使用时，列车调度员应向司机发布调度命令，司机根据调度命令越过该信号机。

引导接车时，列车以不超过 20km/h（动车组列车为不超过 40km/h）的速度进站，并做好随时停车的准备。

（2）绝对停车。

为了防止信号（含引导信号）未开放的情况下，动车组司机误操作闯过信号机，在进站（接车进路）、出站（发车进路）、线路所通过信号机外方的有源应答器发送的报文中包含“绝对停车”包。当信号（含引导信号）未开放且未将列控车载设备隔离的情况下，动车组列车经过该应答器接收到该应答器报文后，会触发紧急制动停车。为了避免司机按目视等行车模式越过未开放的进站（接车进路）、出站（发车进路）、线路所通过信号机而造成的紧急制动停车，在上述信号机未设引导信号或引导信号不能开放时，动车组列车在该信号机前停车后，装备列车运行监控装置（LKJ）的动车组列车将列控车载设备隔离改按列车运行监控装置（LKJ）方式运行，未装备 LKJ 的动车组列车改按隔离模式运行。

（3）高速铁路的引导联锁功能。

① 基本联锁功能。

引导锁闭分为引导进路锁闭和咽喉引导总锁闭。引导进路锁闭时应检查道岔位置正确，并锁闭进路中的道岔，敌对信号不应开放。引导总锁闭应锁闭咽喉区的全部道岔，包括到发线上的分歧道岔，允许开放本咽喉的引导信号。引导进路建立后，应在人工确认后办理进路解锁。引导接车不设延续进路。

进站、接车进路信号机因故障不能正常开放信号或向非接车线路接车时，应使用引导信号。引导信号开放时应该对道岔进行总锁闭或者办理引导进路、检查引导进路中的道岔位置正确、未建立敌对进路、引导进路在锁闭状态。开放引导信号应检查该信号机红灯灯丝完好。信号机内方第一轨道区段故障，在 15s 内没有进行维持开放信号的操作，引导信号会关闭。

② 特殊联锁功能。

区间不设通过信号机并按 CTCS-2 或 CTCS-3 级列控系统运行线路的正线车站具有如下特殊联锁功能：具有办理车站发车引导进路的功能。线路所设置的通过信号机应具有引导功能。引导总锁闭仅具备道岔总锁闭功能，引导总锁闭后不应再以任何方式开放本咽喉的引导信号。正向发车时，出站信号机灭灯开放引导信号不检查第一离去空闲，因此引导发车时必须人工确认第一闭塞分区空闲；出站信号机点灯开放引导信号检查站间区间所有轨道区段空闲。CTCS-3 级线路车站人工解锁引导进路延时时间为 30s。

（五）区间通过信号机或轨道电路故障

区间内通过信号机故障（包括显示停车信号及显示不明或灯光熄灭）或闭塞分区非列车占用红光带的原因较多。通过信号机显示红色灯光时，可能是前方闭塞分区内有列车或机车、车辆占用；也可能是由于线路上有障碍物引起轨道电路短路或钢轨折断；还可能是轨道电路故障或通过信号机的灯泡断丝而引起的灯光转移等原因所致。通过信号机信号显示不明，可能是因天气关系，例如灯光被飘雪、扬沙所遮盖等；也可能是自动闭塞设备发生故障。通过信号机灯光熄灭，可能是灯泡断丝或灯泡松动，也可能是临时断电。闭塞分区非列车占用红光带，可能是由于线路上有障碍物引起轨道电路短路，也可能是钢轨折断，还可能是轨道电路故障等原因所致。

1. 列车调度员的初步处置

区间通过信号机故障或闭塞分区轨道电路非列车占用红光带存在行车安全隐患。列车调度员（车站值班员）发现及得到区间通过信号机故障或闭塞分区非列车占用红光带的信息时，应立即通知区间内已进入故障地点及尚未经过故障地点的列车司机立即停车。

由于故障原因有可能是电务设备故障，也有可能是工务设备故障，所以列车调度员（车站值班员）要通知工务、电务设备管理单位，并在“行车设备检查登记簿”内登记。车站值班员应立即报告列车调度员。

工务部门未在“行车设备检查登记簿”内登记确认可以放行列车；电务部门未登记停用或影响范围，未确认具备放行列车条件时，列车调度员不得放行列车。设备管理单位如有行车限制条件，应在“行车设备检查登记簿”内登记。

设备故障修复，列车调度员根据设备管理单位的销记，通知有关列车司机恢复正常行车。

2. 设备故障期间的行车办法

区间通过信号机故障、列控车载设备显示停车信号时，列车如果贸然进入前方闭塞分区，有危及行车安全的可能性，因而列车必须在该信号机（区间信号标志牌）前停车。故障暂时无法修复，具备放行列车条件后，根据设备管理单位登记的行车限制条件组织行车。

待故障地点（发生两处及以上故障时，为运行方向第一故障地点）前的列车运行至前方站（线路所），对区间内已进入故障地点及尚未经过故障地点的列车，列车调度员确认列车至前方站（线路所）间空闲后，通知列车司机故障闭塞分区起止里程及防护该闭塞分区的通过信号机号码，逐列恢复运行至前方站（线路所），指示后列恢复运行前必须确认前列已完整到达前方站（线路所）。列车调度员通知列车司机故障闭塞分区的起止里程，可根据电务部门提供的信号机里程的技术资料或电务人员在“行车设备检查登记簿”内登记的闭塞分区起止里程。

列车恢复运行时，司机在该闭塞分区通过信号机（区间信号标志牌）前停车等候2min后，以遇到障碍能随时停车的速度，最高不超过20km/h（动车组列车不超过40km/h），越过该闭塞分区，按次一通过信号机显示（列控车载设备显示）运行，司机应加强瞭望。在这种情况下，列车限速进入闭塞分区后，必须在整个闭塞分区内限速运行。只有在列车尾部全部越过该闭塞分区后，才能按信号机或列控车载设备显示的要求运行。

列车在故障的通过信号机（区间信号标志牌）前停车等候的同时，司机必须与列车调度员进行联系，确认前方闭塞分区内有无列车占用。列车调度员要查明前次列车已到达前方站，通过CTC/TDCS设备确认该闭塞分区内有无列车，如确认该闭塞分区有列车占用，列车调度员须通知司机不得进入该闭塞分区。司机停车后暂时未与列车调度员联系上时，同样也不得进入，应继续与列车调度员进行联系。

设备故障未修复前，区间空闲后，按站间组织行车。

（六）站内轨道电路分路不良

轨道电路能显示机车车辆占用情况，是保证联锁条件正确的前提条件之一。由于钢轨轨面生锈、钢轨或机车车辆轮对上粘有异物等情况，会造成轨道电路分路不良，机车车辆压上轨道电路后可能会没有占用表示。在办理经由分路不良区段的接发列车与调车作业进路时，如果不确认进路上有关的分路不良区段空闲，不将进路上的分路不良区段道岔单独锁闭，就有可能造成向占用线路接车、道岔途中转换等问题的发生。

1. 电务部门标注分路不良

轨道电路分路不良有很大的危害性，为了保证列车调度员和车站值班员准确掌握轨道电路分路不良情况，电务部门检查发现轨道电路分路不良时，要及时在车站、列车调度台“行车设备检查登记簿”内登记并在调度集中系统（CTC）终端上进行标注，告知列车调度员、车站值班员（车务应急值守人员）。

调度集中系统（CTC）具备站内分路不良轨道电路区段的人工标记、显示、确认空闲等功能，“分路不良”标注是保证轨道电路分路不良区段行车安全的重要手段。在调度集中系统（CTC）终端上对轨道电路分路不良区段进行“分路不良”标注后，调度集中系统（CTC）操作界面上可以清晰、直观地显示。只有经作业人员确认分路不良区段空闲并在调度集中系统（CTC）终端设置为空闲后，调度集中系统（CTC）才能触发进路、开放信号。使用“分路不良”标注功能，能充分发挥设备保安全的作用，有效地提醒作业人员，防止作业人员进行不安全的操作。

列车调度员（车站值班员）发现机车车辆占用不显示、机车车辆通过后进路漏解锁或光带不消失时，要登记“行车设备检查登记簿”，通知电务人员检查处理。轨道电路分路不良区段恢复正常时，电务部门要在车站、列车调度台“行车设备检查登记簿”内同时办理销记手续。当车站由非常站控转为分散自律控制模式后，站内标记为分路不良的区段均自动设置为“未确认空闲”状态。

2. 经由分路不良区段的进路办理

列车调度员（车站控制时为车站值班员）办理经由分路不良区段的进路时，必须小心谨慎，防止列车或调车进入占用线路。

（1）确认分路不良区段空闲。

办理进路前，列车调度员（车站值班员）必须亲自或指派其他人员（集控站为车务应急值守人员组织电务、工务人员）确认与进路有关的所有分路不良区段空闲后，方可准备进路。

确认分路不良区段空闲是指确认分路不良区段无机车车辆占用。列车调度员（车站值班员）确认分路不良区段空闲的方式主要有 3 种：①通过目视或利用站场视频设备确认。不能或不便亲自确认时，列车调度员通过车站值班员（车务应急值守人员），车站值班员（车务应急值守人员）通过组织工务、电务人员进行确认。②询问司机及调车人员，确认列车已经完整到达、整列出站，确认机车车辆出清道岔轨道电路分路不良区段。③动车组列车、单机（单机挂车、重联时除外）等运行时，可通过调度集中系统（CTC）/TDCS 设备、联锁控制台确认出清轨道电路分路不良区段的下一良好轨道电路区段。

调度集中系统（CTC）自动排列进路时会检查区段分路不良状态，不允许列车或调车进路经过未确认空闲的分路不良区段。对于标记为分路不良的区段，需要使用该区段时排列进路时，调度集中系统（CTC）要求必须进行人工“确认空闲”的操作。调度集中系统（CTC）检测到站内分路不良区段锁闭或占用后，自动设置为“未确认空闲”状态，该区段再次使用前，需人工再次进行“确认空闲”操作。

（2）安全处置措施。

①将分路不良区段的道岔单独锁闭。②列车（机车车辆）未全部出清轨道电路分路不良区段前，严禁操纵有关道岔及其防护道岔，不得解除分路不良区段道岔单独锁闭。

③调车作业时，询问并得到调车人员或司机汇报机车车辆出清道岔轨道电路分路不良区段后，方可扳动道岔，开放信号。④在轨道电路分路不良的股道上停放车辆时，必须对股道两端信号进行钮封。使用钮封后，能够防止人为疏漏而向占用股道开放信号接车。⑤遇有列车（机车车辆）通过后进路漏解锁、光带不消失时，必须确认列车（机车车辆）已通过该区段后，方可对该区段进行人工解锁。

（七）列车占用丢失

调度集中系统（CTC）/列车调度指挥系统（TDCS）设备发生列车占用丢失报警（根据报警技术条件等规定能立即判断为误报警时除外）、得到列车占用丢失的报告、通过调度集中系统（CTC）/列车调度指挥系统（TDCS）设备发现列车占用丢失的情况，均按照列车占用丢失的要求进行处置。当列车在区间时，所在闭塞分区列车占用红光带消失后、连续15s前方闭塞分区无占用红光带表示，列车占用丢失报警；当列车在站内股道时，所在股道红光带消失后、连续15s相邻轨道电路无占用红光带表示，列车占用丢失报警。

1. 区间列车占用丢失。

（1）列控中心区间占用逻辑检查功能。

① 列控中心对区间占用丢失的判定。

闭塞分区包括空闲、正常占用、故障占用、占用丢失4种状态。列控中心根据列车占用、出清闭塞分区的顺序关系及区间闭塞方向，对区间闭塞分区的状态进行逻辑判定。正常占用的闭塞分区轨道电路恢复空闲，而区间闭塞方向前方相邻闭塞分区轨道电路未被正常占用时，列控中心判定该闭塞分区为占用丢失。

调度集中系统（CTC）收到列控中心传送的占用丢失状态信息时，应在相关终端上进行文字及语音报警，并以弹出式对话框进行提示。文字报警方式为：在调度集中系统（CTC）调度终端和车务终端的报警窗口中进行报警，并不间断闪烁，直至占用丢失状态恢复；语音报警方式为：在调度集中系统（CTC）调度终端和车务终端进行语音报警，占用丢失状态恢复前，每隔5min进行一次；弹出式对话框报警为：在调度集中系统（CTC）调度终端和车务终端弹出报警对话框，显示文字报警信息，人工确认信息后点击“确定”，对话框方可关闭，占用丢失状态恢复前，每隔5min弹出一次报警对话框。

② 列控中心对区间占用丢失的防护。

列控中心对判定为占用丢失的闭塞分区进行安全防护。该闭塞分区后方轨道电路发红黄码，防护信号机点亮红色灯光（常态灭灯区段除外）。同时，列控中心向集中监测系统发送报警信息，列控中心维护终端显示闭塞分区逻辑状态和报警信息。调度集中系统（CTC）调度终端和车务终端对该闭塞分区按分路不良进行显示，防护信号机显示红色灯光；车站联锁终端若能显示该闭塞分区，则该闭塞分区显示红色光带。

随着列车运行，列控中心根据本闭塞分区及前方闭塞分区顺序占用、出清的状态变化，对处于故障占用或占用丢失状态的闭塞分区进行逻辑判断，当达到安全防护自动解锁条件时，列控中心对该闭塞分区实施安全防护自动解锁。

实施安全防护自动解锁或使用区间逻辑状态确认命令人工解锁后的闭塞分区，其防护信号机、闭塞分区轨道区段状态和码序恢复正常。

（2）区间占用逻辑检查报警时的行车处置。

列车调度员（车站控制时为车站值班员）在调度集中系统（CTC）终端上收到闭塞分区占用丢失报警信息时，应立即通过调度集中系统（CTC）终端确认发生报警的闭塞分区和列车车次，确认系统对该闭塞分区实施自动防护后的信息显示，通知已进入区间的后续列车立即停车，不再向该区间放行列车，联系发生占用丢失的列车司机，询问列车位置及现场情况。车站值班员报告列车调度员。

列车调度员（车站值班员）应及时通知电务部门并在“行车设备检查登记簿”内登记。此种情况下，联锁终端上该闭塞分区出现的轨道电路红光带，不再通知工务部门检查。电务部门未销记确认可以放行列车前，不得再向该区间放行列车

闭塞分区占用丢失逻辑检查报警自动解除后，列车调度员根据电务人员“×闭塞分区电务设备正常”的登记（在车站办理登记时，由车站值班员报告列车调度员），恢复正常行车。

区间发生占用丢失逻辑检查报警的列车完整到达前方站后，闭塞分区逻辑检查报警仍未自动解除时，列车调度员（车站值班员）根据电务人员“×闭塞分区电务设备正常”的登记，确认该闭塞分区空闲后，进行人工解锁，恢复正常行车。存在设备故障时，列车调度员（车站值班员）根据设备部门登记的行车限制条件组织行车。

（3）区间逻辑检查报警人工解锁操作。

① 确认闭塞分区无车占用。

闭塞分区确认无车占用操作界面如图 5-4 所示。列车调度员（车站值班员）通过下拉列表选择需要进行操作的车站及闭塞分区，确认车站和闭塞分区正确后，按压“无车验证”指令按钮。此时调度集中系统（CTC）系统将指令发送到列控中心，列控中心反馈结果后，调度集中系统（CTC）系统将命令结果显示在“命令反馈结果”框中。

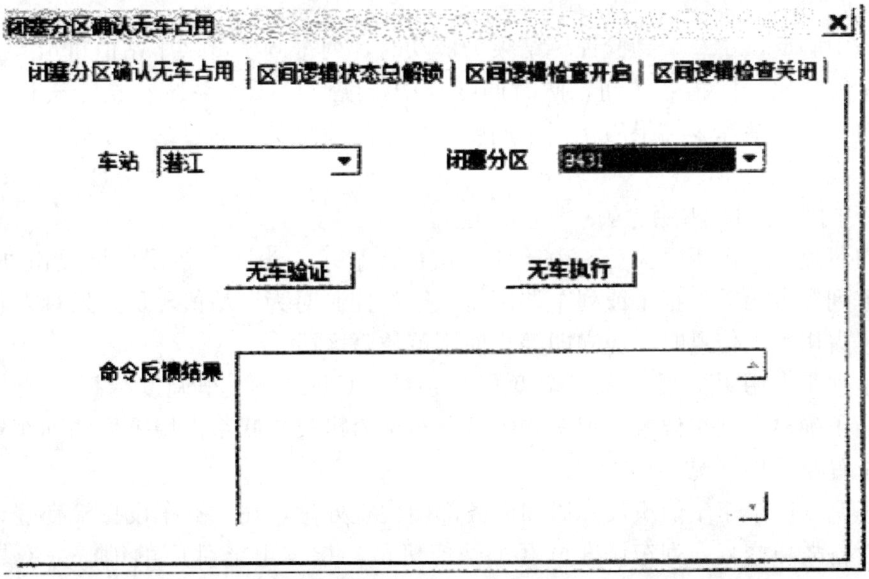

图 5-4　闭塞分区确认无车占用操作界面

当列控中心反馈“无车验证”结果为成功时，在 60s 内按压“无车执行”指令按钮，此时调度集中系统（CTC）系统将指令发送到列控中心。列控中心反馈命令结果

后，列车调度员（车站值班员）通过站场图确认相关闭塞分区的表示状态。

② 人工解锁区间占用丢失。

区间逻辑状态总解锁操作界面如图 5-5 所示。列车调度员（车站值班员）通过下拉列表选择需要进行操作的车站及区间方向口，当确认车站和区间方向口正确后，按压“总解锁验证”指令按钮。此时调度集中系统（CTC）系统将指令发送至列控中心，列控中心反馈结果后，调度集中系统（CTC）系统将命令结果显示在“命令反馈结果”框中。

图 5-5　区间逻辑状态总解锁操作界面

列控中心反馈“总解锁验证”结果为成功时，列车调度员（车站值班员）在 60s 内按压“总解锁执行”指令按钮，此时调度集中系统（CTC）系统将指令发送至列控中心。列控中心反馈命令结果后，列车调度员（车站值班员）通过站场图确认相关区间的闭塞分区表示状态。

2. 站内股道列车占用丢失

站内股道列车占用丢失后，由于股道占用无显示。为防止错误向该股道办理接车，站内股道列车占用丢失报警或列车调度员（车站控制时为车站值班员）发现及得到站内股道列车占用丢失信息时，应立即停止使用该故障区段。

发生列车占用丢失后，由于调度集中系统（CTC）/列车调度指挥系统（TDCS）设备不能正确显示列车位置，列车调度员（车站值班员）联系占用丢失的列车司机，询问列车位置及现场情况。

列车调度员（车站值班员）通知电务部门检查处理，在“行车设备检查登记簿”内登记。设备故障修复，列车调度员（车站值班员）根据电务部门的销记，恢复正常行车。设备故障暂时无法修复时，经电务部门检查处理后，根据电务部门登记的行车限制条件组织行车。为了防止后续列车进路自动触发而使列车进入占用丢失列车所在的区间或站内股道，在故障恢复前，对尚未进入区间或站内该地段的列车，应取消调度集中系统（CTC）自动触发进路。

（八）列车无线调度通信设备故障

1. 固定用户接入交换机（FAS）故障。

（1）调度台 FAS 均故障。

因高速铁路的列车运行密度大、调度台管辖多个车站，在调度台 FAS 均故障时，列车调度员无法通过 FAS 快捷地与车站和司机联系，无法及时发布口头指示和指挥行车。

所以列车调度员通知通信部门检查处理，在“行车设备检查登记簿”内登记，并尽快利用其他通信工具指示车务应急值守人员转为车站控制办理行车。设备故障修复后，列车调度员根据通信部门在“行车设备检查登记簿”内的销记，恢复设备正常使用和正常行车组织。

（2）车站 FAS 故障。

车站值班员（车务应急值守人员）通知通信部门检查处理，在“行车设备检查登记簿”内登记，报告列车调度员。车站值班员（车务应急值守人员）使用铁路数字移动通信系统（GSM-R）手持终端或有语音记录装置的自动电话办理行车通话。故障修复后，车站值班员（车务应急值守人员）根据通信部门在“行车设备检查登记簿”内的销记，恢复设备正常使用。

2. GSM-R 故障

列车调度员（车站值班员）得到铁路数字移动通信系统（GSM-R）故障的报告后，应立即通知通信部门检查处理，在“行车设备检查登记簿”内登记。车站值班员接到报告后应及时报告列车调度员，列车调度员报告调度所值班主任（值班副主任）。通信部门在“行车设备检查登记簿”内登记的停用内容、影响范围及行车限制条件。

铁路数字移动通信系统（GSM-R）从功能上可分为数据传输单元、电路域数据传输和语音通信功能。

铁路数字移动通信系统（GSM-R）分组数据传输功能失效时，会影响调度命令无线传送和进路预告信息发送功能。此时，向司机发布的调度命令，按“铁路运输调度规则”等规定准许采用列车无线调度通信设备以语音通信方式发布、转达或以书面方式人工交递。

电路域数据传输功能失效时，将会导致装备 CTCS-3 级列控的动车组列车通信连接超时，降级为 CTCS-2 级。

铁路数字移动通信系统（GSM-R）智能网功能失效无法使用车次功能号呼叫时，列车调度员、车站值班员和列车司机间可使用电话号码（ISDN 和 MSISDN）进行呼叫。

设备故障修复后，列车调度员（车站值班员）根据通信部门在“行车设备检查登记簿”内、销记，恢复设备正常使用。

3. 机车综合无线通信设备故障

机车综合无线通信设备故障时，司机报告列车调度员（车站值班员），车站值班员报告列车调度员，按非正常组织行车，待设备故障修复后，恢复设备正常使用。

机车综合无线通信设备（CIR）从功能上可分为数据传输单元和语音单元。数据传输单元故障时，将不能通过无线方式接收调度命令和进路预告信息。语音单元故障时，司机可使用铁路数字移动通信系统（GSM-R）手持终端进行通话。

（1）影响调度命令无线传送功能时。

机车综合无线通信设备故障影响调度命令无线传送功能时，列车调度员向司机发布的调度命令，按规定采用列车无线调度通信设备发布、转达或采用人工书面交递方式。

（2）列车无进路预告信息时。

提前掌握前方进路情况，司机才能做到心中有数、提前准备，所以一旦司机未收到进路预告信息时，要及时报告列车调度员（车站控制时为车站值班员），以便于列车调度员（车站值班员）掌握有关情况。在列车无进路预告信息的情况下，列车由正线通过改为侧线接车时，列车要从经道岔直向改为经道岔侧向运行，列车调度员（车站控制时为车站值班员）应提前预告司机，目的就是使司机提前了解前方站进路情况，提前做好控车降速准备。

（3）机车综合无线通信设备不能通话时。

机车综合无线通信设备不能通话时，司机应立即使用铁路数字移动通信系统（GSM-R）手持终端报告列车调度员（车站值班员）。例如铁路数字移动通信系统（GSM-R）手持终端也不能进行通话时，司机可临时借用列车上其他工作人员的铁路数字移动通信系统（GSM-R）手持终端并向列车调度员报告。在借用的铁路数字移动通信系统（GSM-R）手持终端也故障的情况下，由于没有了可靠的联系手段，一旦区间发生危及安全的情况（例如异物侵限、线路晃车、区间轨道电路红轨、接触网挂异物、占用丢失、区间被迫停车等），列车调度员（车站控制时为车站值班员）将无法及时通知司机并采取措施。所以，为保证列车运行的安全，该列车应运行到前方站停车报告。待机车综合无线通信设备或铁路数字移动通信系统（GSM-R）手持终端修复或更换性能良好的设备，或者司机临时借用车站或车站通信工区的铁路数字移动通信系统（GSM-R）手持终端后，方准继续运行，确保列车运行中司机与列车调度员、车站值班员间的联系畅通。

4. 列车调度员、车站值班员因无线通信设备故障，均无法与司机取得联系

无线通信设备系指能保证列车调度员、车站值班员与司机间在站内及区间保持可靠联系的通信联系设备，高速铁路一般为 FAS 和铁路数字移动通信系统（GSM-R）手持终端。

列车调度员、车站值班员因无线通信设备故障均无法与司机取得联系时，一旦有危及安全的紧急情况将无法与司机联系，所以规定在这种情况下不得向区间放行列车。列车调度员（车站值班员）通知通信部门检查处理，在“行车设备检查登记簿”内登记。通信部门抢修完毕后，列车调度员根据通信部门在“行车设备检查登记簿”内的销记，恢复正常行车组织。

三、牵引供电设备故障

办理接触网停、送电作业时，列车调度员与供电调度员间应严格确认停、送电条件，并执行签认制度。接触网停电涉及多个列车调度台时，供电调度台应分别与相关列车调度台签认后，方准办理停电操作，相关列车调度台应联系、确认。接触网停电涉及邻局列车调度台时，由相关铁路局调度所在局间调度协议中明确联系及内部签认方式。

（一）接触网停电

1. 接触网停电后的初步处置

（1）司机的处置。

接触网停电后，动车组列车及电力机车失去了牵引动力。为了保证列车运行安全，遇接触网停电时，列车司机应立即停车并降弓，报告列车调度员（车站值班员）停车原因及停车位置，通知随车机械师（车辆乘务员）、列车长，车站值班员报告列车调度员。

电力机车牵引的旅客列车因接触网停电在区间停车后，司机应采取保压措施，长时间停车风压不足时，司机通知车辆乘务员组织客运乘务组拧紧全列人力制动机，以防止列车制动力不足。

（2）供电调度员的处置。

供电调度员发现接触网停电时，应立即确认停电范围并通知列车调度员，使列车调度员尽快掌握接触网停电范围。

（3）列车调度员的处置。

列车调度员（车站值班员）接到接触网停电的报告后，应立即扣停未进入停电区域的相关列车，对已进入停电区域的列车应通知司机停车。列车调度员并立即通知供电调度员确认停电范围，通知供电部门检查处理，在CTC上设置停电标识。在CTC上设置停电标识是为了充分发挥设备保安全的功能，防止人为作业疏漏，将列车放入停电区域。

2. 接触网跳闸重合或送电成功的处置

接触网跳闸，可能由接触网设备故障、动车组（电力机车）设备故障以及外部因素（例如异物、结冰等）等原因引起。虽然接触网跳闸后重合或送电成功，但存在接触网设备损坏或故障的可能性，影响行车安全。接触网跳闸重合或送电成功，原因不明时，供电调度员应立即将接触网跳闸情况、故障标定装置指示地点的里程及限速要求通知列车调度员，以便对相关接触网设备运行状态进行巡视确认。

（1）本线及邻线首列列车限速运行。

对接触网设备巡视检查有多种方式，为降低对列车运行秩序的影响，在供电人员现场检查或添乘列车检查前，通知经过故障区段的列车司机进行初步观察是一种方便可行的方式。列车运行速度过快时，一方面不利于动车组司机观察接触网状态；另一方面发现接触网设备异常影响行车时，可能来不及采取相应措施，造成故障扩大或影响行车。因此，列车调度员立即向尚未经过该地点的本线及邻线首列列车发布口头指示限速80km/h注意运行。考虑到故障标定装置指示地点可能有一定的误差，限速位置原则上按故障标定装置指示地点前后各2km确定。如遇各2km后限速区域进入到电分相或另一供电臂等情况时，可根据实际适当调整限速区域。

（2）行车组织办法。

司机应注意观察接触网设备状态，发现影响行车异常情况时应立即停车并向列车调度员报告，列车调度员立即通知尚未经过异常地点的后续列车停车，不得再向该区间放行列车，并立即通知供电部门检查处理，列车调度员按供电部门登记的行车限制条件组织行车；无异常时，司机在通过限速地点后立即向列车调度员报告。列车调度员根据本线司机确认本线无异常的报告组织本线后续列车正常运行，根据邻线司机确认邻线无异常的报告组织邻线后续列车正常运行。

（3）供电人员登乘列车赶赴现场。

由于司机只能从外观上判断接触网的状态，为了保证列车运行安全，调度员应立即组织供电人员登乘本线或邻线列车巡视检查设备。

高速铁路的站间距较大，为了便于供电抢修人员尽快赶到现场，供电人员需要尽快赶赴现场进行处置。因此，供电人员根据需要及时向列车调度员提出利用动车组列车运送人员处理故障的申请，列车调度员应及时安排。

3. 接触网停电处置实例

某 CTCS-3 级高速铁路自动闭塞区段，因树枝刮上接触网导致跳闸。

9 时 42 分，A 站至 B 站间上下行线接触网跳闸，上行线自动重合成功，下行线自动重合失败。列车调度员立刻通知 G383 次列车降弓停车，G383 次列车停于下行线区间。

9 时 45 分，列车调度员将 G1299 次列车扣停 A 站。

9 时 48 分，下行线第一次试送电失败。

9 时 50 分，列车调度员通知区间内后续下行列车 G387 次停车。

9 时 55 分，A 供电工区轨道车准备出动，B 供电工区轨道车准备出动。

9 时 57 分，列车调度员通知 G387 次列车准备退行至 A 站组织反方向行车。

10 时 02 分，下行线第二次试送电失败。

10 时 04 分，列车调度员发布准许 G387 次列车退行的调度命令。

10 时 13 分，B 供电工区轨道车到达 B 站。

10 时 41 分，下行线第三次试送电失败。

10 时 45 分，B 供电工区轨道车 57662 次由 B 站开车进入区间。

11 时 02 分，B 供电工区轨道车 57662 次进入区间停车。

10 时 54 分，列车调度员发布调度命令，组织 G387 次列车利用上行线反方向运行。

11 时 05 分，供电人员排除故障。

11 时 18 分，下行线恢复供电。列车调度员通知 G383 次升弓恢复运行。

11 时 20 分，供电轨道车 57661 次区间开车。

11 时 41 分，供电轨道车 57661 到达 B 站。

（二）接触网挂有异物

接触网上挂有异物是高速铁路常见的故障现象，但因接触网上挂有异物的具体情况不同，在供电人员到达现场确认前，主要依靠司机根据挂异物的具体情况来掌握行车，根据不同情况采取正常运行、降速运行、降弓运行、停车等处置方式。

1. 报告制度

司机在运行中发现本线或邻线接触网上挂有异物时，应立即采取措施并向列车调度员（车站值班员）汇报异物情况和故障地点，列车调度员（车站值班员）及时通知供电部门检查处理，在《行车设备检查登记簿》内登记，车站值班员报告列车调度员。列车调度员转报供电调度员。

2. 本线挂异物的处置

本线挂有异物时，如异物情况不影响行车，司机按正常行车方式通过。

本线降弓可以通过时，司机按降弓方式通过该地点，报告列车调度员或车站值班员。为了防止后续列车因速度过高而不方便准确掌握降弓时机，列车调度员向该线后续列车发布限速 160km/h 降弓通过故障地点的调度命令（不设置列控限速）。考虑到司机在列车高速运行中报告的故障地点可能有一定的误差，限速降弓位置原则上按司机汇报故障地点前后各 2km 确定。

不能降弓通过时，为保证列车运行安全，司机应立即停车并报告。列车调度员（车站值班员）应立即通知本线后续列车停车，不得再向该区间放行列车。

3. 邻线挂有异物的处置

邻线挂有异物时，如司机汇报邻线异物不能降弓通过，列车调度员（车站值班员）应立即通知邻线尚未经过该地点的列车停车，不得再向邻线该区间放行列车；如司机汇报邻线异物可降弓通过或异物情况不影响行车，邻线按第 388 条规定执行。

如司机汇报不能确定异物是否影响邻线行车，列车调度员应立即向邻线尚未经过该地点的首列列车司机发布口头指示限速 80km/h 注意运行。限速位置原则上按司机汇报故障地点前后各 2km 确定。司机应注意观察接触网设备状态。根据该司机确认情况，后续处理与本线挂有异物的相同。

4. 供电部门的处置

供电调度员接到报告后，应立即组织供电人员登乘本线或邻线列车巡视检查设备并处理。高速铁路的站间距较大，为了便于供电抢修人员尽快赶到现场，供电人员根据需要及时向列车调度员提出利用动车组列车运送人员处理故障的申请，列车调度员应及时安排。

供电部门检查处理后，列车调度员按供电部门登记的行车限制条件组织行车。故障处理完毕后，列车调度员根据供电部门在“行车设备检查登记簿”内销记，恢复正常行车组织。

（三）受电弓挂有异物

1. 处置办法

（1）报告列车调度员。

受电弓挂有异物运行时，可能造成受电弓或接触网损坏。所以，列车运行途中，司机接到受电弓挂有异物通知时，应立即降弓、停车，向列车调度员（车站值班员）报告，车站值班员报告列车调度员。

（2）扣停后续列车。

列车调度员（车站值班员）得到受电弓挂有异物的报告后，为了保证后续列车的运行安全，应立即通知区间内后续列车停车，不得再向该区间放行列车。

（3）下车检查或登顶作业。

需下车检查或登顶作业时，司机（动车组列车为随车机械师通过司机）及时向列车调度员提出请求。

为保证司机（随车机械师）的人身安全，列车调度员根据下车检查或登顶作业的请求，发布邻线列车限速 160km/h 及以下调度命令并设置列控限速，限速位置按停车列车位置前后各 1km 确定。需登顶作业时，列车调度员还应通知该供电臂内的列车停车并降弓，与供电调度员办理接触网停电手续，得到供电调度员接触网已停电的通知后，发布准许登顶作业的调度命令。

司机在接到邻线列车限速 160km/h 及以下调度命令已发布的口头指示后，下车检查（动车组列车为司机通知随车机械师下车检查）。司机根据准许登顶作业的调度命令和邻线列车限速 160km/h 及以下调度命令已发布的口头指示登顶作业（动车组列车为司机通知随车机械师登顶作业）。司机（随车机械师）登顶作业前，应进行验电、接地，确认接触网无电。

（4）异物处理完毕的处置。

异物处理完毕后，司机应报告列车调度员，列车调度员与供电调度员办理接触网送电手续，通知该停电供电臂内的列车升起受电弓，取消邻线限速，恢复正常行车。需限速运行时，司机（动车组列车根据随车机械师的通知）限速运行。

（5）发现受电弓或接触网有异状的处置。

司机（动车组列车为随车机械师）现场检查发现受电弓滑板及托架有损伤或接触网有异状时，说明接触网设备实际或可能已发生损伤，应及时报告列车调度员。列车调度员接到报告后应扣停后续列车，并通知供电部门对接触网设备进行检查处理，根据供电部门在“行车设备检查登记簿”内登记的行车限制条件组织行车。

2. 受电弓挂异物处置实例

某 CTCS-2 级高速铁路自动闭塞区段，在站待发列车受电弓缠绕塑料布。

19 时 00 分，M 站客运人员发现在站停留的 D1612 次列车 3 车受电弓挂有塑料布。

19 时 12 分，随车机械师报告塑料布过长（大约 2m），需要供电部门协助处理。

19 时 15 分，D1612 次列车的随车机械师要求将受电弓降弓。

19 时 21 分，随车机械师报告，需要换弓处理。

19 时 28 分，供电人员到达现场。

19 时 34 分，部分旅客要求下车，M 站干部现场盯控旅客乘降，确保安全。

19 时 35 分，现场供电人员报告无法处理塑料布，需要停电登顶处理。

19 时 37 分，D1612 次随车机械师请求登顶处理。

19 时 40 分，接触网停电。

19 时 45 分，列车调度员发布调度命令准许随车机械师登顶作业。

20 时 03 分，D1612 次列车报告受电弓塑料布处理完毕。

20 时 09 分，D1612 次司机报告具备接触网送电条件。

20 时 10 分，接触网恢复供电。

20 时 14 分，D1612 次列车司机汇报可以正常运行。

20 时 16 分，D1612 次列车由 M 站开车。

（四）运行途中自动降弓

1. 处置流程

（1）立即停车并报告。

接触网设备异常打碰受电弓或受电弓自身状态不良均可能导致动车组（电力机车）自动降弓。列车在运行途中，因不明原因降弓，为防止故障进一步扩大，司机应立即切断主断路器并停车，同时查看降弓地点公里标，向列车调度员（车站值班员）报告，车站值班员报告列车调度员。

列车调度员（车站值班员）应立即通知区间内后续列车停车，不再向该区间放行列车，列车调度员将降弓情况转报供电调度员。

动车组列车随车机械师应根据故障信息记录，及时向司机反馈故障发生时间等信息，由司机报告列车调度员，列车调度员及时转报供电调度员。

列车调度员（车站值班员）应立即通知区间内后续列车停车，不再向该区间放行列车。列车调度员将降弓情况转报供电调度员，以便供电调度员及时处置。

（2）下车检查或登顶作业。

列车调度员根据司机（动车组列车为随车机械师通过司机提出的）下车检查或登顶作业的请求，发布邻线列车限速160km/h及以下调度命令；需登顶作业时，列车调度员还应通知该供电臂内的列车停车并降弓，与供电调度员办理接触网停电手续，得到供电调度员接触网已停电的通知后，发布准许登顶作业的调度命令。

司机在接到邻线列车限速160km/h及以下调度命令已发布的口头指示后，下车检查（动车组列车为司机通知随车机械师下车检查）。司机根据准许登顶作业的调度命令和邻线列车限速160km/h及以下调度命令已发布的口头指示登顶作业（动车组列车为司机通知随车机械师登顶作业）。

（3）后续列车的行车组织。

经检查处理，列车恢复运行后，司机应立即报告列车调度员，列车调度员应立即向本线尚未经过该地点的首列列车发布口头指示限速80km/h注意运行，限速位置原则上按司机汇报故障地点前后各2km确定。司机应注意观察接触网设备状态，发现影响行车异常情况时应立即停车并向列车调度员报告，列车调度员立即通知尚未经过异常地点的后续列车停车，不再向该区间放行列车，并立即通知供电部门检查处理，列车调度员按供电部门登记的行车限制条件组织行车。无异常时，司机在通过限速地点后立即向列车调度员报告，列车调度员根据司机确认无异常的报告组织后续列车正常运行。

（4）供电人员登乘列车赴现象处置。

供电调度员接到报告后，应立即组织供电人员登乘本线或邻线列车巡视检查设备。供电人员根据需要及时向列车调度员提出利用动车组列车运送人员处理故障的申请，列车调度员应及时安排。

2. 列车途中自动降弓处置实例

某CTCS-3级高速铁路自动闭塞区段，因受电弓撞鸟导致列车自动降弓。

13时46分，G303次列车自动降弓停于A至B站间下行线区间。列车调度员通知区间内后续下行列车G187次、G167次、G23次停车，取消A站下行列车的自动触发进路功能。

13时54分，G303次列车报告，经车内检查无异状，换弓后可以正常运行。

13时54分，列车调度员通知后续首列G187次列车经过降弓地段限速80km/h，并注意观察本线及邻线接触网设备状态。

13时55分，G303次列车区间开车。

14时01分，下行首列车G187次通过限速地段，报告接触网无异常。

14时09分，G303次列车到达B站，随车机械师在站台检查受电弓，报告可以正常运行。

14时13分，G303次列车B站开车。

（五）自动过分相地面设备故障

自动过分相地面设备（包括应答器、地磁感应器、磁枕等）分属不同设备管理单位。

司机发现不能自动过分相时，应立即报告列车调度员（车站值班员）。列车调度员（车站值班员）接到报告后，通知后续列车注意运行，通知各设备管理单位检查处理所属设备运行状态，在“行车设备检查登记簿”内登记。设备管理单位发现自动过分相地面设备故障时，应立即报告列车调度员（车站值班员），同时在“行车设备检查登记簿”内登记，写明行车限制条件。

在故障修复前，列车调度员（车站值班员）根据设备管理单位的登记，应通知后续列车司机注意运行，通知司机采用手动过分相，避免带电过分相烧损接触网。

自动过分相地面设备修复后，列车调度员根据设备管理单位在《行车设备检查登记簿》内的销记，恢复正常行车组织。

四、动车组设备失效或故障

（一）空调失效

动车组列车在运行过程中，由于接触网故障停电、动车组空调设备故障等原因，造成空调不能工作。动车组列车车厢封闭严密，空调故障后，空气流通不畅，特别是在夏季，车厢内温度会逐渐升高，旅客会感觉到身体不适，严重时还可能会引发旅客群体情绪波动，进而造成不良影响。

1. 动车组列车失效处置办法

为了更好服务旅客和保证旅客安全，空调失效超过20min不能恢复时，动车组列车由列车长视情况在停车状态下安装防护网、打开车门进行通风换气，并按规定限速运行。

（1）打开车门限速运行。

空调失效超过20min不能恢复但列车能够正常运行时，列车长可视情况通知司机向列车调度员提出在前方最近客运站停车的请求，列车调度员安排列车在前方最近客运站停车，列车在停车站安装好防护网、打开部分车门。

列车因故停车不能维持运行且空调失效超过20min不能恢复时，列车长应及时与司机、随车机械师沟通，视情况做出打开车门的决定，并通知司机转报列车调度员。

考虑到车门处于开放状态，为了保证旅客人身和列车运行的安全，列车调度员根据司机的报告，向司机（救援时还包括救援司机）及沿途各站发布打开车门限速60km/h（通过邻靠高站台的线路时限速40km/h）运行的调度命令。通过邻靠高站台的线路时限速40km/h的原因：在打开车门的状态下，外开式车门及动车组车门的脚踏板距高站台边缘的安全空间较正常车门关闭状态下小，考虑到列车运行时的摆动，所以列车在打开车门时以较低的速度通过邻靠高站台的线路。

（2）安装防护网及打开车门。

安装防护网、打开车门由列车长组织列车乘务员进行，司机、随车机械师配合。防护网的安装需在列车停车状态下进行，为保证人身安全，安装位置为运行方向左侧（非会车侧）车门处。防护网安装完毕，打开车门后，为保证旅客人身安全，由列车长组织列车工作人员值守，直到车门关闭。列车长确认防护网安装牢固、看护到位后报告司机。

（3）组织旅客下车或换乘。

需要组织旅客下车或换乘其他列车时，应在车站站台进行。在站内不邻靠站台的线路或区间组织旅客下车或换乘，因组织工作复杂、旅客乘降不便，一般情况下不采用。

特殊情况下必须在站内不邻靠站台的线路或区间组织旅客下车或换乘时，需经相关铁路局主管运输副局长（总调度长）批准，有关部门、单位要严密部署、精心组织，确保旅客乘降安全。

遇紧急情况需要在站内不邻靠站台的线路或在区间组织旅客疏散时，必须在邻线列车已扣停的情况下才能进行。列车长要根据线路两侧自然地形及人员走行条件，组织列车员选择从列车运行方向左侧或右侧将旅客有序疏散到安全地带。组织旅客换乘时，列车长可根据现场实际情况，采用搭设紧急用渡板或应急梯的方式进行换乘。条件允许时，优先选择搭设紧急用渡板方式换乘。

（4）空调恢复正常后。

空调失效后，相关部门应积极进行故障诊断和抢修。空调设备恢复正常工作、车内温度达标后，应关闭车门。列车长组织工作人员在动车组列车的车门关闭后，适时撤除防护网。司机确认动车组车门关闭良好后，恢复门—牵引联锁功能。

2. 动车组空调失效处置流程

（1）接触网停电导致动车组空调失效。

接触网停电时，司机应立即停车并降弓，报告列车调度员，并通知列车长及随车机械师。

列车调度员接到接触网停电的报告后，应立即扣停未进入停电区域的相关列车，对已进入停电区域的列车应通知司机停车。

列车调度员通知供电调度员确认停电原因确定处置方案，并尽快组织修复。

接触网故障修复期间，随车机械师对 CRH2 型动车组启动应急通风装置（其他车型动车组可自动启动应急通风功能）。司机要密切关注蓄电池电压，并及时向随车机械师通报情况。列车长视车内温度和旅客舒适度作出打开车门的决定，通知司机报告列车调度员，组织列车乘务人员按规定安装防护网、打开非会车侧车门，安排列车乘务人员对打开车门防护值守，并进行列车广播提示。

接触网供电恢复正常，列车长组织列车乘务人员关闭车门并报告司机，司机确认动车组车门关闭良好后，报告列车调度员并请求恢复正常运行。列车长组织列车乘务人员在车门关闭后适时撤除防护网。

接触网故障超过 20min 无法恢复时，供电调度员应向列车调度员报告，列车调度员可安排对进入停电区域的动车组进行救援。

列车调度员根据停电区域内动车组数量、本线处理故障影响范围、邻线放行列车条件等情况确定救援方案，发布救援调度命令，安排就近内燃机车担当救援。

有关单位接到调度命令后，迅速做好热备内燃机车出动前各项准备工作，具备条件后及时发车。

救援机车到达并与动车组连挂完毕后，司机向列车调度员报告，列车调度员按规定向本列司机、救援司机、车站发布打开车门限速运行的调度命令。

（2）动车组故障导致空调失效。

因动车组故障造成空调失效超过 20min 且无法维持运行时，随车机械师处置无效后通知司机请求救援。

随车机械师对 CRH2 型动车组启动应急通风装置（其他车型动车组可自动启动应

急通风功能），并做好救援准备工作。司机要密切关注蓄电池电压，并及时向随车机械师通报情况。

列车调度员根据实际情况优先安排动车组担当救援列车，并及时发布调度命令。

客服调度员与列车调度员加强沟通，根据被救援动车组列车及其他旅客列车载客情况、热备动车组情况等采取换乘至热备动车组或其他列车、停运等方案。

等待救援时，列车长视车内温度和旅客舒适度作出打开车门的决定，通知司机报告列车调度员，组织列车乘务人员按规定安装防护网、打开运行方向左侧（非会车侧）车门，安排列车乘务人员对打开车门防护值守，并进行列车广播提示。

救援列车到达并连挂完毕后，司机向列车调度员报告。列车调度员按规定向本列司机、救援司机、车站发布打开车门限速运行的调度命令。同型动车组采用重联方式救援时，列车开行前，救援司机须取消动车组“门—牵引联锁功能”。

动车组被救援至前方站后，车站与列车一起做好旅客换乘工作。

特殊情况需组织旅客在区间换乘时，按区间换乘有关规定办理。

（3）动车组全列空调故障。

因供电、辅助供电、空调设备等故障导致动车组全列空调失效，但可维持运行时，经随车机械师处理无效后，对 CRH2 型动车组启动应急通风装置（其他车型动车组可自动启动应急通风功能），并通知列车长和司机。

列车长密切关注动车组车厢温度及旅客感受，当车内温度过高影响旅客舒适度时，列车长通知司机向列车调度员提出在前方最近客运站停车的请求，列车调度员安排在前方最近客运站停车。必要时，在司机和随车机械师的配合下，站车共同组织，将旅客疏散到车站安全处所。

客服调度员与列车调度员加强沟通，根据被救援动车组列车及其他旅客列车载客情况、热备动车组等情况采取换乘至热备动车组或其他列车、停运等方案。

换乘动车组列车到达后，车站与列车一起组织旅客进行换乘。

（4）动车组部分空调故障。

司机室空调故障导致司机室温度过高，影响司机正常驾驶时，可打开客室通过门通风，安排列车工作人员进行防护，严禁旅客进入司机室。

动车组客室单个或多个空调失效时，列车长应综合考虑车内客流、故障车厢旅客数量等情况，在尽量保证旅客服务质量的前提下，疏散故障车厢旅客至其他车厢。

客流量大、车内温度过高无法安置旅客时，列车长向客服调度员提出换乘其他旅客列车申请，客服调度员根据其他旅客列车运行情况、载客情况确定换乘方案，通知列车调度员和列车长组织执行。

无法换乘其他旅客列车时，列车长通知司机向列车调度员提出在前方最近客运站停车的请求，列车调度员安排在前方最近客运站停车。必要时，在司机和随车机械师的配合下，站车共同组织，将旅客疏散到车站安全处所。

（二）车辆故障

1．动车组列车运行途中发生车辆故障的应急处理

在动车组控制系统启动状态下，监控系统对动车组设备有监控功能，监控系统检测到设备发生问题，在司机室车载信息监控装置上显示设备故障信息，并对司机和随车机

械师作业进行提示。动车组列车运行中出现故障，司机应按车载信息监控装置的提示，按规定及时处理；需要由随车机械师处理时，司机应通知随车机械师。经处置确认无法正常运行时，司机应按车载信息监控装置的提示和随车机械师的要求，选择维持运行或停车等方式，并报告列车调度员（车站值班员），车站值班员报告列车调度员。

（1）车轮抱死不缓解。

司机在动车组列车运行中发现或得到基础制动装置故障致使车轮抱死不缓解的报告时，为避免轮对、钢轨擦伤危及行车安全，应立即停车，并报告列车调度员（车站值班员）停车原因和停车位置，车站值班员报告列车调度员。列车调度员（车站值班员）应立即通知区间内后续列车停车，不再向该区间放行列车。为保证随车机械师下车检查时的人身安全，司机在接到列车调度员已发布邻线列车限速160km/h及以下调度命令的口头指示后，通知随车机械师下车检查处理。

当动车组列车制动系统故障须切除单车制动力时，随车机械师应将切除制动力的情况及限速要求通知司机，司机报告列车调度员（车站值班员）后，按限速要求运行，列车调度员不再发布动车组列车限速运行的调度命令。由于《高速铁路技规》第286条规定，在接发列车的同时，接入制动力部分切除的动车组列车，而接车线末端无隔开设备时，禁止办理相对方向同时接车和同方向同时发接列车。为了保证列车调度员、车站值班员准确掌握这个行车限制条件，司机要报告列车调度员（车站值班员），车站值班员接到报告后，应及时报告列车调度员，列车调度员及时通知本调度区段相关车站值班员，跨调度区段运行时还应通知邻台列车调度员。

动车组列车发生全列车制动不缓解时，司机、随车机械师按故障应急手册或车载信息系统的提示处理。全列常用制动不施加，司机立即将制动手柄拉到紧急制动位或按压紧急停车按钮，使动车组紧急停车。动车组停车后，司机复位紧急制动，由随车机械师进行故障处理。为确认动车组制动系统故障处置结果，司机在开车前必须进行一次完整的制动试验，确认制动系统功能恢复正常。动车组发生制动系统失效情况时，无法保证动车组列车运行安全，由司机请求救援。

（2）车窗玻璃破损。

动车组车窗玻璃破损，将导致车厢密封失效和动车组运行平稳性降低，高速运行时影响动车组运行安全。

列车工作人员在列车运行途中发现车窗玻璃破损后，要立即将发现时间、运行区间、运行方向的左（右）侧及破损情况报告列车长及随车机械师。

列车长或随车机械师应通知司机，司机控制动车组列车限速160km/h运行并报告列车调度员（车站值班员），车站值班员报告列车调度员，列车调度员不再发布动车组列车限速运行的调度命令。列车长、随车机械师要分别向所属单位报告，由所属单位逐级上报。随车机械师还须向发生地铁路局动车调度员报告。

动车组列车发生车窗玻璃破损后，在具备条件的车站更换车底。单层玻璃破损的动车组列车终到后，在本属终到入库后对破损车窗玻璃进行更换处理。

（3）空气弹簧故障。

动车组空气弹簧故障时，动车组运行平稳性降低，高速运行时影响运行安全。因此，动车组空气弹簧故障时，随车机械师应通知司机限速要求（CRH2/CRH380A/AL

型限速120km/h，其余车型限速160km/h），司机控制动车组列车限速运行并报告列车调度员（车站值班员），车站值班员报告列车调度员。列车调度员不再发布动车组列车限速运行的调度命令，可安排在具备条件的车站组织换乘。

（4）轴承温度超过报警温度。

动车组车载信息监控装置对动车组每个轴端进行温度监控，检测到轴端温度超出设定值将报警，并在车载信息监控装置上显示报警位置和处置要求。

当车载信息监控装置提示轴承温度超过报警温度时，司机应立即停车，报告列车调度员（车站值班员）停车原因和停车位置，通知随车机械师处理，车站值班员报告列车调度员。列车调度员（车站值班员）应立即通知区间内后续列车停车，并不得再向该区间放行列车。随车机械师检查后，需要限速运行时，通知司机限速要求，司机报告列车调度员（车站值班员）后，按限速要求运行。不能继续运行时，及时请求救援。

（5）转向架监测故障、车辆下部异音、异状。

300km/h的动车组对转向架具有监测功能，对动车组转向架运行安全参数进行监测，发生异常时报警。

发现或接到转向架监测故障、车辆下部异音、异状的通知时，司机（列车工作人员）应立即采取紧急停车措施，司机向列车调度员（车站值班员）报告，车站值班员报告列车调度员。列车调度员（车站值班员）应立即通知区间内后续列车停车，不再向该区间放行列车。司机在接到列车调度员已发布邻线列车限速160km/h及以下调度命令的口头指示后，通知随车机械师下车检查处理。随车机械师检查后，需要限速运行时，通知司机限速要求，司机报告列车调度员（车站值班员）后，按限速要求运行。不能继续运行时，及时请求救援。

2. 动车组以外的旅客列车运行途中发生车辆故障的应急处理

（1）车辆状态不良危及行车安全的情况。

发现客车车辆轮轴故障、车体下沉（倾斜）、车辆剧烈震动等危及行车安全的情况时，须立即采取停车措施，并报告列车调度员（车站值班员），车站值班员报告列车调度员。列车调度员（车站值班员）应立即通知区间内后续列车停车，不再向该区间放行列车。司机在接到列车调度员已发布邻线列车限速160km/h及以下调度命令的口头指示后，通知车辆乘务员下车检查。对抱闸车辆应关闭截断塞门，排除副风缸中的余风，确认安全无误后，方可继续运行；当车轮踏面损坏超过限度或车辆故障不能继续运行时，应甩车处理。

（2）热轴。

列车调度员接到热轴报告后，应按热轴预报等级要求果断处理。必要时，立即安排停车检查（司机应采用常用制动，列车停车后由车辆乘务员负责检查，无车辆乘务员的由司机确认能否继续安全运行）或就近站甩车处理。

（3）限速运行的情况。

遇客车安全监控系统报警或其他故障需要列车限速运行时，车辆乘务员应通知司机限速要求，司机按限速要求运行并报告列车调度员（车站值班员），车站值班员及时报告列车调度员。

空气弹簧发生故障时，列车运行速度不得超过120km/h。

采用密接式车钩的旅客列车，在运行途中因故障更换15#过渡车钩后，运行速度不得超过140km/h。

(4) 双管改单管供风。

双管供风旅客列车运行途中发生双管供风设备故障或用单管供风机车救援接续牵引需改为单管供风时，双管改单管作业应在站内进行。旅客列车在区间发生故障需双管改单管供风时，由车辆乘务员通知司机向列车调度员（车站值班员）提出在前方站停车处理的请求，并通知司机以不超过 120km/h 速度运行至前方站，列车调度员发布双管改单管供风的调度命令，车辆乘务员根据调度命令在站内将客车风管路改为单管供风状态。旅客列车改为单管供风跨局运行时，由国铁集团发布调度命令通知有关铁路局，按单管供风办理，直至终到站。

任务四　运行条件变化行车

由于某些原因造成列车正常运行的条件发生变化，列车将偏离预定运行计划，既无法实现按计划行车，安全性也大为减弱。因此，遇非正常情况时，需要各部门协同运作、互相配合、紧密联系，积极行动起来，尽快恢复列车正常运行。

一、双线区间反方向行车

我国铁路规定在双线区间按左侧单方向行车，这个运行方向称为正方向，相应的闭塞设备、列车信号机（区间信号标志牌）等行车设备也是按此设置的，在行车安全上有着可靠的保证；同时根据我国铁路成对行车的特点，列车在各自的线路上运行时，互不干扰，能够保证最大的通过能力，发挥最大的效益。双线区间列车反方向运行时，改变了线路正常运行方向，对运输安全、效率都有不利影响。所以，对于双线反方向行车，尤其是旅客列车，应进行严格的限制。

（一）列车反方向行车的条件

在双线区间，列车应按左侧单方向运行的规定行车。仅限于整理列车运行时，方可使列车反方向运行；但旅客列车仅在正方向区间的线路封锁、发生自然灾害、因事故中断行车，以及正方向设备故障严重影响列车运行秩序而反方向自动站间闭塞设备良好等特殊情况下，经调度所值班主任（值班副主任）准许，方可反方向运行。

（二）列车反方向运行应发布调度命令

高速铁路一般装有双线双向闭塞设备，正方向按自动闭塞法行车，反方向按自动站间闭塞法行车。列车反方向运行时，列车调度员应发布调度命令。

发布准许列车反方向行车的调度命令前，列车调度员（车站控制时为车站值班员）要确认反方向区间空闲，确认线路上无迎面列车运行，确认区间占用表示灯表示区间空闲。

设有双线双向闭塞设备且作用良好的区间，需要连续反方向行车时，可发布一个调度命令。准许旅客列车反方向运行的调度命令，发布前须经值班主任（值班副主任）准许。

（三）改变闭塞方向

进行改变区间运行方向的操作前，应确认整个区间空闲、对方站未建立发车进路以及区间的无配线站没有排列接发车进路后，才能通过正常方式改变区间运行方向。在区间空闲情况下，因区间轨道电路设备故障等情形可通过辅助办理手续改变区间运行方向。

其中，无配线车站内无道岔，除两条正线股道外无其他股道，不作为方向电路的控制点，无配线车站两端同一条线路的区间方向应保持一致。当区间及无配线车站占用时，不应改变区间方向。

（四）动车组列车反方向运行的速度限制

动车组列车反方向运行时，在CTCS-3级区段，CTCS-3级列控系统最高允许速度为300km/h，CTCS-2级列控系统最高允许速度为250km/h；在CTCS-2级区段，在250km/h线路上最高允许速度为200km/h，在200km/h线路上最高允许速度为160km/h。

二、列车在区间被迫停车

列车在区间被迫停车是指列车在区间因线路中断、接触网停电、动车组（电力机车）停在分相无电区、制动失效及其他机车车辆故障等原因，导致列车不能按信号显示（行车凭证）继续向前运行的情况。列车在区间因作业需要、信号（包括地面信号和车载信号）显示停车信号或显示不明、接到停车的通知而停车，以及发现线路上有行人、异物等而临时停车，不属于列车在区间被迫停车。

（一）列车被迫停车后的处理

1. 对本列的处理

（1）报告通知。

列车在区间被迫停车不能继续运行时，司机应立即使用列车无线调度通信设备通知列车调度员（两端站）及随车机械师（车辆乘务员），报告停车原因和停车位置，根据需要迅速请求救援。

随车机械师（车辆乘务员）、客运乘务组均应听从司机指挥，处理有关行车、列车防护和事故救援等事宜。

列车调度员（车站值班员）接到司机通知后，应将区间内列车运行情况通知司机，并立即使用列车无线调度通信设备通知区间内后续列车停车，在停车原因消除前不得再向区间内放行列车。

（2）防护及防溜分工。

对已请求救援的列车，不得再行移动，并按规定对列车进行防护。

列车在区间被迫停车后，应保证就地制动，防止列车溜逸。例如，遇自动制动机故障，动车组以外的旅客列车司机应通知车辆乘务员立即组织列车乘务人员拧紧全列人力制动机；其他列车司机应立即采取安全措施，并向列车调度员报告。

需要防护时，列车前方由司机负责，列车后方由随车机械师（车辆乘务员）负责，配备列车防护报警装置的列车应首先使用列车防护报警装置进行防护。单班单司机值乘的列车防护作业办法由铁路局规定。

2. 可能妨碍邻线的处理

列车被迫停车可能妨碍邻线时，司机应立即使用列车无线调度通信设备通知邻线上运行的列车和列车调度员（两端站），与随车机械师（车辆乘务员）分别在列车头部或尾部附近对邻线来车方向短路轨道电路，配备列车防护报警装置的列车应首先使用列车防护报警装置进行防护。司机应亲自或指派人员沿邻线一侧对列车进行检查，发现妨碍邻线时，应立即报告列车调度员（两端站）。例如，发现邻线有列车开来时，应鸣示紧急停车信号。列车调度员（车站值班员）接到列车被迫停车可能妨碍邻线的通知后，应立即通知邻线有关列车停车，在原因消除前不得向邻线放行列车。

单班单司机值乘的列车防护作业办法由铁路局规定。

3. 防护办法

（1）已请求救援时，从救援列车开来方面（不明时，从列车前后两方面），距离列车不小于300m处放置响墩防护。

在仅运行动车组列车的线路上，列车在区间被迫停车后已请求救援时，由随车机械师在救援列车开来方面，距离列车不小于300m处人工进行防护，不再放置响墩防护。由于动车组轴重轻、运行速度高，响墩防护对动车组列车运行存在安全隐患，因此仅运行动车组列车的线路上，不放置响墩防护。

（2）列车分部运行，机车进入区间挂取遗留车辆时，应从车列前方距离不小于300m处放置响墩防护。

（3）防护人员设置的响墩在停车原因消除后，由防护人员撤除。

（二）列车在区间退行与返回

区间因自然灾害、发生事故或其他原因，导致列车无法继续前行时，就会发生列车退行的情况。列车退行时，司机在列车后端操作，瞭望不良，存在一定安全隐患。动车组列车因两端均有司机室，遇不能继续运行的情况时可在前端操作返回。

1. 列车在区间退行

高速铁路与普速铁路均有可能发生列车退行的情况，使用自动闭塞法行车时，列车退行的要求存在一定差异性。普速铁路须确认列车至后方站间空闲，才准许列车退行。在高速铁路区段，如果列车退行至站内，才需要确认列车至后方站间空闲；如果列车仅在区间内退行一段距离，仅确认退行距离内的闭塞分区空闲即可。

（1）列车退行办法。

在不得已情况下，列车必须在区间退行时，列车调度员须扣停后续列车，并确认退行距离内的闭塞分区空闲后通知司机允许退行。

随车机械师（车辆乘务员）或指派的胜任人员应站在列车尾部注视运行前方，发现危及行车或人身安全时，应立即使用紧急制动装置（紧急制动阀）或通知司机，使列车停车。列车退行速度不得超过15km/h。

列车若需退行至站内，列车调度员还应确认列车至后方站间已空闲。列车调度员（车站控制时为车站值班员）根据线路占用情况，可开放进站信号机或按引导办法将列车接入站内。

在降雾、暴风雨雪及其他不良条件下，难以辨认信号时，列车不准退行。

动车组以外的列车退行无须发布调度命令。

（2）动车组列车退行。

动车组列车若需退行至站内，列车调度员应发布调度命令。列车仅在区间内退行，不发布调度命令。

动车组列车退行时，改按隔离模式退行。

2. 动车组列车由区间返回

动车组列车在区间被迫停车后须返回后方站时，应遵守的规定如下。

（1）列车调度员必须确认动车组列车至后方站间已空闲，方可发布调度命令。

（2）司机根据调度命令，在动车组列车运行方向（折返）前端操作。

由于动车组列车前后两端均设有司机室，为便于司机控车和瞭望，保证运行安全，在运行方向前端司机室设备正常的情况下，应采用换端牵引方式运行。

（3）列车改按隔离模式返回，运行速度不得超过 40km/h。

司机收到调度命令后，才能将列控车载设备转为隔离模式运行，按不超过 40km/h 运行，凭进站信号机显示的允许运行的信号进站。

（三）列车分部运行

列车在区间内发生断钩、制动主管破裂、脱轨、坡停等被迫停车，不得已才准许采用分部运行的处理办法。

1. 分部运行办法

在不得已情况下，列车必须分部运行时，司机应报告列车调度员（车站值班员），并组织做好遗留车辆的防溜和防护工作，车站值班员立即报告列车调度员。司机在记明遗留车辆辆数和停留位置后，方可牵引前部车辆运行至前方站，在运行中仍按信号显示运行。列车调度员应封锁区间，待将遗留车辆拉回车站，确认区间空闲后，方可开通区间。

2. 进行制动试验

列车分部运行时，司机必须检查试验列车制动主管的贯通状态，确认具备开车条件后，方可起动列车。

3. 不准分部运行的情况

（1）采取措施后可整列运行时。

（2）对遗留车辆未采取防护、防溜措施时。

（3）遗留车辆无人看守时。

（4）司机与列车调度员及车站值班员均联系不上时。

（5）遗留车辆停留在超过 6‰坡度的线路上时。

三、列车运行异常

（一）列车冒进信号

1. 报告列车调度员

列车冒进信号机后，司机应立即停车报告列车调度员（车站值班员），并不得擅自动车，车站值班员报告列车调度员。

司机及时报告，有利于列车调度员或车站值班员采取措施，组织有关行车工作。同时为了防止挤岔后移动造成脱轨或与其他作业产生冲突等情况，冒进后不得擅自动车。

2. 扣停后续列车

列车调度员（车站值班员）接到司机冒进进站（接车进路）信号机报告后，立即通知已进入区间的后续列车停车，不再向该区间放行列车。

3. 确认具备动车条件

列车冒进进站（接车进路）、出站（发车进路）信号机时，列车调度员（车站控制时为车站值班员）得到报告后，确认列车具备动车条件后，再进行下一步的处理。

（1）列车冒进进站（接车进路）信号机。

列车冒进进站（接车进路）信号机时，列车调度员（车站控制时为车站值班员）在确认接车进路准备妥当和列车运行条件具备后，使用列车无线调度通信设备通知司机进站。

（2）列车冒进出站（发车进路）信号机。

列车冒进出站（发车进路）信号机时，列车调度员（车站控制时为车站值班员）应在具备条件后，布置列车后退。

但对出发或通过列车，列车调度员（车站控制时为车站值班员）根据实际情况，可在确认发车进路准备妥当、第一个闭塞分区空闲（自动站间闭塞区段为区间空闲）、列车运行条件具备后，使用列车无线调度通信设备通知司机继续运行。

（二）列车运行晃车

1. 司机发现晃车的处理

运行途中列车司机发现晃车时，应立即减速运行并向列车调度员（车站值班员）报告晃车地点及晃车时列车运行速度，待本列无异常状况后恢复常速运行。车站值班员报告列车调度员。

2. 晃车时列车运行速度在160km/h以下的处理

列车运行速度在160km/h以下时发生晃车，有可能是线路设备、环境出现对行车安全影响较大的不利情况，为确保后续列车运行安全，应按如下办法处理。

（1）列车调度员（车站值班员）立即通知已进入区间的后续列车停车，不再向该区间放行列车。

（2）列车调度员（车站值班员）通知工务部门。

（3）列车调度员根据工务部门上道检查的申请，及时发布本线封锁、邻线限速160km/h及以下的调度命令后，准许上道检查。

（4）工务检查设备后，根据现场具体情况，确定列车放行条件。

3. 晃车时列车运行速度在160km/h及以上

列车运行速度在160km/h及以上时发生晃车，需要进一步确定是否是由于固定行车设备异常引起的晃车，所以采用后续首列限速通过的办法验证。

（1）向后续首列发布限速120km/h的调度命令。

晃车时列车运行速度为160km/h及以上时，列车调度员应向后续首列发布限速120km/h的调度命令，限速位置按司机汇报的晃车地点前后各1km确定。列车通过晃车地点后，司机应立即向列车调度员报告运行情况。

（2）仍晃车的处理。

若后续首列经过该地段仍晃车，列车调度员立即通知已进入区间的后续列车停车，不再向该区间放行列车，通知工务部门，根据工务部门上道检查的申请，及时发布本线封锁、邻线限速160km/h及以下的调度命令后，准许上道检查；工务检查设备后，根据现场具体情况，确定列车放行条件。

(3) 不再晃车的处理。

若后续首列经过该地段不再晃车，则按160km/h、250km/h、常速逐级逐列提速。

在逐级逐列提速的过程中，再次发生晃车时，列车调度员应立即通知已进入区间的后续列车停车，不再向该区间放行列车，通知工务部门，根据工务部门上道检查的申请，及时发布本线封锁、邻线限速160km/h及以下的调度命令后，准许上道检查。工务检查设备后，根据现场具体情况，确定列车放行条件。

在逐级逐列提速过程中，如列车运行速度达不到逐列提速的速度等级时，应依次后推（经工务部门检查、处理时除外），直至达到相应的速度等级方可提速或恢复常速。

（三）列车停在接触网分相无电区

1. 扣停后续列车

电力机车牵引的列车和动车组列车停在接触网分相无电区不能继续运行时，司机应立即降弓，并报告列车调度员（车站值班员），车站值班员报告列车调度员。列车调度员（车站值班员）立即通知已进入区间的后续列车停车，不再向该区间放行列车。

2. 具备自救条件时

由于电力机车、动车组有两个或多个受电弓，当停在分相无电区时，可以根据具体的停车位置、本身的设备条件、牵引供电设备状况等，确定是否具备自救条件。

具备采用换弓、退行闯分相等方式自救时，司机应准确报告电力机车（动车组）停车位置，由列车调度员、供电调度员、机车调度员（动车司机调度员）共同根据电力机车（动车组）类型、停车位置、牵引供电设备状况等确定自救方案，组织自救。

3. 不具备自救条件时的处理

当不具备自救条件时，可根据是否具备向中性区送电条件，来进一步确定救援方案。

(1) 具备向中性区远动送电时。

具备向中性区远动送电时，可在该分相后方接触网供电臂办理停电后，由列车调度员向供电调度员办理向中性区远动送电手续，通知停在该分相的列车升弓，待该列车驶出分相区后，再通知供电调度员恢复原供电方式并向后方接触网供电臂送电，恢复后续列车正常运行。

(2) 不具备向中性区远动送电时。

不具备向中性区远动送电时，列车调度员发布邻线限速160km/h及以下的调度命令，司机组织相关人员按规定对列车进行防护，并确认列车前、后方接触网无电区长度，向列车调度员报告。列车调度员根据司机有关前、后方接触网无电区长度的报告，确定救援方案，组织救援。

（四）列车碰撞异物

列车在区间发生碰撞异物的情况后，要考虑到发生碰撞的列车能否正常运行、是否影响邻线行车安全，并且要防止后续列车再次发生碰撞，同时还要防止碰撞异物后对固定行车设备正常使用可能带来影响。

1. 列车运行中碰撞异物影响行车安全

(1) 停车并报告。

列车运行中碰撞异物影响行车安全时，司机应立即采取停车措施，并向列车调度员

（车站值班员）报告碰撞异物地点、碰撞异物情况及停车地点，动车组列车司机还应通知随车机械师。车站值班员报告列车调度员。

（2）扣停后续列车。

列车调度员（车站值班员）立即通知本线已进入区间的后续列车停车，不再向该区间放行列车。

（3）需下车检查时发布邻线限速调度命令。

需下车检查时，列车调度员根据司机请求及时发布邻线限速160km/h及以下的调度命令，司机在接到列车调度员已发布相关调度命令的口头指示后，下车检查（动车组列车为通知随车机械师下车检查）。

（4）列车能继续运行时的处理。

经检查列车可以继续运行时，恢复运行（动车组列车按随车机械师的要求运行），司机向列车调度员报告检查情况。如检查未发现异常情况，列车调度员向本线后续首列发布口头指示限速160km/h运行，限速位置按碰撞异物地点前后各2km确定，列车司机应加强瞭望，确认线路和接触网有无异常状态，在通过限速地点后立即向列车调度员报告，列车调度员在得到司机无异常的报告后，组织本线后续列车恢复正常运行；有影响行车异常情况时，列车调度员根据司机报告，扣停后续列车或组织后续列车限速运行，及时通知有关部门按规定上道检查处理。

（5）列车不能继续运行时的处理。

经下车检查确认不能继续运行时应及时请求救援，并按规定进行防护。

2. 碰撞异物侵入邻线影响邻线行车安全

碰撞异物侵入邻线影响邻线行车安全时，列车调度员（车站值班员）接到报告后，应立即通知邻线尚未经过该地点的列车停车，不再向邻线该区间放行列车，并通知有关部门按规定上道检查处理。

3. 碰撞异物不能确定是否影响邻线

碰撞异物情况不明，不能确定是否影响邻线时，列车调度员接到报告后，应立即向邻线尚未经过该地点的首列发布口头指示限速160km/h运行，限速位置按碰撞异物地点前后各2km确定。

邻线首列列车司机应加强瞭望，确认线路和接触网有无异常状态，在通过限速地点后立即向列车调度员报告，列车调度员在得到司机无异常的报告后，组织邻线后续列车正常运行。有影响行车异常情况时，列车调度员根据司机报告，扣停后续列车或组织后续列车限速运行，及时通知有关部门按规定上道检查处理。

4. 重点检查

工务、电务、供电部门应利用天窗时间对碰撞异物地点前后2km范围内的设备进行重点检查。

（五）列车发生火灾或爆炸

1. 防止事故扩大的处理

（1）立即停车并报告。

司机发现列车发生火灾、爆炸或接到列车发生火灾、爆炸的通知及报警时，须立即停车（停车地点应尽量避开长大隧道等，选择便于旅客疏散的地点），报告列车调度员

(车站值班员)，车站值班员报告列车调度员。

列车乘务人员发现火灾、爆炸时，应立即通知司机。

停车地点应有所选择，防止因地形限制，导致旅客疏散、救援工作不易开展。

(2) 扣停相关列车。

列车调度员（车站值班员）接到报告后，立即通知邻线相关列车及本线后续列车停车，不再向区间放行列车。因为火灾爆炸可能影响邻线行车安全，及时扣停邻线列车是为了确保邻线列车运行安全、便于开展救援工作。

(3) 根据需要停电。

现场须停电时，列车调度员通知供电调度员停电。

(4) 根据需要组织旅客疏散。

需组织旅客疏散时，司机得到邻线列车已扣停的通知后，转告列车长组织列车乘务人员将旅客疏散到安全地带。

2. 为灭火做好准备

(1) 重联动车组列车根据需要解编。

重联动车组列车需解编时，由随车机械师负责引导，司机确认并拉开安全距离。解编后，动车组应分别按规定采取防溜措施。

(2) 动车组以外的列车根据需要分隔甩车。

动车组以外的列车需要分隔甩车时，应根据风向等情况而定。一般为先甩下列车后部的未着火车辆，再甩下着火车辆，然后将机后未着火车辆拉至安全地段。对甩下的车辆，在车站由车站人员负责采取防溜措施；在区间由司机、车辆乘务员负责采取防溜措施。

任务五　列车救援

列车运行过程中由于发生事故、设备故障、自然灾害等原因，均可能造成人员伤亡、财产损失、中断行车等影响铁路正常行车的不良后果，需要有关部门实施应急救援积极应对。为了最大限度地减少人员伤亡和财产损失，尽快恢复铁路运输秩序，应急救援工作应当遵循“以人为本、逐级负责、应急有备、处置高效”的原则。

一、使用机车或救援列车救援

(一) 高速铁路应急热备内燃机车

高速铁路设置应急热备内燃机车，必须遵循“统筹优化、设置合理、反应迅速、科学高效、保障有力”的原则，要根据实际情况补强相关设备设施，满足应急处置需要。

1. 基本要求

高速铁路应急热备内燃机车全年设置。

(1) 机车装备。

根据所担当的任务、线路条件等合理确定应急热备内燃机车的机型，原则上应优先安排既有配属客运内燃机车。

应急热备内燃机车应按规定装备机车信号、覆盖运行区段的列车运行监控装置

(LKJ）基础数据（正反向）、机车综合无线通信设备（CIR），应具备铁路数字移动通信系统（GSM-R）通信功能，并按照相关规定进行维护。每台应急热备内燃机车需配备铁路数字移动通信系统（GSM-R）手持终端、450m手持终端，保证通话功能良好。应急热备内燃机车LKJ基础数据按照图定机车交路管理，电务车载设备（LKJ、CIR、机车信号）的具体维护办法由铁路局确定。

（2）设置地点。

要根据实际设备设施条件和担当救援范围，在机务段、机务折返段（车间）、动车所（存车场）、车站、高速铁路综合维修工区等选择合适地点设置。应固定机车停留股道，满足机车基本整备和随时出动条件。办公设施应满足运行揭示交付、机车乘务员出勤等基本功能，并逐步配备远程列车运行监控装置（LKJ）临时数据录入设备，实现列车运行监控装置（LKJ）临时数据录入。应急热备内燃机车存放地点，须满足机车乘务员休息、学习、就餐、洗浴等基本工作、生活条件。

救援半径原则上100km左右，最长不超过150km。相邻两台（组）应急热备内燃机车救援区段须衔接，保证高速铁路救援范围全覆盖。

（3）救援响应。

应急热备内燃机车接到出动的调度命令或列车调度员指示后，必须保证在15min内从热备地点驶出，执行应急救援任务。枢纽地区应充分结合站场设备的实际情况，科学合理地确定应急热备内燃机车台数及摆放地点，明确出动救援走行径路，确保机车出库至所救援线路上的出发车站不超过15min。

2. 机车管理

（1）保证运用状态良好。

应急热备内燃机车担当热备任务前，机务段牵头组织相关电务、通信等设备管理单位，对机车进行一次全面整备，确保机车质量和安全装备作用良好。应急热备内燃机车应定期回机务本段（或机务折返段）进行整备作业，具体整备周期、回送车次、运行径路、运行时刻等应相对固定，纳入日（班）计划。

应急热备内燃机车日常按规定进行维护，每日静态检查，定时起机试验，并根据天气情况适时进行打温，确认机车状态良好，保证能够随时出动。发现设备作用不良时，应立即向列车调度员、机车调度员、机务段值班员报告，立即处理，尽快恢复正常运用状态。

（2）机车相对固定。

应急热备内燃机车应相对固定，不得随意更换。遇有机车故障等原因需回送机务段时，由机务段提前向铁路局调度所提出申请，纳入日（班）计划安排，并组织机车替换。

应急热备内燃机车按路用机车统计，机车配属纳入铁路局集团公司年度机车运用计划。

高速铁路应急热备内燃机车需纳入高速铁路应急救援体系，铁路局机车调度每日按规定将相关信息填入“铁路运输调度生产信息平台应用机务报部功能”。

3. 机车乘员管理

担当热备任务的机车乘务员每年须进行专题培训，考试合格后方可上岗值乘，具体配班、值乘安排由铁路局确定。机车乘务员要熟悉救援区段线路，掌握高速铁路相关规章制度，熟知应急救援相关知识和技术作业流程。

担当热备任务的机车乘务员纳入日（班）计划并向调度所报备，按规定办理出勤手续，领取担当区段的运行揭示并录入 IC 卡，保证随时出动，具体时间和办理方式由铁路局集团公司确定。

担当热备任务的机车乘务员须纳入定现员管理，应依据运输生产实际和发展需要，科学核定机车乘务员定员，合理设置预备率。

4. 救援管理

铁路局要以文件形式对高速铁路应急热备内燃机车作出安排，明确热备地点、机车型号、救援范围、走行径路、乘务员配班等具体事项。因新线开通、设备变化等进行调整时，须及时公布。

铁路局集团公司要根据担当任务特点和外部环境变化，每季度组织热备内燃机车救援动车组列车的应急演练，每年度做到管内高速铁路线路全覆盖。

应急热备内燃机车出动、运行和现场救援按有关规定执行。每次担当救援任务后，由铁路局机务处组织对救援全过程进行分析、总结，于 3 日内上报国铁集团（简称“国铁集团”）。

（二）救援作业程序

1. 申请救援

当区间发生冲突、脱轨、颠覆等事故，机车车辆等发生故障不能继续运行时，列车乘务人员要按规定及时报告列车调度员并申请救援，需要防护时按规定采取防护措施。

列车调度员接到救援申请，按规定发布调度命令封锁区间，并报告值班主任（值班副主任）。值班主任（值班副主任）根据情况，按照规定通知相关部门，向有关领导报告。达到起动应急预案的标准时，铁路局要及时启动相关应急预案。

2. 确定救援方案

列车调度员接到救援申请，根据区段内列车运行、距离机务段（折返点）远近以及救援申请等情况，确定使用内燃机车、电力机车或救援列车担当救援。在电气化区段，例如救援地点有分相区时，宜使用内燃机车救援，无内燃机车时，可使用电力机车附挂车辆救援。接触网停电时须使用内燃机车救援。

列车调度员确定使用内燃（电力）机车或救援列车担当救援后，将救援方案通知车站值班员和请求救援列车司机，说明从前部或后部救援等相关情况，以便列车乘务人员采取防护设施，车站值班员做好相关准备工作。司机日常是按固定区段担当值乘，担当救援的列车需要跨区段担当救援任务时，司机不熟悉该区段线路、信号、分相等设备情况，为了防止发生次生事故，保证救援安全、迅速，列车调度员须通知机车调度员（动车司机调度员）指派带道人员。

3. 发布有关调度命令

各铁路局管内发生铁路交通事故等，如需出动救援列车或救援队时，由机车调度员发布救援列车出动、列车调度员发布救援列车开行及救援队出动的调度命令。如需出动外局救援力量时，应及时通知相关铁路局调度所，并向国铁集团调度申请，由国铁集团机车调度员发布跨局救援列车出动的调度命令，由国铁集团行车调度员发布跨局救援队出动的调度命令。

救援列车（单机）在关系站进入封锁区间前，列车调度员要下达进入封锁区间救援的调度命令。调度命令应注明救援列车进入封锁区间往返的运行车次、被救援列车或车列的救援里程、任务及注意事项等。担当救援的司机接到救援命令后，必须认真确认调度命令内容，明确救援任务，对命令中确定的停车地点要做到心中有数。命令不清、停车位置不明确时，不准动车。

4. 以调度命令作为行车凭证

由于区间已发生事故或发生行车设备故障，不能按正常闭塞手续办理行车。因此，向封锁区间发出救援列车时，不办理行车闭塞手续，以列车调度员的命令，作为进入封锁区间的许可。

5. 救援列车进出封锁区间联系

为使列车调度员准确掌握救援进度，安排救援人员和材料，及时做好区间开通后的列车运行计划，救援列车开往封锁区间或由封锁区间返回车站时，车站控制的车站应向列车调度员报告。为使封锁区间对方站掌握有关情况，也应将上述内容通知对方站，如本站和邻站为列车调度员（车站值班员）同一人办理时除外。

出于救援需要，现场设有临时线路所时，该线路所车站值班员负责与相邻站（所）或列车调度员办理行车手续。车站向线路所开行救援列车时，必须取得线路所车站值班员同意，以便线路所及时做好接车前的准备工作。线路所向区间两端车站发车时，也必须取得接车站的同意。

6. 事故现场指挥

发生事故时，在事故调查组人员到达前，关系区间发车站的站长（副站长）应随乘发往事故地点的第一列救援列车到事故现场。必要时，由列车调度员指定该区间一端车站的站长或临时指派的胜任人员尽快赶赴现场。到达事故现场后，应立即了解事故实际情况，随时与列车调度员联系，汇报事故情况，并就地指挥列车有关工作。

列车分部运行时，机车开往区间挂取遗留的车辆，由于处理比较简单，车站站长（副站长）不必前往，由司机进行处理。机车、动车组故障使用单机救援时，由于处理比较简单，站长（副站长）不必前往，由司机（随车机械师）处理。

7. 救援列车在封锁区间运行

救援列车进入封锁区间后，在接近被救援列车或车列 2km 时，要严格控制速度，同时，使用列车无线调度通信设备与请求救援的列车司机进行联系，或以在瞭望距离内能够随时停车的速度运行（最高不得超过 20km/h），在防护人员处或压上响墩后停车，联系确认并按要求进行作业。

（三）使用机车救援动车组

使用机车救援动车组时，在机车和动车组间要加装过渡车钩和专用风管，开闭相关塞门。为保证制动主管贯通，要进行制动试验。动车组日常运行时，制动主管压力采用 600kPa，因此在制动试验和继续运行时，列车制动主管压力采用 600kPa。

部分动车组当蓄电池电压低于规定值时，会自动抱死车轮，造成动车组无法运行，动车组不升弓取电会影响动车组内空调、照明、电热饮水机等用电设备正常使用。因此，使用机车救援时，动车组具备升弓供电条件时，允许升弓供电。使用电力机车担当救援，如动车组升弓，机车受电弓与动车组两受电弓间距离不能满足通过接触网分相的要求，因此动车组司机需升弓时，要通知救援机车司机，以便救援机车司机在通过分相前通知动车组司机断电并降弓。

使用机车救援动车组连挂作业时，为保证作业人员人身安全，司机在连挂前须与列车调度员联系，在得到列车调度员已发布邻线限速160km/h及以下的调度命令（妨碍邻线及组织旅客疏散时为已扣停邻线列车）的口头指示后，方可开始作业。

救援机车司机在救援作业过程中，要严格遵守有关限速规定，与动车组司机保持联系。如有异常情况及时采取减速或停车措施，救援运行中尽可能避免实施紧急制动。

动车组由机车牵引继续运行时，由于安装了过渡车钩或车辆自身等原因需限速运行时，由随车机械师通过司机报告列车调度员限制速度，列车调度员发布限速调度命令。

使用机车救援动车组时，动车组列控车载设备转入或退出隔离模式不发布调度命令，由动车组司机自行转换。

（四）取消救援

列车因故障等情况申请救援后，当故障列车处理后可继续运行时，被救援列车司机要向列车调度员报告，列车调度员根据司机报告，取消前发救援命令，组织列车恢复运行。司机在未得到列车调度员的准许前，不得动车。

（五）机车救援动车组列车实例介绍

某CTCS-3级高速铁路自动闭塞区段，彩钢板刮坏接触网并打坏动车组列车受电弓。

12日23时04分，A站至B站间上下行线接触网跳闸停电，下行线出现红光带。

12日23时11分，G40次列车（CR400AF-2047+2017）受电弓自动降弓，停于A站至B站间上行线区间，在制动过程中司机室挡风玻璃受异物击打出现裂纹。

12日23时18分，列车调度员同间随车机械师下车检查，发现动车组车体损坏并缠绕大量铁丝。

12日23时40分，因G40次列车空调失效20min，列车长组织乘务人员打开车门、安装防护网并派人看护。

12日23时50分，随车机械师发现2047号动车组6车受电弓变形，G40次列车向列车调度员请求救援。

13日0时00分，G40次列车随车机械师将缠绕在车上的铁丝等异物清除完毕。

13日0时13分，担当救援任务的内燃机车由机务段出库。

13日0时26分，担当救援任务的机车到达C站，开50419次单机前往B站。

13日0时45分，50419次救援单机到达B站。

13日0时55分，列车调度员通知G40次列车从B站方向救援。

13日1时05分，随车机械师开始进行检查车辆、清理玻璃碎渣、安装过渡车钩等机车连挂前的准备工作。

13日1时10分，列车调度员发布调度命令，指示机车由B站进入封锁区间救援，将G40次列车拉至B站。

13日1时17分，由机车担当的救援列车58101次由B站开车。

13日1时50分，随车机械师申请登顶检查并捆扎故障受电弓。

13日2时00分，救援列车距被救援的G40次列车2km处停车，与被救援的G40次列车司机取得联系后以不超过20km/h速度运行。

13日2时11分，救援列车运行至距被救援的G40次列车300m处的防护地点停车，与防护人员联系后等候挂车。

13日2时19分，列车调度员发布命令准许随车机械师登顶处理故障。

13日2时30分，救援机车与被救援的动车组列车开始连挂作业。

13日2时50分，救援机车与被救援的动车组列车连挂作业完毕。

13日2时55分，随车机械师与救援人员登顶捆扎受电弓，发现受电弓受损严重。

13日3时15分，故障受电弓捆扎完毕。

13日3时20分，随车机械师与救援人员下顶。

13日3时25分，接地杆撤除完毕。

13日3时30分，动车组开始进行制动试验。

13日3时50分，动车组进行滚动试验。

13日4时00分，58102救援列车区间开车，限速120km/h运行。

13日4时30分，G40列车到达B站，晚点5小时08分，后来送入动车所处理故障。

13日4时51分，G40次列车旅客全部下车。

二、动车组救援动车组

（一）救援作业程序

列车调度员接到救援申请，按规定发布调度命令封锁区间，并报告值班主任（值班副主任）。列车调度员接到救援申请，根据热备动车组、备用动车组及区段内动车组列车运行等情况，确定救援动车组。列车调度员将救援方案通知车站值班员和请求救援的动车组司机，列车调度员（车站控制时为车站值班员）还应将救援方案通知担当救援的动车组司机。担当救援的动车组列车需要跨区段担当救援任务时，列车调度员须通知机车调度员（动车司机调度员）指派带道人员。

列车调度员及时发布有关调度命令。担当救援的动车组司机接到救援命令后，必须认真确认。命令不清、停车位置不明确时，不准动车。向封锁区间发出救援动车组时，不办理行车闭塞手续，以列车调度员的命令作为进入封锁区间的许可。

救援列车的出发或返回，均应通知列车调度员及对方站（与本站为同一人办理时除外）。如事故现场设有临时线路所时，列车调度员（车站控制时为车站值班员）应于发车前，商榷并获得线路所车站值班员的同意。

发生事故时，在事故调查组人员到达前，站长（副站长）应随乘发往事故地点的第一列救援列车到事故现场，负责指挥列车有关工作。动车组故障使用动车组救援时，由于处理比较简单，站长（副站长）不必前往，由司机（随车机械师）处理。

被救援动车组转入或退出隔离模式不发布调度命令，由动车组司机自行转换。

当故障动车组处理后可继续运行时，列车调度员应根据司机请求，取消前发救援调度命令。司机在未得到列车调度员的准许前，不得动车。

（二）救援动车组在封锁区间运行

1. 在故障动车组前部救援

在故障动车组前部救援时，区间闭塞方向与救援动车组运行方向相反，列车进入区间后，列控车载设备会收到停车信号，因此需将动车组列控车载设备转为隔离模式。救援动车组进入封锁区间后，司机要注意运行，在接近被救援列车 2km 时，以在瞭望距离内能够随时停车的速度运行，最高不超过 20km/h，在距被救援列车不少于 300m 处一度停车，与被救援列车联系确认后进行作业。

2. 在故障动车组尾部救援

在故障动车组尾部救援时，为使救援列车尽快运行至救援地点，列车调度员应提前通知担当救援的动车组司机担当救援任务。出站信号能够正常开放时，在排列列车进路、开放出站信号后，向担当救援的动车组司机发布调度命令。

担当救援的动车组司机在收到允许运行的信号和列车调度员发布的调度命令后，方可按完全监控模式进入区间。救援动车组列车在行车许可终点停车，与被救援列车联系确认后，按目视行车模式进入前方闭塞分区，以在瞭望距离内能够随时停车的速度运行，最高不超过 20km/h，在距被救援列车不少于 300m 处一度停车，与被救援列车联系确认后进行作业。如行车许可终点距被救援列车不足 300m 时，在行车许可终点停车后，与被救援列车联系确认后进行作业。

3. 连挂作业安全

连挂作业时，为保证作业人员人身安全，作业人员要根据现场情况申请邻线列车限速 160km/h 及以下，如妨碍邻线或需组织旅客疏散，要在扣停邻线列车后，方可开始作业。

（三）CRH 系列动车组相互救援基本要求

重联动车组不允许作为救援动车组。短编组动车组救援长编组动车组，在大于 10‰的坡道救援时，禁止向上坡道方向起动。动车组救援时，允许采用退行或反方向运行的方式。

动车组救援时，按规定做好防溜措施。开车前，须确认防溜装置已全部撤除。

救援动车组能够控制被救援动车组常用制动，整列救援列车无车辆空气制动切除时救援限速 120km/h，有车辆空气制动切除时救援限速 60km/h。救援动车组不能控制被救援动车组常用制动时，救援限速 60km/h。

救援过程中，被救援动车组具备条件时，可以升弓供电。救援和被救援动车组司机做好联控，救援动车组与被救援动车组相邻受电弓不得同时升起。

在救援运行过程中，被救援动车组司机原则不允许操作制动控制器、紧急制动按钮等施加制动的装置。救援过程中避免制动与牵引之间快速切换，做到平稳操纵，应尽量避免实施最大常用制动及紧急制动。在意外施加上述制动后，应立即下车检查确认救援连挂端及相邻两个连挂端面状态。

动车组相互救援时，前端机械车钩可通过直接连挂或使用统型过渡车钩两种方式进行连挂。根据相互救援的不同车型，安装相应的过渡车钩模块。

短编组与长编组连挂最大长度为 643m，长编组与长编组连挂最大长度为 858m，救援时应考虑车组总长对站台及线路股道有效长、信号、车尾保持的影响。

（四）动车组救援动车组实例介绍

6 时 24 分，0G384 次动车组列车（CRH380BG-5630）司机报告因 A 站至 B 站间上行线一接触网杆倾斜影响行车，停于 A 站至 B 站间上行线区间。列车调度员立即将 0G58 次动车组列车（CRH380CL-5607）扣停在 A 站，并通知供电部门。

6时35分，列车调度员通知下行G175次列车经过故障地点注意观察接触网状态。

6时41分，供电部门通知0G384次不能升弓。

6时48分，G175次列车通过故障地点后，报告接触网无异常。

7时12分，列车调度员通知扣停于A站的0G58次列车做好进入区间尾部救援的准备。

7时21分，列车调度员发布调度命令，利用0G58次动车组列车进入区间，从尾部救援0G384次列车，将0G384次列车拉回A站。

7时32分，担当救援任务的动车组由A站开车。

7时45分，0G384次列车的随车机械师下车检查并准备连挂作业。

7时47分，供电部门采取上行线越区供电方式供电。

8时54分，救援动车组与被救援的动车组列车连挂完毕。

9时01分，救援列车具备开车条件，限速60km/h运行。

9时03分，救援列车由区间开车。

9时24分，救援列车到达A站。

9时44分，两列动车组在A站解编完毕。

10时27分，0G384次列车由A站开车。

三、启用热备动车组

（一）热备动车组概述

动车组列车由于故障等原因不能继续运行或严重晚点，为了保证高速铁路的运行秩序，满足高速铁路的应急处置需要，铁路局要按规定的车型、数量在固定的存在放地点配置热备动车组。热备动车组的主要功能是救援动车组列车或接续晚点列车，担负着车体置换和旅客换乘的任务。

热备动车组时刻处于待命状态，能够随时上线运行。因此，热备动车组必须保持设备状态良好，按运营要求配备司机、随车机械师、客运、保洁等乘务人员并在热备动车组上待命。热备动车组按规定存放于动车所或车站，在动车所热备的动车组接令后20min具备车站发车条件，在车站热备的动车组接令后10min具备发车条件。存放在车站的热备动车组一般在首趟动车组列车上线运行前出库，待最后一趟动车组到达后回到动车所。

国铁集团要求铁路局严格按要求配备热备动车组并严加管理。不得擅自取消热备动车组，严禁挪用热备动车组开行临客和其他非应急担当的交路。特殊情况使用热备动车组必须上报国铁集团。铁路局每日在首趟动车组出库前，必须通过动车组管理信息系统上报热备动车组车号、停放位置等具体状态信息。热备动车组车型和固定停放地点发生变更的要及时上报国铁集团。

（二）启用热备动车组的要求

为给动车组旅客提供更好的服务，避免或减少动车组晚点，动车组故障无法及时修复时，应及时启用热备动车组。各线运行的动车组型号不同，定员人数不同。热备动车组定员少于故障动车组实际人数时，有条件的应使用定员能满足需要的其他动车组组织旅客换乘。

如故障动车组距本局热备动车组停放地点距离较远而距其他铁路局热备动车组停放地点较近时，可跨局出动热备动车组时，由铁路局调度向铁路局发布调度命令。

热备动车组司机、随车机械师、客运乘务等有关单位人员在接到调度命令后，应迅速完成热备动车组出动前的各项准备工作，具备条件后及时发车。

对担当换乘任务的动车组列车应优先放行，确保及时到位，以减少列车晚点时间。热备动车组完成任务后也要优先放行，及时返回归位。

在站内组织旅客换乘时，应尽量安排在同一站台的两个站台面进行，可快速组织旅客换乘，压缩换乘时间。

在区间组织旅客换乘时，列车调度员组织担当换乘任务的动车组列车进入邻线指定位置停车。司机停车位置应尽量使热备动车组车门与故障动车组车门对齐，以便安装紧急用渡板，组织旅客换乘。担当换乘任务的列车到达邻线指定位置停妥后，司机向列车调度员报告。列车调度员通过申请换乘的列车司机通知列车长组织旅客换乘。担当换乘任务的列车长确认旅客换乘完毕后通知司机，司机得到列车长通知，确认车门关闭，具备开车条件后起动列车，并向列车调度员报告。

项目六　高速铁路施工行车组织

铁路营业线施工是运输组织的重要组成部分，要坚持运输和施工兼顾的原则。确保施工安全是建设、设计、施工、监理、行车组织、设备管理等单位和部门的共同责任。各单位要牢固树立安全意识，严格执行各项规章制度，建立健全安全责任制，落实安全措施和责任，正确处理施工与行车安全的关系，严格遵循“安全第一”的原则，服从行车安全的需要，做到分工明确，责任清楚，措施具体，管理到位。要加强施工计划管理，加强施工组织和施工期间的运输组织，按计划、有组织地进行各项施工，积极推广使用技术先进的施工机具和施工方法，提高施工作业效率和质量，确保行车安全、人身安全和施工安全。

任务一　高速铁路施工维修概述

施工单位要严格执行铁路安全生产各项规章制度。对于施工前超范围准备、施工中挖断光电缆、爆破损坏行车设备、作业车辆溜逸、轨道车辆违章行驶、施工后线路未达到放行列车条件违章放行列车、开通后整修线路不及时、机械和料具侵限、使用封联线和违章使用手摇把等危及行车安全的问题，要制订管理制度，坚决杜绝此类问题发生。施工料具要集中管理，必要时派人看守。对影响行车的各个环节，必须加强管理，落实措施，严密防范，确保行车安全。

一、施工维修基本要求

铁路营业线施工是指影响营业线设备稳定、使用和行车安全的各种施工作业，按组织方式、影响程度分为施工和维修两类。维修项目是指作业开始前不需限速，结束后须达到正常放行列车条件，并且在维修天窗时间内能完成的项目。

（一）基本要求

1. 影响行车的施工纳入天窗时间

凡影响行车的施工、维修作业，都必须纳入天窗时间，不得利用列车间隔进行作业。线路、桥隧、信号、通信、接触网及其他行车设备的施工，力争开通后不降低行车速度。维修作业开始前不限速，结束后须达到正常放行列车条件。

天窗时间是指列车运行图中不铺画列车运行线或调整、抽减列车运行线为施工和维修作业预留的时间，按用途分为施工天窗时间和维修天窗时间。高速铁路天窗原则上不应少于 240min。高速铁路每日安排维修天窗时间。

2. 维修组织实施

高速铁路维修作业按照统筹安排、综合利用的原则组织实施。设备管理部门在制订维修作业计划涉及其他部门时，要主动联系其他设备管理部门，减少或避免维修作业时相互干扰。

高速铁路固定设备上线检查、检测、维修工作都必须在天窗时间内进行，天窗时间外不得进入桥面、隧道或路基地段栅栏范围内。其他地段的检修作业，由铁路局制订相关规定。

（二）高速铁路施工等级

高速铁路的施工分为三级。

1. Ⅰ级施工

（1）超出图定天窗时间且需要调整图定跨局旅客列车开行（含确认列车）的大型站场改造、新线引入、全站信联闭改造、CTC 中心系统设备及列控系统设备改造、换梁、上跨铁路结构物等施工。

（2）中断跨局行车通信业务且影响范围内有图定列车运行的 GSM-R 核心网络设备施工。

2. Ⅱ级施工

（1）不需要调整图定跨局旅客列车开行（含确认列车）的站场改造、新线引入、全站信联闭改造、CTC 中心系统设备及列控系统设备改造、整锚段更换接触线或承力索、换梁、上跨铁路结构物施工。

（2）中断跨局行车通信业务且影响范围内没有图定列车运行以及中断本铁路局行车通信业务且影响范围内有图定列车运行的通信网络设备施工。

3. Ⅲ级施工

除Ⅰ级、Ⅱ级施工以外的各类施工。

（三）高速铁路施工维修计划

1. 施工计划的种类

营业线施工计划分为年度轮廓施工计划、月度施工计划、施工日计划和维修计划。铁路局运输处于每年 12 月初组织有关业务处室编制铁路局次年年度轮廓施工计划，铁路局运输处负责编制铁路局月度施工计划，铁路局调度所负责铁路局施工日计划的编制。未纳入月度施工计划的施工项目原则上不准进行施工，月度施工计划原则上不准变更，纳入月度施工计划的施工项目原则上不准停止施工。

2. 高速铁路维修计划编制

高速铁路维修计划实行日计划。

设备管理单位于维修作业前 3d 向本铁路局主管业务处室提报计划申请。铁路局主管业务处室根据设备管理单位的提报，与其他主管业务处室沟通协调后编制本专业维修计划，于维修作业前 2 日 9：00 前报铁路局调度所施工调度室，施工调度室负责审核维修日计划。

施工调度室于维修作业前 1 日 12：00 前将维修日计划传（交）有关调度台及主管业务处室、相关车务段（直属站）。主管业务处室负责通知作业单位、配合单位，车务段（直属站）负责通知相关车站。

综合利用天窗时间，由铁路局调度所指定维修主体单位，维修主体单位的确定方法由铁路局规定。

（四）施工登、销记制度

1. 登、销记的地点和方式

高速铁路运输指挥一般采用调度集中系统（CTC），具备列车/调车进路人工和计划自动选排、分散自律控制和临时限速设置等功能。在列车调度台设有 CTC 调度终端、自然灾害及异物侵限监测系统终端等行车设备。集控站的行车工作由列车调度员直接指挥。

在列车调度台需设置“行车设备施工登记簿”“行车设备检查登记簿”，用于在调度台办理施工维修、设备故障等的登、销记工作，也是列车调度员对行车设备情况进行掌握和交接的重要工具。同样，车站也应设置“行车设备施工登记簿”“行车设备检查登记簿”，用于在车站办理施工维修、设备故障等的登、销记工作。

集控站转为车站控制时，列车调度员须以“行车设备施工登记簿”“行车设备检查登记簿”的登记为依据之一与车站值班员对有关行车设备情况进行交接。车站转回集中控制时，车站值班员应向列车调度员汇报设备状态。

具备条件时，通过施工维修登销记信息系统进行行车设备施工、维修及设备故障的登、销记，可通过信息系统实现设备管理单位和设备使用单位对设备使用状态或检修状态的掌握，以及在调度所调度台和车站间行车设备状态的交接。

2. 负责登、销记的作业人员

施工负责人可指派驻调度所（驻站）联络员负责在列车调度台（车站行车室）办理施工维修登、销记手续。高速铁路涉及设备单位多，同一专业的设备也可能涉及多个设备管理单位。在列车调度台办理登、销记手续时，应由铁路局供电、工务、信号、通信、车辆、住房城乡建设部门各指定一名本专业具有协调能力、熟悉作业情况的负责人，可以是铁路局部门的管理人员，也可以是本系统基层单位的专业人员，作为本部门作业单位驻调度所联络员，以便减少驻调度所人员数量，避免对行车组织工作造成干扰。在车站办理登销记手续时，由相关单位在车站安排驻站联络员。

驻调度所（驻站）联络员除办理登、销记手续，还负责向本部门的作业单位（配合单位）作业负责人传达调度命令，通报列车运行情况，了解并掌握施工进度和设备状态。

3. 登、销记手续

（1）登记手续。

高速铁路进行施工和维修作业时，施工负责人应确认已做好一切施工准备，于开始前 60min，由施工负责人（驻调度所联络员）在调度所调度台“行车设备施工登记簿”内登记，列车调度员签认。因施工需要转为非常站控模式时，施工负责人（驻站联络员）应在车站进行登记。

（2）销记手续。

施工单位应在实际施工调度命令的起止时间内完成作业。施工负责人和设备管理单位负责人，对施工、维修作业要认真检查、监督，严格掌握设备质量状态及开通行车的技术条件。各作业单位施工维修作业完毕后，施工单位和设备管理单位共同检查，确认行车设备达到开通条件，符合施工计划规定的运行速度，具备放行列车条件。施工负责人须及时向驻调度所（驻站）联络员报告。

驻调度所（驻站）联络员办理销记手续，在“行车设备施工登记簿”内进行开通登记（施工销记），并向列车调度员提出开通申请。在车站办理登、销记手续时，通过车站值班员向列车调度员提出开通申请。车站值班员（或列车调度员）签认后，按规定开通线路。

（3）施工完毕未达到正常放行列车条件时。

施工负责人应积极组织施工作业，按规定时间完成施工任务，减少对运输的影响。因施工作业中出现特殊情况，施工作业完毕后行车设备达不到正常放行列车的条件或达不到施工计划规定的列车运行速度时，施工负责人或设备管理单位负责人应确定开通后的行车限制条件，并通知驻调度所（驻站）联络员，由驻调度所（驻站）联络员在“行车设备施工登记簿”内登记行车限制条件；在设备达到正常放行列车条件后，及时销记。

（五）高速铁路栅栏门管理。

高速铁路栅栏门以关闭加锁为定位，进出栅栏门必须严格执行登销记制度。

栅栏门管理人员须对施工、维修作业负责人查验施工或维修计划后方可允许作业人员进入栅栏内，作业人员不得擅自翻越防护栅栏上道。进入栅栏前应由作业负责人在看守点登记上道人数和机具数量，作业结束后看守人员应同作业负责人核对确认人员、机具完全撤出栅栏并进行销记。

故障应急处置或抢险救援需临时破拆栅栏时，破拆单位负责及时恢复栅栏并在恢复封闭前对栅栏缺口安排专人看守。

普速铁路和高速铁路并行时，普速铁路施工和维修作业必须与高速铁路做好物理隔离，进出栅栏门必须严格执行高速铁路登、销记制度。

二、施工维修防护

（一）施工维修防护要求

1. 影响行车的施工维修应设置防护

机车车辆进入影响行车的施工及故障地点容易发生意外，而且危及施工人员的人身安全。因此，施工和维修作业前必须按规定设置驻站（调度所）联络员、防护员，驻站（调度所）联络员或现场防护员不得临时调换。凡影响行车的施工维修，均应设置防护。未设好防护，禁止开工。综合利用天窗的施工，应加强施工主体单位与参与施工的各单位施工负责人的联系，及时协调施工过程中存在的问题，由施工主体单位的施工负责人统一指挥。每一施工项目，都要单独设好防护。

2. 防护的设置与撤除

线路状态未恢复到准许放行列车的条件，禁止撤除防护、放行列车。施工维修防护的设置与撤除，由施工负责人决定。

施工前，施工负责人应充分做好一切准备，在接到列车调度员命令，并确认施工起止时间与具体要求后，方可指示设置防护。在确认施工防护已符合规定要求后，方可开工。

施工完毕后，经检查已达到准许放行列车的条件时，方可指示撤除防护。经确认防护已全部撤除后，方可通知驻调度所（驻站）联络员，报告列车调度员或通过车站值班员报告列车调度员请求开通设备。

3. 现场防护地点

在区间或站内线路、道岔上维修时，现场防护人员应站在维修地点附近、且瞭望条件较好的地点进行防护。现场防护员应根据施工作业现场地形条件、列车运行特点、施工人员和机具布置等情况确定站位和移动路径，并做好自身防护。

钢轨、道岔大型养路机械打磨和路用列车卸砟等长距离走行的维修作业，宜在作业地点两端或随车设置防护人员。

4. 防护联控

在天窗内作业时，现场防护人员显示停车手信号。

维修作业应在调度所（车站）与作业地点分别设驻调度所（驻站）联络员和现场防护人员。作业过程中，驻站（调度所）联络员与现场防护员必须保持通信畅通，掌握有关机车车辆动态，并定时联系以确认通信良好。一旦联控通信中断，作业负责人应立即命令所有作业人员下道。

铁路局应制订驻站（调度所）联络员、现场防护员及施工负责人之间的联控办法，明确通信设备管理要求，对联控时机、联控内容、联控对象、联控标准用语及复诵确认等环节进行规范。

（二）施工维修避车制度

施工维修作业时，应严格遵守作业人员和机具避车制度，采取措施保证邻线列车和作业人员安全。

1. 施工作业人员避车办法

在区间或站内线路、道岔上施工维修作业时，应在列车调度台设驻调度所联络员或在车站行车室设驻站联络员，施工维修地点设现场防护人员。驻调度所（驻站）联络员或现场防护员不得临时调换。驻调度所（驻站）联络员和现场防护人员应由指定的、经过考试合格的人员担任，实习生、临时工、劳务工不能担任驻调度所（驻站）联络员和现场防护人员。

施工负责人可指派驻调度所（驻站）联络员负责在列车调度台（车站行车室）办理施工维修登、销记手续，驻调度所（驻站）联络员向施工负责人传达调度命令，通报列车运行情况。驻调度所（驻站）联络员和现场防护人员在执行防护任务时，应佩戴标志并携带通信设备。现场防护人员还应携带必备的防护用品，随时观察施工现场和列车运行情况。发现异常情况时及时通报列车调度员（车站值班员）和施工负责人。

驻调度所（驻站）联络员应与现场防护人员保持联系，如联系中断，现场防护人员应立即通知施工负责人。施工负责人应立即命令停止作业，所有作业人员下道，必要时将线路恢复到准许放行列车的条件。

2. 邻线避车办法

为避免施工维修作业时邻线列车高速通过可能造成的人身伤害，在线间距不足6.5m地段施工维修而邻线行车时，邻线列车应限速160mm/h及以下，并按规定设置防护。施工单位在提报施工计划时，应提出邻线限速的条件。

施工维修作业时，本线施工车辆的调移及邻线来车可能影响本线各种作业，施工过程中，施工机具、人员也可能妨碍邻线行车。邻线来车时，现场防护人员应及时通知作业人员。施工机具、物料不得在两线间放置，并应与列车保持安全距离，物料应堆码放置牢固。施工人员应及时撤至安全地带，不得在两线间停留。本线有施工车辆经过时，施工人员和施工机具应及时下道避车。施工单位应采取措施保证邻线列车和施工作业人员安全。

（三）施工作业防护办法

1. 高速铁路施工作业防护办法

高速铁路施工包括区间线路施工、站内线路施工、站内道岔施工，施工防护包括不得进入施工地点的停车防护、施工结束后要求列车减速通过施工地段的减速防护。停车防护的手段主要有现场防护人员显示停车手信号、设置移动停车信号牌（灯）、将线路两端道岔扳向不能通往施工地点的位置并加锁或紧固。减速防护主要是设置带“T”字和“减速”字的移动减速信号牌、减速地点标。双线区间一条线路施工时，使用移动停车信号的防护办法如图 6-1 所示。双线区间一条线路施工时，使用移动减速信号的防护办法如图 6-2 所示。

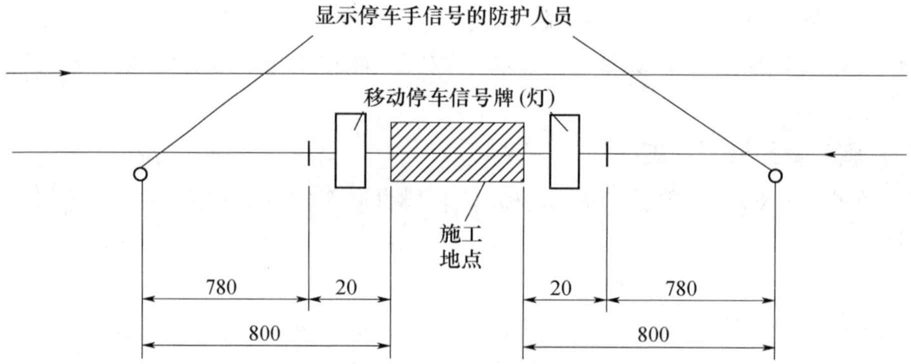

图 6-1　双线区间一条线路施工使用移动停车信号防护（单位：m）

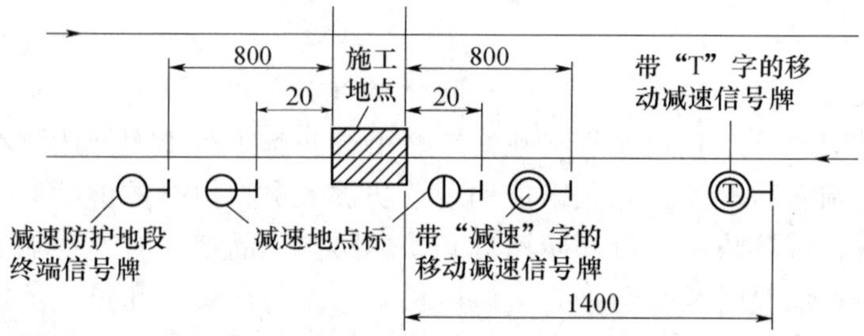

图 6-2　双线区间一条线路施工使用移动减速信号防护（单位：m）

2. 高速铁路施工作业防护与普速铁路的不同之处

（1）取消响墩。

响墩体积较小，容易遗漏。据现有资料统计，多年来响墩作为听觉信号错放或忘记撤除被列车触发的情况时有发生。尤其是高速铁路多为夜间天窗时间，响墩遗漏概率增大。动车组速度快、轴重轻，触发响墩后安全风险更大。同时考虑到高速铁路天窗时间内允许进入封锁区间的多为速度较低的路用列车，且均已安装列车运行监控装置（LKJ）或轨道车运行控制设备（GYK），对冒进信号有多种控制手段，还有手信号和通信手段防护，较多年前要求设置响墩时控车的技术手段有了很大的进步，因此取消响墩防护。

（2）取消邻线作业标。

垂直天窗本线封锁时，邻线如开行列车，一般为速度较低的路用列车等，考虑到路用列车开行方案施工现场能掌握，且施工现场防护人员与路用列车有通信手段能实现联控，可不设置作业标警示和预告。在线间距不足 6.5m 地段施工维修而邻线行车时，采取邻线列车限速 160km/h 及以下，同时施工单位在列车调度台设驻调度所联络员或在车站行车室设驻站联络员，施工维修地点设现场防护人员，驻调度所（驻站）联络员随时与现场防护人员保持联系掌握邻线来车情况，邻线来车时，现场防护人员可以及时通知作业人员避车；同时，在邻线行车情况下跨越邻线设置作业标存在较大的人身安全风险。因此，通过采取邻线限速与通信手段联系等安全控制手段，不再设置作业标警示和预告。

（3）仅运行动车组列车的区段不设置移动减速信号。

在区间线路上施工后，常常需要列车减速通过施工地段，这是保证列车运行安全的重要措施。仅运行动车组列车的区段，在 ATP 控车方式下，列车运行以车载信号为主，并实现了自动控制，因此地面防护信号可予取消，不设置移动减速信号防护。在其余线路上，列车运行仍以地面信号为主，故本线地面防护信号需保留。为避免阶梯提速施工频繁更换标注慢行速度的移动减速信号牌对运输秩序的干扰，本规程高速铁路部分采用带“减速”字的移动减速信号防护，机车乘务员看到此信号时，应按运行揭示或调度命令的要求减低速度，保证行车安全。

（四）其他规定

1. 物料堆放要求

线路备用轨料须在车站范围内码放整齐，线路两侧散落的旧轨料、废土、废渣应及时清理。因施工等原因线路两侧临时摆放的轨料，要码放整齐，并进行必要的加固。有栅栏的地段要置于两侧的封闭栅栏内；需临时拆除封闭栅栏时，应设置临时防护设施并派人昼夜看守。

2. 上道使用的设备要状态良好

养路机械包括大型养路机械和小型养路机械；防护设备主要指对讲机、报警器等设备。养路机械、机具、防护设备均制订有严格的技术标准和上道使用规定，以满足运用和安全要求。凡上道使用涉及行车安全的养路机械、机具及防护设备，须符合有关技术标准，满足运用安全的要求。养路机械、机具及防护设备应专管专用，加强日常检修和定期检查，经常保持良好状态。状态不良的，禁止上道使用。

三、封锁区间施工作业程序

封锁区间施工时，在施工开始前应充分做好施工前期工作、人员、设备、机具、防护用品及配合单位的工作等各项准备工作。施工负责人确认已做好一切施工准备，按批准的施工计划（临时抢修施工时除外），由驻调度所（驻站）联络员在“行车设备施工登记簿”内登记，按规定向列车调度员或通过车站值班员向列车调度员申请开始施工。

列车调度员应保证施工时间，并及时发出实际施工调度命令。在列车调度台办理登、销记时，列车调度员确认施工部门登记内容符合施工计划，具备条件后，及时向施工负责人发出实际施工调度命令，该命令可由驻调度所联络员向施工负责人转达。在车站办理登记、销记时，车站值班员确认施工部门登记内容符合施工计划后，向列车调度员提出施工封锁区间的申请，在接到实际施工调度命令并确认正确后，由驻站联络员及时向施工负责人等相关人员转达。

施工负责人接到调度命令后，确认调度命令内容，确认施工起止时刻，设好停车防护后，方可开工，并保证在规定时间内完成施工作业，恢复行车条件。

施工单位及设备管理单位应严格掌握开通条件，对施工作业过程要认真检查监督，确保设备质量状态符合开通行车的技术条件。施工完毕，施工单位及设备管理单位经检查满足放行列车的条件，且设备达到规定的开通速度要求，通知驻调度所（驻站）联络员在“行车设备施工登记簿”内销记，办理开通登记，向列车调度员申请开通区间。在车站行车室办理登、销记手续时，通过车站值班员向列车调度员申请开通区间。

施工作业完毕，但未达到正常放行列车条件时，驻调度所（驻站）联络员应在“行车设备施工登记簿”登记行车限制条件。施工负责人在申请开通区间前应撤除防护。

施工负责人应积极组织施工作业，按规定时间完成施工任务，减少对运输的影响。因施工中出现特殊情况，不能按时开通区间或虽能开通区间但行车设备达不到施工计划规定的列车运行速度时，施工负责人或设备管理单位负责人应提前向列车调度员汇报，请求列车调度员延长施工封锁时间或发布列车限速运行的调度命令。

四、设备故障及抢修

（一）列车调度员（车站值班员）发现或接到设备故障报告

高速铁路的列车调度台和车站行车室设有“行车设备检查登记簿”，用于列车调度员（车站值班员）通过“行车设备检查登记簿”掌握固定行车设备状态，和对设备状态的交接。列车调度员（车站值班员）发现或接到线路、信号、通信、供电等固定行车设备故障的报告后，应立即通知设备管理单位相关人员，并在“行车设备检查登记簿”内登记行车设备故障的现象或接到的设备故障报告的内容，如可能危及列车运行安全时，应及时采取措施拦停列车。

设备管理部门（单位）接到通知后，应在“行车设备检查登记簿”内签认，查明故障原因，确定故障影响范围，尽快组织修复。对暂时不能修复的，应在“行车设备检查登记簿”内登记停用设备的内容和影响范围，并注明行车限制条件。如设备故障危及行车安全需立即抢修时，设备管理单位按规定采取措施，并在“行车设备检查登记簿”内登记，经调度所值班主任（副主任）批准，根据调度命令进行抢修。

（二）设备管理单位人员发现行车设备故障

设备管理单位人员发现行车设备故障时，应判断设备故障的影响范围和有关行车要求，立即通知列车调度员，由列车调度员根据影响范围和行车要求采取限速、拦停列车等行车处置措施。非集控站和转为车站控制的集控站，应通知车站值班员，由车站值班员直接采取措施或汇报列车调度员，由列车调度员采取措施。

设备管理单位人员应报告工长、车间主任或设备管理单位调度，以便组织人力、物力尽快赶赴现场采取紧急措施修复故障设备。设备管理单位还应在列车调度台或车站行车室“行车设备检查登记簿”内登记；对暂时不能修复的，应由设备管理单位登记停用内容和影响范围，写明行车限制条件。

（三）铁路职工或其他人员发现设备故障

为了保证列车运行和人民生命财产的安全，铁路职工和其他人员发现线路塌方、钢轨折断、钢轨变形、线路桥梁遭受自然灾害、信号机柱或电杆倒斜侵入限界、线路有障碍物、接触网异常等危及行车和人身安全的故障时，均有义务通知铁路有关部门，立即通知列车司机停车并报告列车调度员，并积极采取保证行车安全的措施和协助做好故障地点的防护工作。通知时应利用一切可利用的通信工具，例如无线调度通信设备、移动或固定电话、无线对讲设备等，通知不到时应前往就近的车站、工务工区、电务工区或供电工区等处所通知。

有关人员接到通知应立即报告列车调度员、通知设备管理单位，必要时立即采取应急措施，扣停列车、通知区间运行的列车停车或限速运行。

（四）临时上道检查

1. 临时上道检修须列车调度员同意

为保证高速铁路的运行安全，高速铁路线路实行全封闭、全立交，线路两侧按标准进行封闭。在正常运营时段内，一般不允许进入封闭网内。特殊情况下在天窗时间以外需进入封闭网对固定设备临时上道检查、故障抢修作业时，由设备管理单位提出申请，在列车调度台或车站“行车设备检查登记簿”内登记，提出邻线限速条件，并经列车调度员同意后，方可上道作业。设备管理单位人员在检查、故障抢修作业完毕后，确认人员、机具已全部撤至封闭网外后，在“行车设备检查登记簿”内销记。

2. 处于使用状态的行车设备严格维修

高速铁路的运行速度高，对正在使用的行车设备进行维修作业，会产生不可预知的后果，严禁对处于使用状态的行车设备进行维修作业。

3. 临时上道检修设备的程序

当设备发生故障，需在双线区间的一线上道检查、处理设备故障时，本线应封锁、邻线列车限速 160mm/h 及以下。设备管理单位应在“行车设备检查登记簿”内登记，提出本线封锁、邻线列车限速 160mm/h 及以下的申请，在得到列车调度员（车站值班员）签认后，方可上道作业，本线、邻线可不设置防护信号。司机应加强瞭望。

抢修作业时，邻线列车接近前，防护人员通知现场作业负责人停止作业。作业机具、材料等不得侵限且严禁摆放在两线间。

故障处理后需要现场看守时，设备管理单位应在“行车设备检查登记簿”内登记，提出本线及邻线行车限制条件，并按规定设置防护。

任务二　施工路用列车开行

行车组织部门必须积极做好施工组织协调工作，制订非正常情况下的行车组织措施，提前调整车流，加强施工期间的行车组织指挥，为施工作业创造条件。行车部门要加强施工期间行车组织和调度指挥，非正常情况下接发列车，站长（或主管副站长、车间主任）必须到岗监督作业，严格执行作业标准，落实施工安全卡控措施。控制好发布行车命令、确认区间空闲、进路检查确认、行车凭证填写交付、引导信号使用等关键环节。施工开通必须严格执行施工单位、设备管理单位登记开通、车站签认和列车调度员发布开通命令的程序。

一、施工路用列车开行

路用列车是指不以营业为目的，专为完成铁路本身任务而开行的列车，例如提速试验列车，运送铁路器材、路料的列车，因施工、检修需要开行的轨道车、接触网作业车、大型养路机械车组等。路用列车的车次范围为57001～57998，轨道车的车次范围为56001～56998。

（一）施工路用列车配备的设备

1. 装备LKJ（GYK）及CIR

施工路用列车进入高速铁路运行必须装备列车运行监控装置或轨道车运行控制设备、机车综合无线通信设备，未装设或设备故障的禁止进入高速铁路运行。

列车运行监控装置（LKJ）或轨道车运行控制设备（GYK）是路用列车上线必备的安全监控设备之一。最高运行速度不超过160mm/h的机车使用机车信号设备与列车运行监控装置（LKJ）结合构成的系统，轨道车等自轮运转特种设备使用轨道车运行控制设备（GYK）。无论使用哪种控车设备，均能防止路用列车运行中超过规定的限制速度，能够有效监控路用列车安全运行。

施工路用列车上线运行时，司机应在机车综合无线通信设备（CIR）注册车次，通过机车综合无线通信设备（CIR）接收调度命令，与列车调度员（车站值班员）进行联系等。已上线的施工路用列车机车综合无线通信设备（CIR）不能正常使用时，司机应及时报告列车调度员。

2. 配备GSM-R手持终端

在GSM-R区段，施工路用列车司机及有关人员应配备GSM-R手持终端，开车前将路用列车司机和随车的施工负责人的联系电话（包括GSM-R电话号码）报告列车调度员和相关车站值班员。施工路用列车有关人员间应相互通报联系方式，并进行通话试验。

（二）施工路用列车上线运行

路用列车及轨道车的运行速度低，上线运行对运输秩序影响大。高速铁路动车组列车运行速度高，路用列车及轨道车的上线运行对动车组运行也会带来影响。所以，路用列车及轨道车在天窗时间外上线运行需严格控制。

高速铁路维修作业需开行路用列车时，施工路用列车上线运行应纳入施工、维修日计划，向调度所提供“自轮运转特种设备运行、作业计划表”，确定路用列车开行方案，注明发站、到站、编组、运行径路、作业地点及转线计划并经主管业务处审核批准。未提供“自轮运转特种设备运行、作业计划表”或内容不全的，禁止进入高速铁路运行。维修计划下达后，设备管理单位不得随意变更路用列车开行方案。

高速铁路处理设备故障需临时开行路用列车、轨道车时，由设备管理单位提出申请，调度所值班主任（值班副主任）准许，列车调度员发布调度命令。

二、施工路用列车接发

1. 信号机应点灯

进入高速铁路的施工路用列车未装备列控车载设备，不依靠列车运行控制系统控制列车运行。但机车牵引的施工路用列车装备列车运行监控装置（LKJ），轨道车装备轨道车运行控制设备（GYK），这两种设备均需按地面信号的显示运行。因此，在常态灭灯的区段，接发施工路用列车时，进站信号机、出站信号机、进路信号机、线路所通过信号机应点灯。

2. 施工作业人员负责简略试验

高速铁路集控站正常情况下，车务应急值守人员不参与行车工作。施工路用列车在车站开车前需进行自动制动机简略试验时，由施工负责人指派胜任人员负责。施工路用列车相关作业人员应接受自动制动机简略试验方法的培训。

三、施工路用列车进出封锁区间

（一）施工路用列车进入封锁区间

1. 行车凭证

当路用列车运行在非封锁区间时，仍按该区间的行车闭塞法行车。

向封锁区间开行施工路用列车时，不办理行车闭塞手续，列车进入封锁区间的行车凭证为调度命令。该命令中应包括列车车次、停车地点、到达车站的时刻等有关事项。需限速运行时在命令中一并注明。

这样做的目的一方面是区别于正常列车，另一方面可引起路用列车的注意，使司机意识到必须按调度命令的要求运行。

2. 原则上同一封锁区间每端只开行一列路用列车

同一封锁区间原则上每端只开行一列路用列车。如超过时，其安全措施及运行办法由铁路局规定。列车必须在停车手信号前停车，使两端站同时进入的路用列车间有一隔开地段，不致发生正面冲突。

因工作需要，如一端有多台作业车进入同一区间时，作业车辆应组成综合作业车列合并运行，共用一个调度命令进入区间、返回车站或到达前方站。作业车及车列由车站开往区间后，由主体作业单位统一组织协调，划分各作业车的作业范围及分界点。各作业单位必须严格按规定分别设置防护。施工作业完毕后，作业车辆应在区间重新合并组成综合作业车列，根据施工计划返回车站或到达前方站，以防区间有数台机车、重型轨道车或线路施工机械作业，相互发生冲突。综合作业车列合并运行的方案、在区间分解、各作业车的作业范围及分界点、同向列车的间隔、前后列车的运行速度等安全措施应在施工方案中明确。

（二）施工路用列车在封锁区间作业

1. 施工维修作业不得影响路用列车运行

天窗时间内向封锁区间开行施工路用列车，所有影响施工路用列车运行的施工维修作业必须在施工路用列车通过后方可进行，并须在施工路用列车返回前结束，保证施工路用列车及时返回站内。如有多项施工时，为避免不同施工项目间的干扰，应由施工负责人统一协调指挥，确认路用列车运行安全。

2. 按调车作业进入指定地点

向封锁区间开行的路用列车，可能在区间内进行装卸、检查线路、线路施工等作业，有时还需推进运行。因此，路用列车应有施工单位指派的胜任人员值乘，并在区间协助司机作业。在区间推进运行时，必须安装简易紧急制动阀，施工单位指定胜任人员登乘列车前端，认真瞭望，及时与司机联系，必要时使用简易紧急制动阀停车或通知司机停车。

进入封锁区间的施工列车司机应熟悉线路和施工条件。路用列车或施工机械进入施工地段时，应在防护人员显示的停车手信号前停车，再根据施工负责人的要求，按调车办法，进入指定地点。

3. 在区间或站内装卸车

由于铁路施工或其他需要，列车必须在区间或站内装卸车时，装卸车负责人应根据调度命令的要求，指挥列车停于指定地点。列车未停稳时，不得打开车门。在装卸车作业过程中，装卸车负责人根据现场实际情况，变更装卸车地点时，可指挥列车适当移动位置，但必须在确认货物堆放距离不妨碍车辆移动和货物不偏重后，才可显示信号移动。

装卸车负责人必须严格掌握装卸车时间。装卸车完毕后，由装卸车负责人认真检查车上及车下装卸货物的装载、堆码状态，确认限界，清好道沿，关好车门。在区间装卸时，装卸车负责人确认具备开车条件，确认已无妨碍行车安全的情况，方可通知司机开车。在站内装卸时，经确认已无妨碍行车安全的情况后，方可通知司机和列车调度员（车站值班员）。

（三）施工路用列车由封锁区间进站

施工路用列车由封锁区间进站时，司机须得到列车调度员（车站控制时为车站值班员）的同意后，方可进站。

施工作业完毕，驻调度所（驻站）联络员须确认施工作业车全部到达车站后，方可申请办理开通。

四、施工路用列车开行实例介绍

某 CTCS-3 级高速铁路自动闭塞区段，12 日 23 时 04 分，A 站至 B 站上下行线 52km＋540m至 28km＋308m 处接触网跳闸停电，原因是大量彩钢板被刮起严重损坏接触网。

12 日 23 时 05 分，接触网重合失败。

12 日 23 时 06 分，供电工区轨道车热备。

12 日 23 时 35 分，供电工区轨道车具备出动条件。

12 日 23 时 47 分，供电工区作业人员到达现场，发现接触网损坏，通知轨道车出动。

13 日 0 时 05 分，供电轨道车出动。

13 日 0 时 12 分，列车调度员发布调度命令，准许 A 站开 57602 次供电轨道车进入

A站至B站间处理故障。

13日0时18分，供电轨道车57602次进入上行线封锁区间。

13日0时41分，57602次供电轨道车到达上行线故障地点。

13日4时09分，57603次供电轨道车返回A站。经供电部门抢修，临时恢复上行接触网降弓通过的行车条件，上行线接触网送电成功。

13日4时14分，列车调度员根据供电部门登记，发布调度命令，限速120km/h并降弓通过上行线故障地段。

13日4时36分，经供电部门抢修，临时恢复下行接触网降弓通过行车条件，下行线接触网送电成功。

13日5时00分，列车调度员根据供电部门登记，发布调度命令，限速120km/h并降弓通过下行线故障地段。

任务三　确认列车开行

高速铁路的施工维修天窗一般安排在夜间，天窗时间一般为4h。天窗时间结束后，为了检验设备是否符合动车组列车的开行条件，在当日运营开始前开行一列不载客的列车。经确认列车检测设备安全可靠之后，动车组列车才正式投入运营。

一、确认列车组织

（一）确认列车的开行

高速铁路仅运行动车组列车的区段，天窗时间结束后开行动车组列车前，应开行确认列车。开行确认列车的目的是施工（维修）作业完成后，检查工务、电务、通信及牵引供电等行车设备是否满足动车组安全运行的要求，确保动车组运行安全。确认列车最高运行速度按列车运行图规定的最高运行速度执行，但不得超过线路允许速度。

确认列车应采用不载旅客的动车组、单机等担当，为保证确认列车开行计划，确认列车开行纳入列车运行图。其他区段，天窗时间结束后首趟列车不准为动车组列车，实际运营过程中遇列车晚点等情况导致动车组列车成为天窗时间结束后第一趟列车时，应在该动车组列车前临时加开其他列车担当天窗时间结束后首趟列车；对扰动道床不能预先轧道的线路、道岔施工，为确保旅客列车安全，开通后第一趟列车不准为旅客列车。

（二）对添乘人员的要求

确认列车应由工务、电务、供电部门各指派专业技术人员随车添乘，对线路、接触网、信号、通信等设备的技术状态进行检查确认。有相应地面、车载监测设备的电务、供电部门，能够通过监测设备对本单位固定设备的技术状态进行检查确认时，可根据需要安排添乘人员，不需每列确认列车均安排添乘人员。

添乘确认列车人员应提前掌握当日施工（维修）作业地点和影响范围，携带相关设备和资料登乘确认列车。为便于确认列车添乘人员上下车的管理，由随车机械师负责开启和关闭操纵端司机室后车厢站台侧门，供添乘人员上下车。随车机械师关闭车门后应及时通知司机。

司机在确认行车凭证和开车时间，车门关闭后即可起动列车。添乘人员在司机室内观察设备状态时，必须服从司机的管理，不得干扰司机的正常操作。

二、确认信息反馈

1. 报告确认情况

确认列车检查重点是当日施工（维修）作业后的行车设备状态是否正常，有无侵限的设备机具和遗留路料，栅栏内是否有闲杂人员等，最终确认是否具备动车组上线运行条件。

添乘确认列车的供电、工务、电务等部门专业技术人员必须按规定的时间、确认事项和内容，检查所分管的线路、接触网、信号、通信等固定设备的质量状况，并将确认信息及时向列车调度员和专业调度员报告。

2. 确认信息报告程序

（1）异常情况。

对影响确认列车及后续列车正常运行的确认信息，由添乘人员通过司机随时向列车调度员报告，添乘人员同时还应向铁路局专业调度报告。相关专业部门根据设备具体情况采取相应措施处理。

（2）正常情况。

确认信息实行零汇报制度。无论是否有影响列车运行的确认信息，确认列车添乘人员到达确认区段终点后，均需及时分别向铁路局专业调度报告确认情况。

三、确认列车开行办法示例

某高速铁路自动闭塞区段，每日动车组列车开行前，根据列车运行图开行确认列车，以确认高速铁路设备达到列车安全运行的要求。现将该线确认列车开行办法的要点摘录如下。

（一）基本要求

（1）车型：确认列车为该线运行的动车组。

（2）运行速度：确认列车按列车运行图规定的最高速度执行，但不得超过线路允许速度。

（3）列车状态：确认列车出库前，车辆、机务、电务等相关单位进行联合检查，确保动车组出库质量达到上线运行要求。

（4）乘务及添乘人员：确认列车配备司机和随车机械师。添乘确认列车的人员由工务、电务、供电等单位根据实际需要指派专业技术人员。

（二）确认列车工作人员职责

1. 司机

确认列车司机负责按规定的运行速度平稳操纵列车，服从确认列车负责人的指挥，与列车调度员联系列车运行方面的事宜。发生紧急情况时，司机指挥有关乘务人员和添乘人员做好应急救援和安全防护等工作。

2. 随车机械师

确认列车的随车机械师负责查验添乘人员的证件，制止闲杂人员及其他无关人员登乘确认列车，负责开启和关闭操纵端司机室后车厢站台侧车门供有关人员上下车。

3. 添乘人员

添乘人员负责检查分管设备的质量状况，发现防护栅栏内有闲杂人员及行车安全的设备隐患时，应及时报告并积极处置。

（1）工务部门。

确认施工维修天窗时间结束后线路质量是否满足动车组正常运行条件，确认路料是否按要求堆码整齐并清出限界，确认施工机具是否全部清理完毕，确认防护栅栏（防护网）等防护设施是否完好无损，确认线路两侧及边坡、道心、线路间有无显著异物和易坠落物，确认防洪、路基附属工程是否有危及行车安全现象，确认限速处所是否按规定设置标志及标志是否齐全正确，确认附挂于接触网立柱上的工务装置或标志有无坠落或松脱等。

（2）电务部门。

确认地面信号机显示是否正确，确认机车信号接码是否正确，确认列控车载设备及列车运行监控装置（LKJ）能否正常工作，确认机车综合无线通信设备（CIR）能否正常接收进路预告信息及调度命令，确认 GSM-R 通信是否正常，确认信号机及信号标志有无歪斜松脱等。

（3）供电部门。

确认接触网有无异物或侵入限界，确认接触网及其标志有无断线、松脱、卡滞等现象，确认接触网有无异常晃动情况，确认接触网施工机具是否清理完毕，确认动车组的电压及取流是否正常。

（三）确认信息反馈

确认信息实行“零报告”制度。所有添乘人员应认真确认相关事项并做好记录并进行汇总，然后按照规定的时间、规定的办法、规定的内容，及时向列车调度员报告，以确认该线是否具备动车组列车上线运行条件。

参考文献

[1] 中国铁路国铁集团．铁路技术管理规程［M］．高速铁路部分．北京：中国铁道出版社，2017.

[2] 中国铁路国铁集团．铁路技术管理规程条文说明［M］．高速铁路部分．北京：中国铁道出版社，2014.

[3] 中国铁路国铁集团．铁路运输调度规则［M］．高速铁路部分．北京：中国铁道出版社，2017.

[4] 国家铁路局．铁路信号设计规范：TB 10007—2017［S］．北京：中国铁道出版社，2017.

[5] 国家铁路局．铁路线路设计规范：TB 10098—2017［S］．北京：中国铁道出版社，2018.

[6] 国家铁路局．铁路车站及枢纽设计规范：TB 10099—2017［S］．北京：中国铁道出版社，2017.

[7] 国家铁路局．铁路通信业务分类：TB/T 3037—2017［S］．北京：中国铁道出版社，2017.

[8] 国家铁路局．调度集中系统技术条件：TB/T 3471—2016［S］．北京：中国铁道出版社，2016.

[9] 中国铁路国铁集团．动车组运用维修规则［M］．北京：中国铁道出版社，2017.

[10] 国家铁路局．高速铁路设计规范：TB 10621—2014［S］．北京：中国铁道出版社，2014.

[11] 中国铁路国铁集团．铁路动车组运用维修规则［M］．北京：中国铁道出版社，2017.

[12] 中国铁路国铁集团．列车运行图编制管理规则［M］．北京：中国铁道出版社，2015.

[13] 吴海超．动车组运用与管理［M］．北京：中国铁道出版社，2017.

[14] 刘建国．高速铁路运输组织［M］．二版．北京：中国铁道出版社，2015.

[15] 兰云飞，仝泽柳，石瑛．高速铁路概论［M］．北京：北京交通大学出版社，2016.

[16] 纪书景，张进奎．铁路客运组织［M］．上海：上海交通大学出版社，2017.

[17] 杨敏炯，杜敏齐，周治衡．高速铁路行车组织基础知识问答［M］．北京：中国铁道出版社，2018.

[18] 中国铁路国铁集团．动车组机械师［M］．北京：中国铁道出版社，2017.